Martin Podobri

Transformation in Österreich

Martin Bucer Seminar Eph 4:12

itg. institut für theologie und gemeindebau

OM Books

Studien zu Spiritualität, Transformation und Gemeindebau in Österreich

Herausgegeben von Heiko Barthelmess, Frank Hinkelmann und Thomas Schirrmacher im Auftrag des Fachbereichs Praktische Theologie des Institut für Theologie und Gemeindebau – Martin Bucer Seminar Österreich

Band 1

Band 1 Martin Podobri. Transformation in Österreich. Kultur- und gesellschaftsrelevanter Bau des Reiches Gottes im freikirchlichen Kontext

Band 2 Dorothee und Frank Hinkelmann. Mehr als Studenten, Klapperkisten und Traktate. Operation Mobilisation in Österreich 1961–2011

Martin Podobri

Transformation in Österreich

Kultur- und gesellschaftsrelevanter Bau des Reiches Gottes im freikirchlichen Kontext

Verlag für Kultur und Wissenschaft
Culture and Science Publ.
Dr. Thomas Schirrmacher
Bonn 2011

Bibliografische Information der Deutschen Nationalbibliothek

Die Deutsche Nationalbibliothek verzeichnet diese Publikation in der Deutschen Nationalbibliografie; detaillierte bibliografische Daten sind im Internet über http://dnb.d-nb.de abrufbar.

Bibliographic information published by the Deutsche Nationalbibliothek

The Deutsche Nationalbibliothek lists this publication in the Deutsche Nationalbibliografie; detailed bibliographic data are available in the Internet at http://dnb.d-nb.de

Verlag für Kultur und Wissenschaft
(Culture and Science Publ.)
Prof. Dr. Thomas Schirrmacher
Friedrichstraße 38, D-53111 Bonn
Fax +49 / 228 / 9650389
www.vkwonline.de / info@vkwonline.de

ISBN 978-3-86269-032-9
ISSN 2193-1194

OM Books
Passaustr. 19, 4030 Linz, Austria

ISBN 978-3-902669-12-4

Printed in Germany
Umschlaggestaltung und Gesamtherstellung:
BoD Verlagsservice Beese, Friedensallee 44, 22765 Hamburg
www.rvbeese.de / christian@rvbeese.de

Verlagsauslieferung:
IC-Medienhaus
D-71087 Holzgerlingen, Tel. 07031/7414-177 Fax -119
www.icmedienhaus.de
Gesamtverzeichnis für den Buchhandel:
www.vkwonline.de/gesamtprospekt

Privatkunden: in jeder Buchhandlung oder unter www.vkwonline.de

Inhaltsverzeichnis (kurz)

Inhaltsverzeichnis (lang)

Geleitwort

Im bekanntesten Gebet der Christenheit, dem Vaterunser, beten wir Christen wie Jesus uns selbst es gelehrt hat: „Dein Reich komme, dein Wille geschehe, wie im Himmel so auf Erden“ (Mt 6,10). Doch ist uns überhaupt bewusst, was wir da eigentlich beten? Wer sich die Verse im Matthäusevangelium einmal genauer anschaut, der stellt schnell fest, dass diese Bitte aus dem Vaterunser eine radikale ist: Genauso wie jetzt schon Gottes Reich und sein Wille im Himmel gelebt wird, fordert uns Jesus auf, darum zu beten, dass Gottes Reich und Sein Wille auch auf unserer Erde schon jetzt und heute gelebt, verwirklicht und immer mehr sichtbar wird.

Doch wie wird Reich Gottes sichtbar? In seiner für den österreichischen, freikirchlichen Kontext bahnbrechenden Diplomarbeit hat sich Martin Podobri auf den Weg gemacht, die biblischen Texte neu zu lesen und auf diese Fragestellung zu untersuchen, was ein ganzheitlich – er verwendet den in der Fachwissenschaft inzwischen gebräuchlichen Begriff *Transformation* – verstandener Missionsauftrag eigentlich bedeutet.

Anschließend wendet er sich der österreichischen Geschichte und den verschiedenen Facetten der Mentalität des Österreichers zu und zeigt auf, wie wichtig es ist, sowohl die historische Dimension als aus der Geschichte geprägte Mentalität zu bedenken. Dies führt ihn im letzten Teil zu der Frage, wie ein ganzheitlich verstandener Missionsauftrag in Österreich im 21. Jahrhundert ausgeführt werden kann.

In vielfacher Weise hat der Autor mit seiner Studie Neuland betreten. Gerade das macht das Buch besonders wertvoll und fordert den Leser heraus, eigene Positionen zu hinterfragen und zu überdenken. Für den Autor bedeutete dies, selbst eigene liebgewordene Überzeugungen aufzugeben und zu korrigieren. Dass er dazu den Mut aufbrachte, spricht für ihn.

Ich wünsche mir, dass das Buch vor allem in freikirchlichen Kreisen weithin gelesen wird. Dass es eine *heilige Unruhe* stiftet und dass es dazu beitragen kann, dass das Gebet Jesu in Österreich mehr und mehr Erfüllung findet: „Dein Reich komme, dein Wille geschehe, wie im Himmel so auf Erden“.

Drs. Frank Hinkelmann
Obmann Evangelikales Bildungswerk in Österreich
Direktor OM Europa

Widmung

Dieses Buch widme ich meiner geliebten Frau Lena,
deren Liebe mir immer wieder zeigt,
was ganzheitliches Christsein ausmacht.

Dank

Als im Frühjahr 2009 der Entschluss fiel, ein Aufbaustudium zu beginnen, hatte ich zwei Ziele. Zum Ersten wollte ich mir nach rund 10 Jahren in der Missionsarbeit die Zeit nehmen, neu zu überlegen, wo und wie ich Gott nach dieser Auszeit dienen kann. Zum Zweiten wollte ich mich im Studium auch in Punkto „Verkündigung des Evangeliums“ weiterbilden. Dass letztendlich eine Diplomarbeit daraus wurde, die noch dazu den Titel „Die Transformation Österreichs“ trägt, hätte ich nie gedacht. Gerade als Evangelist stand ich dem Konzept der Transformation sehr skeptisch gegenüber.

In der Zwischenzeit sind über 2 Jahre vergangen. Mittlerweile bin ich fest davon überzeugt, dass eine Transformation notwendig ist.

Ich bin den Mitarbeitern des Institutes für Theologie und Gemeindebau (ITG) wie auch dem Partnerseminar Martin Bucer Seminar sehr dankbar, dass ich das Studium in dieser Form machen konnte und dabei sehr viel Unterstützung und Entgegenkommen erfahren durfte.

Besonders möchte ich mich aber beim Obmann des Vereins, meinem langjährigen Chef, Mentor und Freund, Drs. Frank Hinkelmann, für all seine Unterstützung und Hilfe danken. Ohne seine Mithilfe, seine Unterstützung und die zahlreichen Gespräche und Diskussionen wäre weder die Arbeit in dieser Art und Weise entstanden, noch wäre es zur Veröffentlichung gekommen. Vielen, vielen Dank, Frank, für deine Hilfe!

Auch meiner lieben Frau Lena, der ich dieses Buch widme, möchte ich an dieser Stelle danken. Sie hat unsere vier Kinder in Schach und mir den Rücken frei gehalten, damit ich diese Arbeit fertigstellen kann. Und sie hat mir durch ihr Leben gezeigt, was gelebte Liebe alles bewirken kann. Ich bin reich beschenkt, so eine Frau an meiner Seite zu haben.

Zahlreiche weitere Personen haben durch ihre Diskussionen mit mir oder auch durch das Korrekturlesen mit dazu beigetragen, dass die Arbeit in der Art und Weise entstanden ist. Auch euch möchte ich an dieser Stelle danken.

Zu guter Letzt möchte ich Gott danken, der mein Leben transformiert und mich zu dem gemacht hat, was ich heute bin. Ihm sei die Ehre.

Ansfelden, im September 2011
Martin Podobri

Einleitung

Der breite und der schmale Weg – so lautet der Titel eines sehr bekannten Evangelischen Andachtsbildes.[1] Auf der linken Seite des Bildes ist der breite Weg zu sehen. Schon am Eingang des Weges wird klar, dass der Weg das *Reich der Welt* ist und Tod und Verdammnis bringt. Der Eingang ist breit und viele Menschen befinden sich auf diesem Weg. Im Vergleich dazu ist der schmale Weg unscheinbar. Der Eingang ist klein, ja eigentlich nur ein Loch in der Mauer. Würde daneben nicht das Schild *Reich Gottes* stehen, könnte man ihn glatt übersehen. Der Weg selbst ist schmal und beschwerlich. Doch nur er führt in die Ewigkeit.

Viele Jahre lang habe ich dieses Bild Sonntag für Sonntag gesehen. Mir war klar: Ich will den schmalen, den beschwerlichen Weg gehen und eines Tages in der Ewigkeit bei Gott sein. Dementsprechend habe ich viele Brücken hinter mir abgebrochen und mich von *Weltlichem* getrennt. So sehr ich den Bezug des Bildes zu Mt 7,13-14 sehe, hege ich heute Zweifel daran, dass diese Entscheidung richtig war. Denn was verdeutlicht dieses Bild auch: Jeder geht seinen Weg, und keiner ist für den Nächsten oder gar das Geschehen in dieser Welt verantwortlich. Hauptsache ich bin gerettet...

Ein Stückweit drückt dieses Bild auch ein Missionsverständnis aus. So steht am Eingang ins Reich Gottes ein Prediger, der die Menschen einlädt, den schmalen Weg zu gehen. Einzelne Brücken zwischen den Wegen gibt es, aber sie werden kaum wahrgenommen. Das Verständnis dafür, dass auch Menschen auf dem schmalen Weg nach wie vor Teil der Gesellschaft sind, fehlt jedoch völlig. Im Bereich des Geistlichen kann man möglicherweise den schmalen Weg wählen, nicht aber in Dingen des täglichen Lebens. Ein Geschäft oder eine Arbeitsstelle befindet sich dort nämlich nicht.

Die vorliegende Arbeit soll mit dazu beitragen, dass es zu einem neuen Verständnis von Mission kommt. Denn schon alleine das Wort *Transfor-*

---

[1] Das Bild ist in Besitz des Landesmuseums Württemberg. Landesmuseum Stuttgart. „Glaube & Frömmigkeit". http://www.landesmuseum-stuttgart.de/de/museum/sammlungen/volkskunde/glaube_froemmigkeit.htm (23.2.2011). Zur genaueren Betrachtung des Bildes empfehle ich jedoch die Webseite von Wikimedia. „Der breite und der schmale Weg". http://upload.wikimedia.org/wikipedia/commons/1/18/Der_breite_und_der_schmale_Weg_Lithographie_im_Rahmen.jpg (23.2.2011).

mation verdeutlicht, dass es nicht um eine kleine Kurskorrektur geht, sondern um eine grundlegende Veränderung.

Diese Arbeit untergliedert sich in vier Teile.

Im ersten Teil werde ich meine persönliche Grundlage der Transformation Österreichs darlegen. Im Zentrum steht dabei die Frage: Wie verstand Jesus seinen Dienst, bzw. wie verstanden die Jünger den Missionsbefehl und folglich auch ihre Sendung? Darüber hinaus werde ich belegen, dass Transformation mit der Ganzheitlichkeit des Menschen, wie auch mit unserer Verantwortung für die Gesellschaft, zu tun hat.

Der zweite Teil befasst sich mit Österreich, wie es sich heute zeigt. Mittels eines kurzen geschichtlichen Überblicks wird deutlich, wie Österreich zu dem wurde, was es heute ist. Ein Einblick in die *österreichische Seele* soll helfen, die Kultur, das Denken und die Mentalität der Österreicher zu verstehen. Gerade durch diesen Einblick möchte ich darlegen, dass eine Transformation der Gesellschaft dringend geboten ist.

Der dritte Teil widmet sich evangelikalen Freikirchen[2] in Österreich. Die geschichtliche Entwicklung der Freikirchen in den letzten 60 Jahren bestätigt, dass es in wesentlichen Teilen der Evangelikalen Bewegung zu einer Engführung des Missionsverständnisses, das sich vor allem auf die Verkündigung fokussiert, gekommen ist. Darüber hinaus möchte ich aufzeigen, dass es vereinzelt bereits gute Konzepte und Ideen gibt, deren Umsetzung ich mit dieser Arbeit fördern möchte.

Im vierten und letzten Teil werde ich die Erkenntnisse aus der Arbeit zusammenfassen und Schlussfolgerungen daraus ziehen. Diese habe ich versucht, so praktisch wie möglich zu schreiben, sodass jeder, der die Arbeit bis zum Ende liest, eine Hilfestellung zur praktischen Umsetzung erhält.

Zum Titel dieser Arbeit: Möglicherweise mag es noch anmaßend klingen, dass ich über die Transformation Österreichs schreibe. Ich selbst war schon mehrere Wochen am Schreiben dieser Arbeit, ehe ich mich dazu durchgerungen habe, diesen Titel zu verwenden. Heute, nachdem die Arbeit fertiggestellt ist, bin ich felsenfest davon überzeugt: Ja, es braucht eine Transformation Österreichs! Mein Wunsch und Gebet ist es, dass der Leser zur selben Erkenntnis kommt und sich (im Rahmen seiner Möglichkeiten) für eine Transformation Österreichs einsetzt.

Bibelverse wurden, sofern nicht anders angegeben, der rev. Lutherbibel 1984 entnommen.

---

[2] Eine Begriffsdefinition, was in dieser Arbeit unter *evangelikal* verstanden wird, folgt in Kapitel 1.1.3.

1 Grundlagen der Transformation

1.1 Begriffsdefinitionen

1.1.1 Begriffsdefinition Transformation

Das Wort *Transformation* kommt aus dem Lateinischen und bedeutet Umformung.[3]

„Ohne Zweifel war es der Kongress für Weltevangelisation der Lausanner Bewegung im Jahre 1974 (Lausanne I), der dem Bemühen um ein umfassendes Evangelisationsverständnis zum Durchbruch verhalf."[4] In der Abschlusserklärung, der sogenannten *Lausanner Verpflichtung* wurde der Zusammenhang von Evangelisation und sozialem Engagement thematisiert.[5] Eine der Folgen war, dass es vor allem Vertreter aus dem Globalen Süden sehr ermutigte, an einem zur Transformation drängenden, ganzheitlichen Heilsverständnis zu arbeiten.[6] An der internationalen Konferenz in Wheaton 1983 „wurde die Bedeutung der Transformation in der Mission erstmals auf breiter Ebene diskutiert. [...] In einem der Schlussberichte der Konferenz wurde gefolgert, dass Mission heute transformatorisch verstanden werden muss."[7] Bei den darauf folgenden Kongressen wurde darauf aufgebaut und beim Lausanner Forum 2004 in Pattaya war der Begriff der Transformation bereits einer der Schlüsselbegriffe der gesamten Konferenz. So wurde im Abschlussdokument des Forums folgendes festgehalten:

„Wir erkennen an, dass wir immer wieder neu Umkehr und Umwandlung (Transformation) brauchen. Wir müssen uns immer weiter öffnen für die Führung durch den Heiligen Geist und für die Herausforderungen durch Gottes Wort. Es ist nötig, dass wir zusammen mit anderen Christen

---

3 Gerhard Köbler. Deutsches Etymologisches Wörterbuch, 1995. http://www.koeblergerhard.de/der/DERT.pdf (10.5.2011). S. 408.

4 Erhard Berneburg. „‚Mit Wort und Werk und allem Wesen' – Ganzheitlichkeit in der Evangelisation". S. 162-178 in: Herbert H. Klement (Hg). Evangelisation im Gegenwind. Zur Theologie und Praxis der Glaubensverkündigung in der säkularen Gesellschaft. Brunnen Verlag: Giessen u. Basel & R. Brockhaus Verlag: Wuppertal, 2002. S. 162.

5 Ebd. S. 163.

6 Roland Hardmeier. „Radikale Evangelikale zur Theologie der Transformation" S. 238-245 in: Tobias Faix u.a. (Hg.). Die Welt verändern. Grundfragen einer Theologie der Transformation. Francke: Marburg a.d. Lahn, 2009. S. 239.

7 Ebd. S. 239-240.

in Christus wachsen. All dies soll in einer Weise geschehen, die zu sozialer und wirtschaftlicher (gesellschaftlicher) Veränderung führt. Wir erkennen an, dass die Breite des Evangeliums und der Bau des Reiches Gottes, Leib und Seele, sowie Verstand und Geist brauchen. Deshalb rufen wir zu einer zunehmenden Verbindung von Dienst an der Gesellschaft und Verkündigung des Evangeliums auf."[8]

Was Transformation beinhaltet, fasst Zwick sehr gut zusammen:

1. „Weder Evangelisation noch soziale Aktion können für sich stehen. Nur wenn beides zusammen kommt, geschieht Mission im Sinne Jesu (Johannes 20,21).
2. Mission darf nicht als Urteil oder gar Verurteilung von Menschen praktiziert werden. Vielmehr besteht Mission darin, mit anderen Menschen einen gemeinsamen Weg zu gehen. Mission ist daher weniger eine Veranstaltung als eine Reise, auf die wir andere Menschen einladen.[9]
3. Mission als Transformation heißt Mission im Kontext. Danach gibt es keine objektive biblische Wahrheit, die nur auf das persönliche Leben angewandt werden muss. Schon in den ersten Jahrhunderten der Kirche bestimmten auch sozio-ökonomische Gegebenheiten die theologischen Entscheidungen mit. Der Kontext bestimmt auch das Verständnis der Bibel. [siehe Kap. 1.7, Anm.]
4. Theologie muss mit der Praxis verbunden sein. Christen müssen an unterschiedlichen Stellen in ihrem sozialen Umfeld engagiert sein, um sich gerade in diesem Umfeld für die Veränderung in Richtung eines erfüllten Lebens und nach den Grundsätzen der Liebe einsetzen zu können. [siehe Kap. 1.8, Anm.]
5. Transformation beginnt in der Gemeinde vor Ort. Dabei hilft es wenig, Dinge mit systematischer Theologie generell erklären und ausdrücken zu können. Vielmehr geht es um Gottes Geist, um Glauben, Hoffnung und

---

8 Autorisierte Übersetzung der Erklärung des Lausanner Forums 2004 – Pattaya II durch Christof Sauer. http://www.lausannerbewegung.de/index.php?content_item=353&node=78 (28.5.2010). Vgl. Rolf Zwick. „Das soziale Engagement in der Lausanner Bewegung". S. 79-90 in: Andreas Kusch u. Thomas Schirrmacher (Hg). Der Kampf gegen die weltweite Armut – Aufgabe der Evangelischen Allianz? Zur biblisch-theologischen Begründung der Micha-Initiative. Verlag für Kultur und Wissenschaft: Bonn, 2009. S. 89.

9 So ist etwa in Mt 7,14 vom Weg die Rede, der zum Leben führt, und nicht nur von der Pforte. Paulus, wie auch der Schreiber des Hebräerbriefes, sprechen gar vom Lauf. Vgl. 2Tim 4,7 bzw. Hebr 12,1.

Liebe, wie sie im Umgang miteinander in der Gemeinde erfahrbar werden.[10]

6. Mission ist Befreiung und das Erlebnis neuer Kraft. Die befreiende Kraft des Evangeliums gilt für alle, arm und reich, jedoch brauchen die Armen und die Benachteiligten sie mehr als andere.[11]
7. Wenn immer das Evangelium in Bezug auf das gesellschaftliche Umfeld gepredigt wird, steht die Versöhnung im Mittelpunkt. Dabei geht es sowohl um Gottes Versöhnung mit uns, als auch um die Versöhnung der Menschen untereinander. Praktische Versöhnung ist das mächtigste Zeugnis des Evangeliums.[12]
8. Mission als Transformation bedeutet auch den Aufbau der Gemeinschaft der Nachfolgerinnen und Nachfolger Jesu als Gemeinschaft der Veränderung und der Hoffnung.[13]“[14]

Im Laufe dieser Ausarbeitung werde ich viele dieser Aussagen noch weiter ausführen.

Der Begriff der Transformation wird etwa von Berneburg deshalb abgelehnt, weil „mit dem Transformationsbegriff die biblisch notwendige Unterscheidung zwischen der Bekehrung eines Menschen zu Gott und den durch den bekehrten Menschen bewirkten Veränderungen in der Welt“[15] nicht mehr erkennbar ist. In Kap. 1.5 werde ich darlegen, dass es klare Unterschiede zwischen sozialer Aktion und Evangelisation gibt. Von daher kann ich diese Begründung nur sehr bedingt nachvollziehen. Entscheidend muss meines Erachtens die Begriffsdefinition sein, und nicht der Begriff selbst. Ansonsten müsste Berneburg auch den Begriff *Mission* ablehnen, da auch hier diese Unterscheidung nicht erkennbar ist. Dass Berneburg den Begriff *Mission* ablehnt, bezweifle ich jedoch sehr.

---

[10] Die Probleme der Gesellschaft machen auch vor der Gemeindetüre nicht halt. In Kapitel 4.3 werde ich deshalb aufzeigen, dass es nicht nur eine Transformation der Gesellschaft, sondern auch eine Transformation der Gemeinde geben muss.

[11] Vgl. Mt 9,12-13: „Als das Jesus hörte, sprach er: Die Starken bedürfen des Arztes nicht, sondern die Kranken.“

[12] Siehe Kap. 1.2.1.4.4 bzw. Joh 13,34-35.

[13] Vgl. die Auslegung zu Mt 28,18-20 in Kap. 1.2.1.4.1.

[14] Rolf Zwick. „Das soziale Engagement in der Lausanner Bewegung“. S. 79-90 in: Andreas Kusch u. Thomas Schirrmacher (Hg). Der Kampf gegen die weltweite Armut. A.a.O. S. 89.

[15] Erhard Berneburg. Das Verhältnis von Verkündigung und sozialer Aktion in der evangelikalen Missionstheorie – unter besonderer Berücksichtigung der Lausanner Bewegung für Weltmission (1974 – 1989). R. Brockhaus Verlag: Wuppertal, 1997. S. 198.

1.1.2 Begriffsdefinition Ganzheitlichkeit

Mehrfach verwende ich in dieser Arbeit den Begriff der *Ganzheitlichkeit*. Dieser Begriff wird zumindest seit dem Lausanner Kongress für Weltevangelisation 1974[16] verwendet und betont meist die Ganzheitlichkeit des Menschen, der zwar aus Geist, Seele und Leib besteht und doch eine Einheit bildet. Mission kann und darf sich nicht nur um die Seele kümmern, sondern muss den ganzen Menschen im Blick haben. Mehr dazu in Kap. 1.3.

1.1.3 Begriffsdefinition evangelikal

Es gibt wohl kaum einen Begriff, der für die Einen alles aussagt und doch gleichzeitig derart schwammig ist, wie der Begriff *evangelikal*.

Der Begriff selbst entspringt dem englischen Sprachgebrauch und bedeutet ursprünglich übersetzt einfach *evangelisch*. So bezeichnen sich etwa die Evangelischen Kirchen in Österreich als *Evangelical Churches in Austria*.[17] Grundsätzlich wird der Begriff als „erwecklich geprägte theologische Richtung innerhalb des Protestantismus"[18] definiert. In Österreich kommt es aber vermehrt dazu, dass der Begriff wesentlich enger verstanden wird, als er von der grundsätzlichen Bedeutung her ist. Dies hat vor allem mit der geschichtlichen Entwicklung in Österreich, konkret mit der Gründung der *Arbeitsgemeinschaft Evangelikaler Gemeinden in Österreich* (kurz ARGEGÖ) 1981 bzw. der Gründung des *Bundes evangelikaler Gemeinden in Österreich* (kurz BEG) 1992 zu tun.[19] Seit 1998 ist der BEG eine staatlich eingetragene religiöse Bekenntnisgemeinschaft, weshalb der Begriff *evangelikal* rein rechtlich für diesen Bund geschützt ist. Dass dies allerdings nicht das allgemeine Verständnis ist, zeigt folgende Beobachtung: Bei der Volkszählung 2001 gaben 4892 Personen an, *evangelikal* zu sein.[20] Obwohl sich in den letzten Jahren mehrere Freikirchen dem BEG

---

16 Siehe u.a. Vorwort von Peter Beyerhaus in: Arthur Johnston. Umkämpfte Weltmission. Hänssler: Neuhausen-Stuttgart, 1984. S. 13.

17 Offizielle Webseite der Evangelischen Kirche in Österreich. http://www.evang.at/english/evangelicals-in-austria/ (2.3.2011)

18 Frank Hinkelmann. Konfessionskunde. Handbuch der Kirchen, Freikirchen und christlichen Gemeinschaften in Österreich. Edition EA. OM Books: Linz, 2009. S. 4.

19 Ebd. S. 224.

20 Webseite von Statistik Austria. „Bevölkerung 2001 nach Religionsbekenntnis und Staatsangehörigkeit". http://www.statistik.at/web_de/statistiken/bevoelkerung/volkszaehlungen_register

angeschlossen und sich so die Zahl der Mitglieder erhöht hat, zählt der BEG aktuell *nur* 2346 Mitglieder.[21]

1988 verfasste Rampler eine Diplomarbeit zum Thema *Evangelikal – eine österreichische Lesart*. In der Einleitung bezeichnet er das Wort *evangelikal* als kirchenpolitischen Kontrapunkt und sieht, dass es „zur ernstzunehmenden Selbstbezeichnung avanciert.“[22]

Aktuell versteht man unter diesem Begriff, wie Bösch bemerkt, „meist Freikirchen, die eine große Bibelnähe pflegen, sich aber bewusst von pfingstlicher oder charismatischer Lehre oder Ausdrucksweise distanzieren.“[23]

Einer derartige Einengung des Begriffes kann ich mich jedoch nicht anschließen. Vielmehr stimme ich Hinkelmann zu, der Evangelikale wie folgt definiert:

„Evangelikale glauben,
1. dass die Heilige Schrift inspiriertes Wort Gottes und als für Lehre und Leben verbindlich anzusehen ist,
2. dass der Tod Jesu Christi am Kreuz die einzige Grundlage der Versöhnung zwischen dem heiligen Gott und dem sündhaften Menschen bildet,
3. dass Bekehrung und Wiedergeburt durch den Glauben an Jesus Christus den Anfangspunkt eines Lebens mit Gott bilden (Christ werden), der zur Erlangung des ewigen Heils notwendig ist,
4. dass jeder Christ in der Nachfolge Jesu steht und dies einen Auftrag zur Verkündigung des Evangeliums in Wort und Tat genauso einschließt, wie einen Lebensvollzug, der sich an den ethischen Maßstäben der Heiligen Schrift ausrichtet,
5. dass es eine Gemeinschaft aller Christen gibt, die die konfessionellen Grenzen sprengt und überschreitet, bei gleichzeitiger Betonung der verbindlichen Zugehörigkeit zu einer örtlichen Gemeinde.“[24]

---

zaehlungen/bevoelkerung_nach_demographischen_merkmalen/022894.html (23.2.2011).

21 Die Zahl der Gottesdienstbesucher beläuft sich aktuell auf ca. 2700. Diese Zahlen wurden mir vom BEG direkt übermittelt. Stand März 2011.

22 Reinhold Rampler. Evangelikal – eine österreichische Lesart. Unveröffentlichte Diplomarbeit. Wien, 1988. S. 1.

23 Walter Bösch. Damit sie alle eins seien. Eine Studie über die Einheit unter den geistlichen Leitern freikirchlicher Gemeinden in der Stadt Wien. Unveröffentlichte Diplomarbeit. Wien, 2008. S. 2.

24 Frank Hinkelmann. Die Evangelikale Bewegung in Österreich: Grundzüge ihrer historischen und theologischen Entwicklung von 1945 bis 1998. Vorpublikationsfassung der in der Entstehung befindlichen Dissertation. S. 25.

1.2 Theologie der Transformation

1.2.1 Jesus als Vorbild der Mission

Schnabel schreibt: „Wenn Evangelisation und Mission fundamentale Kennzeichen der nachösterlichen Jesusbewegung waren, dann hat dies seine Wurzeln im Wirken Jesu.“[25] Deshalb will ich die Ausarbeitung damit beginnen, darzustellen, wo und wie Jesus wirkte.

1.2.1.1 Die Berufung Jesu

Schon bei Jesu Antrittsrede in Nazareth (Lk 4,18) wird deutlich, wie er seine Berufung verstand. Indem er die Aussage von Jes 61, 1-2 (mit einem Einschub aus Jes 58,6[26]) auf sich bezog, verdeutlichte er zum Einen seinen messianischen Anspruch,[27] zum Anderen aber auch, dass sein Wirken im ureigentlichsten Sinn des Wortes missionarisch war.[28] Er wusste sich von Gott gesandt, nämlich zu den Armen und Zerschlagenen[29] und zu den "verlorenen Schafen Israels" (Mt 15,24). Er war dazu berufen, die gute Nachricht in Wort und Tat zu verkündigen: Den Armen wird die gute Nachricht und den Gefangenen die Entlassung verkündigt, während den Blinden das Augenlicht gegeben und den Zerschlagenen die Freiheit gegeben wird.

> Manche Ausleger vergeistlichen die Aussage Jesu, indem sie die Aussagen auf die geistlich Armen, Blinden usw. beziehen.[30] Der Dreh- und Angelpunkt dabei ist Antwort auf die Frage, wer die Armen sind, die hier als Empfänger des Evangeliums vorgestellt werden. Gäckle verweist etwa darauf, dass „Jesus die ‚Zöllner und Sünder‘ als Adressaten seiner Sendung“[31] bezeichnet. Bei näherer Betrachtung der Begriffe fällt jedoch auf, dass Jesus

---

25 Eckhard J. Schnabel. „Evangelisation im Neuen Testament“. S. 11-45 in: Herbert H. Klement (Hg.). Evangelisation im Gegenwind. Zur Theologie und Praxis der Glaubensverkündigung in der säkularen Gesellschaft. Brunnen Verlag: Giessen u. Basel & R. Brockhaus Verlag: Wuppertal, 2002. S. 14.

26 Vgl. Gerhard Maier. Edition C Bibelkommentar: Lukas-Evangelium, Band 4. Hänssler: Neuhausen-Stuttgart, 1996. S. 182.

27 Eckhard J. Schnabel. Urchristliche Mission. R. Brockhaus: Wuppertal, 2002. S. 211

28 Ebd. S. 209.

29 Roland Hardmeier. Kirche ist Mission. A.a.O. S.4, hier S. 271.

30 Gerhard Maier. Edition C Bibelkommentar: Lukas-Evangelium. A.a.O. S. 182.

31 Volker Gäckle. „Das Konzept der ‚holistischen Mission‘ im Licht des Neuen Testaments“. Evangelikale Missiologie 26 (1/10): 6-23, hier S. 22.

diese nie als seine Zielgruppe definierte. Vielmehr gab er nur die Vorwürfe der Pharisäer wieder (Mt 11,19). Es mag durchaus sein, dass sich viele Zöllner unter den Nachfolgern Jesu befanden. Dies hatte u.a. damit zu tun, dass sein Jünger Matthäus (in Lk Levi genannt; Lk 5,27)[32] ebenfalls Zöllner war. Allerdings muss das nicht bedeuten, dass sie deshalb die primären Adressaten seines Evangeliums waren.

Schnabel schreibt: „In seiner Antwort auf die Kritik der Pharisäer und Schriftgelehrten betont Jesus seinen Auftrag, die verlorenen Sünder zu rettten [sic!], die Kranken zu heilen (Mt 9,13; Mk 2,17).“[33] Bei einem Aussätzigen oder einem Gelähmten (wie er uns etwa in Lk 5 begegnet), der bestenfalls durch Betteln zu etwas Geld kam (siehe Apg 3,2 u.a.), war die Armut und die daraus folgende Unfähigkeit, einen Beruf auszuüben, eine logische Konsequenz seiner Krankheit. Trotz alledem schließt das Eine das Andere nicht aus. Auch wenn Jesu Sendung sich möglicherweise „nicht auf eine soziale und ökonomische Gruppe der Armen bezieht“[34], so haben sie doch, wie ich noch aufzeigen werde, einen bedeutenden Stellenwert im Dienst und in der Verkündigung Jesu. Folglich wäre dann zu klären, wie es zu diesem Schwerpunkt kommt, wenn nicht auf Grundlage dieser Berufung. Ein Großteil der Prophetie hat sich, wie wir im nächsten Abschnitt sehen werden, wörtlich erfüllt, weshalb es meiner Überzeugung nach keinen Anlass gibt, die Aussage Jesu zu vergeistlichen.

Umstritten ist, ob Jesus tatsächlich ein Jubeljahr im Sinne von 3Mose 25,10 ausrufen wollte. Während Yoder überzeugt ist, dass Jesus tatsächlich das Jubeljahr proklamierte,[35] bezweifelt Hardmeier (und zahlreiche andere mit ihm) die wörtliche Erfüllung.[36] Der konkrete Versuch, Gefangene zu entlassen, ist nicht überliefert, weshalb ich bezweifle, dass Jesus dies tatsächlich vorhatte. Vielmehr schließe ich mich Schnabel an, der davon ausgeht, dass es um die Botschaft von der sich verwirklichenden Gottesherrschaft ging.[37]

Durch Jesus ist die Gottesherrschaft eine gegenwärtige Wirklichkeit geworden. Schnabel schlägt die Brücke zu Lk 10,23b-24 bzw. Mt 13,16-17:

---

32 „Matthäus“, S. 254-255 in: Wer ist wer in der Bibel? Personenlexikon zum Buch der Bücher, Wuppertal: Brockhaus, 1996. S. 255.

33 Eckhard J. Schnabel. Urchristliche Mission. Ebd. S. 217.

34 Erhard Berneburg. Das Verhältnis von Verkündigung und sozialer Aktion. A.a.O. S. 298.

35 John Howard Yoder, zitiert in: Johannes Reimer. Die Welt umarmen. Theologie des gesellschaftsrelevanten Gemeindebaus, Band 1. Francke: Marburg a.d. Lahn, 2009. S. 158.

36 Roland Hardmeier. Kirche ist Mission. A.a.O. S. 272.

37 Eckhard J. Schnabel. Urchristliche Mission. A.a.O. S. 209.

„Selig sind die Augen, die sehen, was ihr seht. Denn ich sage euch: Viele Propheten und Könige wollten sehen, was ihr seht, und haben es nicht gesehen, und hören, was ihr hört, und haben es nicht gehört.“

Er schreibt: „Die Glieder des Königreiches Gottes haben wahre Erkenntnis, sie erkennen die mächtigen Taten Jesu, die sie sehen, als Zeichen des Königreiches Gottes, und sie hören die Verkündigung Jesu als Wort der Herrschaft Gottes.“[38]

Folglich kann es als falsche Darstellung der Mission Jesu betrachtet werden, zu glauben, die „ganze messianische Aufgabe [...] besteht darin, die Menschen von Sünde, Teufel und Tod zu befreien.“[39] Denn Jesus bezog seine Berufung nicht rein auf seinen Tod (und die damit verbundene Erlösung), sondern sehr wohl auch auf den Dienst am Nächsten.[40]

1.2.1.2 Der Dienst Jesu

Der Dienst Jesu spiegelt seine Berufung wider. Sein Augenmerk galt den Menschen, die in Not waren. Er stillte die alltäglichen Bedürfnisse, indem er den Menschen zu essen gab (Joh 6,11). Er tat Wunder, indem er etwa Blinde heilte (Joh 9,7), und er nahm sich der Zerschlagenen und Ausgegrenzten an (Joh 4,15). Auch wenn in der Bibel oft davon die Rede ist, dass viele Reiche (wie etwa die Zöllner, (Lk 19,2) oder auch die Jüngerinnen Jesu (Lk 8,2-3)) und gebildete Leute (wie etwa die geistliche Elite; Lk 5,30) mit ihm unterwegs waren, so gehörte das en gros seiner Zuhörer doch der unteren Bevölkerungsschicht an,[41] was ihm den Ruf als *Freund der Zöllner und Sünder* einbrachte.

Was erstaunt, ist, dass es eine Aussage in der Prophetie des Jesaja gibt, die Jesus nicht wörtlich erfüllte: Die Befreiung von Gefangenen (Lk 4,18). Als etwa Johannes der Täufer im Gefängnis saß, befreite ihn Jesus nicht.[42] Im Gegenteil, er ließ Johannes durch seine Jünger sogar ausrichten, dass sich in diesem Augenblick die Prophetie des Jesaja durch Jesu Dienst erfülle – während Johannes weiter im Gefängnis saß! Bei genauerer Betrachtung zeigt sich, dass er bei der Gelegenheit nicht von der Befreiung der Gefangenen sprach, sondern davon, dass Lahme gehen, Aussätzige rein werden, Taube hören und Tote auferstehen. Meines Erachtens finden wir in

[38] Ebd. S. 213.
[39] Gerhard Maier. Edition C Bibelkommentar. Ebd. S. 183.
[40] Vgl. Mk 10,45.
[41] Mt 5,23-25; 15,30; Lk 5,15; 14,13f. u.a.
[42] Roland Hardmeier. Kirche ist Mission. A.a.O. S. 271.

dieser Aussage die Auslegung Jesu von Lk 4,18: Menschen, die in ihrer Behinderung, in ihrer Krankheit, ja sogar im Tod gefangen waren, wurden befreit. Gleichzeitig verdeutlicht Jesu Aussage, was sich wörtlich erfüllte, und was im übertragenen Sinn zu verstehen ist.

Jesu Dienst war ganzheitlich! Er verkündigte das Evangelium, setzte sich aber auch für die soziale Not der Menschen ein, und war bereit ihnen zu helfen. Schnabel schreibt: „Jesus identifiziert sich in Mt 9,12.13b/Mk 2,17/Lk 5,31-32 mit diesem Heilsfürsten [aus Hes 34; Anm.]: Er ist der Arzt, den Gott gesandt hat, die Kranken zu heilen, die Sünder, d.h. die Verlorenen zu retten.“[43]

1.2.1.3 Die Verkündigung Jesu

Zu beachten ist auch, welche Bedeutung Christus dem sozialen Handeln an verschiedenen Stellen beimisst. So stellt etwa die Bergpredigt einen hohen moralischen Anspruch dar, der allerdings nicht losgelöst vom Auftrag *Salz und Licht der Welt zu sein* betrachtet werden kann.[44] Auch die zahlreichen Aufforderungen, die Jesus an seine Zuhörer richtet, sollten einem zu denken geben. Jesus spricht dabei von Barmherzigkeit (Mt 9,12f), von Liebe üben (und verdeutlicht es durch den barmherzigen Samariter; Lk 10,25-37) und von Großzügigkeit. So fordert er den reichen Jüngling heraus, alles zu verkaufen und es den Armen zu geben (Lk 18,22). Kurz gesagt: „Evangelisation und soziales Engagement, Verkündigung und Nächstenliebe kennzeichnen die öffentliche Wirksamkeit Jesu.“[45]

Die bemerkenswerteste Stelle ist aber sicherlich Mt 25, 31-46. Die Trennung in Schafe und Böcke erfolgt nicht aufgrund einer orthodoxen Theologie oder eines *Bekehrungserlebnisses*, sondern aufgrund der sozialen Aktion. Schnabel schreibt: „Das Schicksal der Menschen im Endgericht wird an ihrer Reaktion auf die ‚geringsten Brüder‘ (Mt 25,40) entschieden, d.h. auf die Nachfolger Jesu, die den Auftrag, das Evangelium zu verkündigen, angesichts von Hunger, Durst, Krankheit und Gefangennahme ausführen.“[46]

---

[43] Eckhard J. Schnabel. Urchristliche Mission. A.a.O. S. 218.

[44] Johannes Reimer. Die Welt umarmen. A.a.O. S. 8, hier S. 63.

[45] Hans Ulrich Reifler. „Ganzheitliche Mission. Eine biblisch-missionstheologische Analyse“. Evangelikale Missiologie 26 (1/10): 24-35. hier S. 31.

[46] Eckhard J. Schnabel. Urchristliche Mission. A.a.O. S. 342.

1.2.1.4 Der Auftrag Jesu

Dem Missionsbefehl, der uns in vier bzw. fünf verschiedenen Fassungen überliefert ist (Mt 28,18-20; Mk 16,15-16; Lk 24, 44-49; Joh 20, 19-23; Apg 1,6-8), wird sehr viel Wert beigemessen. Der Grund ist u.a. der, dass er oft als *letzter Wille* verstanden wird, den es gilt umzusetzen.[47] Dabei entsteht oft der Eindruck, dass es beim Missionsbefehl nur um Evangelisation und Verkündigung geht, weshalb Mission eine rein spirituelle Angelegenheit sei. Doch wenn Mission nichts mit dem Dienst am Nächsten zu tun hätte, wäre es „eine traurige Verkürzung des biblischen Missionsverständnisses."[48] Die unterschiedlichen Fassungen des Missionsbefehls haben im Wesentlichen ihren Ursprung im jeweiligen Evangelium bzw. dessen Kontext. Dies wird im Folgenden herausgearbeitet.

1.2.1.4.1. Im Matthäusevangelium

Der Missionsbefehl bei Matthäus ist sicherlich der meistbeachtetste Befehl. Das hat u.a. mit den vier Aufforderungen, zu gehen, Jünger zu machen, zu taufen und zu lehren, zu tun. „Wichtig ist im Blick auf den Kontext – die Beauftragung zur weltweiten Mission –, dass nicht ein Befehl im Mittelpunkt steht oder zumindest erwähnt wird, der die Verkündigung des Evangeliums, die Evangelisation, zum Inhalt hat."[49] Stattdessen steht das Zum-Jünger-Machen im Mittelpunkt. Schnabel schreibt:

> „Die Beauftragung in Mt 28,19-20 nennt vier Betätigungen: Gehen, Zum-Jünger-Machen, Taufen und Lehren. Nur das Zum-Jünger-Machen ist als Verbum finitum (Imperativ) formuliert, steht also im Mittelpunkt."[50]

Dies wiederum ist ein Prozess, weshalb der Missionsbefehl nicht losgelöst vom restlichen Evangelium, wo es ganz wesentlich um den Prozess des Jünger-Machens geht, betrachtet werden kann. Es liegt auf der Hand, dass

---

47 Vgl. Webseite www.missionarisch.de. „Mission ist auch Jesu letzter Wille. Sein letztes Wort an seine Jünger war: „Gehet hin" (Mt 28,18-20), und dies ist bis heute unser Auftrag." Institut für systematische Gemeindepraxis. „Warum Mission?" http://www.missionarisch.de/missionarischekompetenz/warummission/index.html (12.7.2010)

48 Hans Ulrich Reifler. „Ganzheitliche Mission. Eine biblisch-missionstheologische Analyse". A.a.O. hier S. 30.

49 Eckhard J. Schnabel. Urchristliche Mission. A.a.O. S. 351.

50 Eckhard J. Schnabel. „Evangelisation im Neuen Testament". S. 11-45 in: Herbert H. Klement (Hg.). Evangelisation im Gegenwind. A.a.O. S. 21-22.

der Prozess des Jünger-Machens sich nicht auf eine einzelne Veranstaltung oder nur auf die Vermittlung von Wissen bezieht. Vielmehr beinhaltet er das ganze Leben, sowohl des Lehrers, als auch des Schülers. Jüngerschaft ist folglich ganzheitlich.

Matthäus stellt den Dienst Jesu als διδάσκων, κηρύσσων, θεραπεύων, (didaskon, kerüsson, therapeuon) während er herumzog (Mt 4,23 u. 9,35), dar.[51] Auch seinen Jüngern gab Jesus den Befehl, zu gehen, zu predigen und zu heilen (Mt 10,7-8). Die Parallelen zwischen dem Missionsbefehl, dem Dienst Jesu und dem Auftrag der Jünger sind durchaus interessant. Somit war sowohl die Predigttätigkeit Jesu, wie auch der Jünger von einer Heilungstätigkeit begleitet.[52] Zu wenig wird beachtet, dass Mt 10 den Hintergrund zu Mt 28 bildet. „Der in Mt 10 erteilte Auftrag wird mit Mt 28 nicht aufgehoben, sondern findet seine ausdrückliche Bekräftigung, indem gesagt wird, dass die Jünger die Gläubigen lehren sollen, alles zu halten, was Jesus den Jüngern aufgetragen hat.“[53]

1.2.1.4.2. Im Markusevangelium

Der Missionsbefehl in Markus ist nicht unumstritten, zumal er in den wichtigsten alten Textzeugen fehlt.[54] Da der Inhalt aber absolut dem der anderen Evangelien entspricht, gibt es keinen Zweifel an der Richtigkeit der Aussagen.

Ähnlich wie bei Matthäus forderte Jesus die Jünger auf, zu gehen und das Evangelium zu predigen (Mk 16,15). Unmittelbar nach dieser Aufforderung und inhaltlich noch als Teil des Missionsbefehls, verweist Jesus auf die der Verkündigung folgende Zeichen:[55]

> Die Zeichen aber, die folgen werden denen, die da glauben, sind diese: In meinem Namen werden sie böse Geister austreiben, in neuen Zungen reden, Schlangen mit den Händen hochheben, und wenn sie etwas Tödliches trin-

---

51 Übersetzt: „lehrend, verkündigend und heilend“. Reifler, der auf dies hinweist, führt die Wörter allerdings nicht als Partizip auf, wie es der Text vorgibt, sondern als Infinitiv. Hans Ulrich Reifler. „Ganzheitliche Mission. Eine biblisch-missionstheologische Analyse“. A.a.O. hier S. 31.

52 Ebd.

53 Roland Hardmeier. Das ganze Evangelium für eine heilsbedürftige Welt. A.a.O. S. 195.

54 Kurt Aland u. Barbara Aland. Der Text des Neuen Testamentes. Deutsche Bibelgesellschaft: Stuttgart, 1982. S. 293f.

55 Hans Ulrich Reifler. „Ganzheitliche Mission. Eine biblisch-missionstheologische Analyse“. Evangelikale Missiologie 26 (1/10): 24-35, hier S. 31.

> ken, wird's ihnen nicht schaden; auf Kranke werden sie die Hände legen, so wird's besser mit ihnen werden. (Mk 16, 17-18)

Wir sehen, dass auch das Markusevangelium den sozialen Aspekt der Missionsarbeit erwähnt, ja ihn sogar als Teil des Missionsbefehls betrachtet.

1.2.1.4.3. Im Lukasevangelium

In keinem anderen Evangelium wird die Gruppe der Armen, Schwachen und Verachteten derartig stark betont, wie bei Lukas. Es beginnt beim Nazareth-Manifest (Lk 4,18f) und endet mit dem Mitleid für die Mütter Jerusalems und deren Kindern, als Jesus auf dem Weg nach Golgatha war (23,28-29). Darüber hinaus wird der soziale Aspekt der Missionsarbeit bei Lukas besonders stark betont. So ist Lukas der einzige Evangelist, der aufzeigt, wer der Nächste ist und wie der Dienst am Nächsten auszusehen hat (Lk 10, 27-37): „So geh hin und tu desgleichen!" (Lk 10,37). Auf diesem baut die Aufforderung Jesu auf, μάρτυρες (Zeugen) zu sein.

> Der Begriff kommt aus der Sprache des Rechts und „verbindet die Momente der persönlichen Gegenwart, der Deutung des Gesehenen und Erlebten, und des Eintretens für das Bezeugte."[56] Durch Jesu Aussage bekommt das Wort jedoch eine andere Betonung. „Zeugen sind für Lukas die Apostel, die von Jesus mit der Verkündigung der Botschaft vom Reich beauftragten Jünger, wobei diese Apg. 1,22 noch näher dadurch qualifiziert, daß sie Zeugen der Auferstehung (vgl. Apg 2,32; 3,15; 13,31; 26,16: Paulus, weil der Auferstandene ihm begegnete) und seines Tuns sind (Apg 22,15 auch für Paulus gesagt!)."[57]

Jesu Aufforderung an seine Jünger beinhaltete nach Lukas nicht die Verkündigung (dies war in den vorangegangen Aufträgen impliziert), sondern die wahrheitsgetreue Wiedergabe der Auferstehung Jesu. Basis und Ausrüstung für diesen Zeugnisdienst war der Heilige Geist (24,49), wodurch Lukas bereits die Brücke zur Apostelgeschichte schlägt, wo der Auftrag, wie ich später noch aufzeigen werde, erneut ausgesprochen wird. Gleichzeitig zeigt die Apostelgeschichte auch auf, wie die konkrete Umsetzung dieses Auftrages aussah.

---

[56] Eckhard J. Schnabel. Urchristliche Mission. A.a.O. S. 363.

[57] Lothar Coenen. „Verkündigung/Zeugnis" S. 1751-1773. in: Theologisches Begriffslexikon zum Neuen Testament. Hrsg. von Lothar Coenen und Klaus Haacker. Band 2, R. Brockhaus: Wuppertal & Neukirchener Verlag: Neukirchen, neubearbeitete Ausgabe 2000. S. 1767.

1.2.1.4.4. Im Johannesevangelium

Der Missionsbefehl am Ende des Johannesevangelium war kein neuer Auftrag, wie oft angenommen wird,[58] sondern vielmehr der theologisch eindringlichste, der die bewusste Sendung der Jünger zur Umsetzung ihres Auftrages zum Inhalt hat.[59] Dabei sollten jedoch die Parallelen zu Mt 28 und Lk 24 nicht übersehen werden. „1. Jesus zeigt seine Wunden (Joh 20,22; Lk 24,39). 2. Der Heilige Geist wird erwähnt (Joh 20.22; Lk 24,49). 3. Jesus weist auf Sünde hin (Joh 20,24; Lk 24,47)“[60]

Den Auftrag selbst hatte Jesus seinen Jüngern bereits vor dessen Tod mitgeteilt: „Einen neuen Auftrag[61] gebe ich euch, dass ihr euch untereinander liebt, wie ich euch geliebt habe, damit auch ihr einander lieb habt. Daran wird jedermann erkennen, dass ihr meine Jünger seid, wenn ihr Liebe untereinander habt.“ (Joh 13,34-35). Die Umsetzung dieses Auftrages entfaltete Jesus während seiner Abschiedsrede (Joh 13,31 – 16,33). Dabei betonte er die Verheißung des Heiligen Geistes (14,15-26), der sie in der Umsetzung leiten wird.

Direkt im Anschluss an die Abschiedsrede befindet sich das hohepriesterliche Gebet, in dem Jesus bereits für die Sendung der Apostel betete (17,18). Nach seinem Tod und seiner Auferstehung richtete er dieses Wort auch an seine Jünger: „Wie mich der Vater gesandt hat, so sende ich euch“ (Joh 20,21).

> An allen drei Stellen (13,34; 17,18; 20,21) finden wir das Wort *καθώς (kathos)*, dass jeweils die Relation der beiden Aussagen zueinander bestimmt.[62] Jesu Liebe zu den Jüngern legte die Basis für die Liebe zueinander. Jesu Sendung legte die Basis für die Sendung der Jünger.

Doch wie präsentiert sich Jesu Sendung im Johannesevangelium? „Wenn wir nach der Sendung des Sohnes durch den Vater fragen, erkennen wir aufgrund der öffentlichen Wirksamkeit Jesu, dass er ‚nicht nur predigte‘, sondern auch diente (Joh 2,1-11; 6,1-15; 13,1-15; 21,1ff), heilte (Joh 4,43-

---

58 So etwa in der Randnotiz der Thompson Studienbibel. Thompson Studienbibel. Hänssler: Neuhausen-Stuttgart, 1986 S. 1275.

59 Eckhard J. Schnabel. Urchristliche Mission. A.a.O. S. 371.

60 Ebd. S. 372.

61 ’Εντολή (entole) kann sowohl mit *Auftrag* wie auch mit *Gebot* übersetzt werden. „’Εντολή“. S. 64 in: Rudolf Kassühlke. Kleines Wörterbuch zum Neuen Testament. Griechisch-Deutsch. Deutsche Bibelgesellschaft: Stuttgart, 2005[4]. S. 64.

62 Volker Gäckle. „Das Konzept der ‚holistischen Mission‘ im Licht des Neuen Testaments“. A.a.O. hier S.20.

54; 5,1-18; 9,1ff) und aus dem Tod befreite (Joh 11,1ff)."[63] Jesus wird im Johannesevangelium als *Sohn Gottes* dargestellt (Joh 20,30-31), weshalb neben den zahlreichen Dialogen die Wunder eine ganz wesentliche Rolle spielen.

Nun sandte Jesus seine Jünger aus, damit auch sie ihren Auftrag in derselben Art und Weise umsetzen, wie Jesus seinen umgesetzt hatte. Der Geist Gottes leitete sie dabei, wie sie die Liebe praktizieren sollten, damit andere Menschen sie als Jünger Jesu erkannten.

> Hardmeier warnt zu Recht davor, eine zu starke Betonung auf Joh 17 und 20 zu legen, zumal es dazu führen könnte, dass wiederum ein neues Ungleichgewicht entsteht.[64] Deshalb muss sowohl das Gebot der Liebe, wie auch der Sendung immer im gesamtbiblischen Zusammenhang bzw. besonders auch in Bezug zu den anderen Missionsbefehlen gesehen werden.

1.2.1.4.5. In der Apostelgeschichte

Den letzten Befehl gab Jesus seinen Jüngern unmittelbar vor seiner Himmelfahrt (Apg 1,8). Während sie noch immer hofften, dass er sein irdisches Reich baut, fasste Jesus hier „die Missiologie der ganzen Apostelgeschichte zusammen."[65] Padilla betont, dass man zum Verständnis dieses Missionsbefehls den direkten Bezug zum unmittelbar folgenden Ereignis, Pfingsten und somit die Entstehung der Gemeinde, im Blick haben muss.[66] Ich stimme ihm zu, weshalb ich den Missionsbefehl an dieser Stelle nicht weiter ausführe. Vielmehr werde ich beim nächsten Punkt aufzeigen, wie der Missionsbefehl vor allem in Jerusalem, Antiochia und Ephesus umgesetzt wurde.

1.2.2 Die Umsetzung des Auftrags in den ersten Gemeinden

An der Missionspraxis der ersten Gemeinden zeigt sich sehr deutlich, wie die Missionsbefehle verstanden wurden. Gerade Lukas zeigt in der Apos-

---

63 Hans Ulrich Reifler. „Ganzheitliche Mission. Eine biblisch-missionstheologische Analyse". A.a.O. hier S. 31.

64 Roland Hardmeier. Kirche ist Mission. A.a.O. S. 262.

65 Rene Padilla. „Ganzheitliche Mission." S. 145-168 in: Andreas Kusch u. Thomas Schirrmacher (Hg). Der Kampf gegen die weltweite Armut – Aufgabe der Evangelischen Allianz? Zur biblisch-theologischen Begründung der Micha-Initiative. Verlag für Kultur und Wissenschaft: Bonn, 2009. S. 157.

66 Ebd. S. 158.

telgeschichte sehr schön auf, wie Apg 1,8 umgesetzt wurde. Leider wird die Umsetzung oft nur auf „Jerusalem, Judäa und Samarien und bis an die Enden der Erde" reduziert. Dabei ist der weltweite Horizont der Mission schon alleine durch die Präsenz von „gottesfürchtigen Juden aus jedem Volk" (Apg 2,5) am Pfingsttag gegeben.[67] Stattdessen liegt die Betonung auf der Ausgießung des Geistes, der unmittelbar nach Jesu Himmelfahrt kam. Während die Jünger zuvor noch die Öffentlichkeit „aus Angst vor den Juden" (Joh. 20,19) scheuten, gingen sie jetzt freimütig in die Öffentlichkeit, um den Menschen von den großen Taten Gottes zu erzählen. Dabei erfüllte sich, wofür Jesu Jünger nach Jesu Ansprache in Mt 9,37-38 gebetet hatten: Gott hatte Arbeiter zu den zerstreuten, verirrten und verschmachteten Schafen gesandt: Nämlich sie selbst!

1.2.2.1 Die Umsetzung in Jerusalem

Direkt nach der Pfingstpredigt wurde aus der kleinen Schar der Jesus-Jünger eine Jesus-Bewegung, der sich viele Tausende anschlossen. Schon Apg 2,41-47 zeigt, dass die erste Gemeinde keine Ghettokirche war, sondern dass die „Ausstrahlungskraft von Hausgemeinden mit ihrer Gemeinschaft, Mahlfeiern, der gegenseitigen Versorgung, Anbetung Gottes und Verkündigung (2,46-47; 5,42)"[68] sehr attraktiv war, sodass sie „Wohlwollen beim ganzen Volk" (Apg 2,47) fanden. Selbst im Tempel waren sie täglich anzutreffen (2,46). Als Gemeinde ging es ihnen nicht um Selbstverwirklichung, „sondern um die Förderung des Nächsten."[69] Durch die Gütergemeinschaft praktizierten sie Nächstenliebe in feinster Art und Weise.

Der erste größere Konflikt, den es in der Gemeinde gab, hatte keinen theologischen, sondern einen ganz praktischen Hintergrund: Die hellenistischen Witwen[70] wurden bei der täglichen Essensausgabe übersehen.

> Dass es diesen Dienst der Essensausgabe gab, wissen wir möglicherweise nur deshalb, weil es eines Tages Probleme gab. Von daher würde es mich nicht wundern, wenn es noch zahlreiche andere soziale Dienste der Gemeinde in Jerusalem gab, die uns nicht überliefert wurden.

---

[67] Ebd.

[68] Eckhard J. Schnabel. Urchristliche Mission. A.a.O. S. 409.

[69] Johannes Reimer. Die Welt umarmen. A.a.O. S. 54.

[70] Hellenisten sind griechisch sprechende Diasporajuden, die nach Jerusalem zurückgekehrt waren und dort lebten. Vgl. Eckhard J. Schnabel. Urchristliche Mission. A.a.O. S. 637.

Die Gemeinde meisterte die Herausforderung mit Bravour, indem sie etwas bis dahin im Judentum Unbekanntes schuf: Das Amt der Diakone (Apg 6, 1-6).[71] Die Apostel konnten sich folglich wieder der Verkündigung und dem Gebet widmen (Apg 6,4), während die Diakone nun für die Versorgung der Witwen verantwortlich waren.

Das zweite Problem, das sich ebenfalls bei dieser Begebenheit zeigte, war das Integrationsproblem im Jerusalem.[72] Da die Juden ihren Lebensabend in Israel verbrachten und dort begraben werden wollten, kehrten viele ausländische Juden auf ihre alten Tage aus der Diaspora dorthin zurück.[73] Kulturelle wie soziologische Spannungen waren vorprogrammiert, wobei die Witwen nur die Spitze des Eisberges bildeten. Durch das Amt der Diakone entspannte sich die Situation in der Gemeinde und so wurde die Gemeinde zum „sozialen Integrationsfaktor in der Stadt, die alle zu integrieren weiß."[74]

> Vor allem kritische Exegeten bezweifeln diese Aussage oder sind gar der Meinung, dass Apg 6 einen tiefgehenden theologischen Streit zwischen den Hellenisten und den Hebräern in der Gemeinde in Jerusalem verharmlost, der spätestens nach der Steinigung des Stephanus zur Spaltung der Gemeinde führte. Schnabel legt jedoch sehr gut dar, dass es einige Argumente gibt, die dagegen sprechen. Einerseits betont Lukas an mehreren Stellen die Einmütigkeit der Gemeinde (Apg 1,14; 2,46; 4,24; 5,12). Andererseits erscheint es im Zusammenhang mit der Verfolgung eher wahrscheinlich, dass die innere Einheit und der organisatorische Zusammenhalt gegeben war, als dass es zu Spaltung und Trennung kam.[75] Auch wenn es wahrscheinlich ist, dass alle Diakone Hellenisten waren, so muss doch angemerkt werden, dass die Konfliktlösung von den Aposteln ausging, was sehr stark für die Einheit der Jerusalemer Gemeinde spricht.[76]

Leider blieb es nicht dabei. Durch die aufkommende Verfolgung, wie auch durch die Veränderung in der Leitung, wurde die Gemeinde stark judaistisch und hielt stärker am Gesetz des Moses fest, weshalb sie binnen weni-

71 Johannes Reimer. Die Welt umarmen. A.a.O. S. 55.
72 Johannes Reimer. Die Welt umarmen. A.a.O. S. 56.
73 Craig S. Keener. Kommentar zum Umfeld des Neuen Testaments. Band 2. Hänssler: Neuhausen-Stuttgart, 1998. S. 36.
74 Johannes Reimer. Die Welt umarmen. A.a.O. S. 56.
75 Eckhard J. Schnabel. Urchristliche Mission. A.a.O. S. 638.
76 Ebd. S. 639.

ger Jahre an Einfluss, Bedeutung und geistlicher Kraft verlor, wie aus den späteren Kontroversen (Apg 15,1; 21,17-26) hervorgeht.[77]

1.2.2.2 Die Umsetzung in Antiochia

Antiochia war die Hauptstadt der Provinz Syria und neben Rom und Alexandria die drittgrößte Stadt im römischen Reich der Antike. Man schätzt, dass zu dieser Zeit etwa eine halbe Million Menschen in der Stadt lebten.[78] Während Cicero die Kultur Antiochias lobte,[79] kritisierte Apollonios, dass das kulturelle und geistliche Leben der Stadt verfalle, und er ein Abgleiten in die Barbarei sehe.[80]

Lukas berichtet davon, dass aufgrund der Verfolgung in Jerusalem einige Christen bis nach Zypern, Phönizien und Antiochia gingen, um dort unter den Juden das Wort zu verkünden (Apg 11,19). Einer davon könnte Nikolaus, einer der sieben Diakone gewesen sein. Von ihm wissen wir, dass er ein Proselyt war und aus Antiochia stammte (Apg 6,5).[81] Folglich ist es naheliegend, dass er nach Ausbruch der Verfolgung in Jerusalem in seine Heimatstadt zurückkehrte. In weiterer Folge dürften einige Männer, die ursprünglich aus Zypern und Kyrene stammten, nach Antiochia gekommen sein, die auch den Griechen das Evangelium verkündeten. Viele Menschen kamen zum Glauben und so existierte schon kurz nach Ausbruch der Verfolgung in Jerusalem eine recht große Gemeinde in Antiochia (Apg 11,21.24). Dies war eines der wichtigsten Ereignisse der Geschichte der frühen Kirche.[82]

Die Gemeinde wurde, im Unterschied zur Jerusalemer Gemeinde, nicht von den Aposteln, sondern von Propheten und Lehrern geleitet (Apg 13,1). Auch war die Leitung nicht rein jüdischer Herkunft, sondern multikulturell. Barnabas kam aus Zypern (Apg 4,36), Saulus war Jude aus Tarsus (Apg 22,3), Simeon wurde Niger genannt, stammte also vermutlich, wie auch

---

[77] Merrill C. Tenney. Die Welt des Neuen Testaments. Francke: Marburg a.d. Lahn, 1994^4. S. 264

[78] Eckhard J. Schnabel. Urchristliche Mission. A.a.O. S. 760.

[79] Schnabel geht davon aus, dass es „eine kontextbedingte Übertreibung sein könnte." Eckhard J. Schnabel. Ebd. S. 763.

[80] Ebd.

[81] Harrison gibt fälschlicherweise an, dass Nikanor aus Antiochia stammte. R.K. Harrison. „Antiochia (Syrien)" S. 94-96 in: Das große Bibellexikon. Hrsg. von Helmut Burkhardt (u.a.) Bd. 1, R. Brockhaus: Wuppertal & Brunnen: Gießen, 1. Taschenbuchauflage 1996. S. 94.

[82] Eckhard J. Schnabel. Urchristliche Mission. A.a.O. S. 764.

Luzius, aus Afrika (Kyrene befand sich in Nordafrika).[83] Von Manaen wissen wir, dass er mit Herodes erzogen worden war, vermutlich, weil er der Sohn eines Sklaven des König Herodes war.[84] Folglich gelang es der Gemeinde, die kulturellen und ethnischen Barrieren zu überwinden.[85]

Die Christus-Nachfolge dürfte die Gemeinde in Antiochia sehr ernst genommen haben. Schließlich waren sie die Ersten, die Christen genannt wurden (Apg 11,26).[86] Auch wenn es anfangs möglicherweise als Spottname gedacht war, belegt er doch „das sichtbare Profil und die effektive Mission der christlichen Gemeinde in Antiochien."[87] Wer hätte damals wohl gedacht, wie lange diese Bezeichnung bestehen bleiben würde? Die Jünger in Antiochia waren auch nach ihrer Bekehrung in der Gesellschaft integriert, sozial aktiv und wurden deshalb von den Menschen in der Umgebung geschätzt. Jedermann sah, wie sie Nächstenliebe praktizierten, weshalb man sie eben als Christusnachfolger (und nicht mehr Schüler bzw. Jünger) bezeichnete. Für Paulus, der miterlebte, wie vorbildlich auch die Gemeindeleitung in ihrem sozialen Engagement war, war dies sicherlich mit ein Anstoß, den guten Ruf in der Gesellschaft auch als Voraussetzung für den Dienst als Ältester zu sehen (1Tim 3,7)

Die Frage der Beschneidung kann als eine Art Bewährungsprobe der Beziehung zwischen Jerusalem und Antiochia gewertet werden. Die Gemeinde in Antiochia verzichtete bewusst auf die Beschneidung der gläubigen Griechen, wie am Beispiel des Titus deutlich wird (Gal 2,1-10).[88] Als jedoch einige Juden aus Judäa die Beschneidung forderten, widersetzte sich die Gemeinde diesem Grundsatz.[89] Um die Frage zu klären, wurden Paulus, Barnabas, Titus (der ein unbeschnittener Grieche war) und einige andere nach Jerusalem geschickt. Das Apostelkonzil bestätigte die Ent-

---

83 J.H. Harrop. „Kyrene" S. 1334f. in: Das große Bibellexikon. A.a.O. Bd. 3. S. 1334.

84 Craig S. Keener. Kommentar zum Umfeld des Neuen Testaments. A.a.O. S. 72f.

85 Roger S. Greenway. Eine Stadt für Gott. Evangelisation und soziale Verantwortung. Verlag Gottfried Bernard: Siegen, 1986. S. 66.

86 Neben dieser Stelle wird das Wort Χριστιανόι nur mehr von Agrippa in Apg 26,28 und von Petrus in 1Petr 4,16 verwendet. Hätten die Jünger den Begriff als Selbstbezeichnung übernommen, käme er v.a. in der Apg häufiger vor. Vielmehr bezeichneten sie sich als *Jünger*, *Glaubende*, *Brüder*, *Sklaven Jesu Christi* usw. Vgl. Eckhard J. Schnabel. Urchristliche Mission. A.a.O. S. 771. Insofern ist es fraglich, ob er sich heute als Selbstbezeichnung eignet.

87 Eckhard J. Schnabel. Ebd. S. 774.

88 Johannes Reimer. Die Welt umarmen. A.a.O. S. 58.

89 R.K. Harrison. „Antiochia (Syrien)" S. 94-96 in: Das große Bibellexikon. A.a.O. Bd. 1. S, 95.

scheidung der Gemeinde in Antiochia, dass jemand, der unbeschnitten zum Glauben gekommen war, nicht beschnitten werden musste (Apg 15). Damit bestätigte das Apostelkonzil aber auch, dass die Entscheidung der Gemeinde, sich kulturell anzupassen, richtig war.

Zu guter Letzt wurde die Gemeinde in Antiochia zur „Mutter aller Heidengemeinden“,[90] als sie bereit waren, Saulus und Barnabas ziehen zu lassen. Schon kurze Zeit darauf hatte Antiochia Jerusalem „in seiner Einflussnahme auf die Welt überflügelt, und entwickelte sich zum Missionshauptquartier des 1. Jahrhunderts.“[91]

1.2.2.3 Die Umsetzung in Ephesus

Die mit Abstand umfangreichste zeitliche Einsicht in die Gemeindearbeit liefert uns die Gemeinde in Ephesus. Gerade durch die Informationen, die wir in der Apostelgeschichte und im Epheserbrief finden, aber auch durch das Sendschreiben an die Gemeinde in Ephesus, erhalten wir einen sehr guten Einblick in die Missionsarbeit in der Gemeinde.

Ephesus war die Hauptstadt der römischen Provinz Asia und lag an der Westküste der heutigen Türkei.[92] Als bedeutende Handelsstadt und religiöses Zentrum war sie strategisch wichtig und besaß viel Einfluss.[93] So zählte etwa der Artemistempel zu den sieben Weltwundern der Antike. Zur Zeit des NT hatte die Stadt vermutlich etwa 200.000,[94] möglicherweise sogar bis zu 300.000 Einwohner.[95]

Als Paulus das erste Mal nach Ephesus reiste, begleiteten ihn Priska und Aqulia. Er hatte sie in Korinth, wo er zuvor gewirkt hatte, kennengelernt. Paulus blieb nur kurz in Ephesus, legte aber mit seinem Besuch den Grundstein für die Gemeinde Ephesus.[96] Einen Grundstein, auf den Priska und Aquila in weiterer Folge aufbauten. Als Paulus auf seiner zweiten Missionsreise nach Ephesus zurückkehrte, blieb er über zwei Jahre, „so

---

[90] Merrill C. Tenney. Die Welt des Neuen Testaments. A.a.O. S. 277.

[91] Roger S. Greenway. Eine Stadt für Gott. A.a.O. S. 64.

[92] E.M.B. Green. „Ephesus“ S. 475-478 in: Das große Bibellexikon. A.a.O. Bd. 2. S. 475.

[93] Merrill C. Tenney. Die Welt des Neuen Testaments. A.a.O. S. 317f.

[94] Eckhard J. Schnabel. Urchristliche Mission. A.a.O. S. 1158.

[95] E.M.B. Green. „Ephesus“ S. 475-478 in: Das große Bibellexikon. Ebd. Bd. 2. S. 477.

[96] Es ist nicht auszuschließen, dass auch vor der Ankunft des Paulus bereits in Kleinasien missioniert wurde. Hierbei seien die Predigten des Apollos (Apg 18,24-26) wie auch die Jünger (Apg 19,1-3) erwähnt. Näheres ist jedoch nicht bekannt. Eckhard J. Schnabel. Urchristliche Mission. A.a.O. S. 814 bzw. 1163.

daß alle, die in der Provinz Asien wohnten, das Wort des Herrn hörten, Juden und Griechen." (Apg 19,10). Was in dieser Zeit geschah, kann nur als Wunder Gottes bezeichnet werden und verdeutlicht die Umsetzung eines ganzheitlichen Missionsverständnisses. In weiterer Folge lesen wir von:

- der Heilung von Krankheiten (19,12)
- Austreibung der Dämonen (19,12)
- Gottesfurcht unter dem ganzen Volk (19,17)
- Der Verbrennung von Büchern im Wert von 50.000 Tageslöhnen (19,19), also 137 Jahre reine Arbeit.[97]
- Buße und Erweckung (19,18)

Gerade die Verbrennung der Zauberbücher zeigt, welche Veränderung in der gesamten Gesellschaft stattgefunden hatte. Sogar jüdische Exorzisten versuchten Paulus nachzuahmen und Dämonen im Namen Jesu auszutreiben.[98] Als dies nicht gelang, bewirkte das eine Gottesfurcht unter dem ganzen Volk.

„Den großen Erfolg der Ephesus-Mission bestätigt auch indirekt die Feindschaft, die Paulus entgegenschlug."[99] Auch wenn ich nicht davon ausgehe, dass er tatsächlich mit „wilden Tieren" gekämpft hatte (1Kor 15,32), sondern dass er vielmehr um sein Leben fürchten musste, so gab es doch sehr kritische Situationen. Sehr wahrscheinlich bezog sich die Aussage auf den Aufstand, den der Goldschmied Demetrius angezettelt hatte. Auffällig dabei ist, wie weise Paulus hier vorging. Anstatt sich auf einen Streit im Theater einzulassen (rethorisch wäre er sicher überlegen gewesen), hörte er auf den weisen Rat der Jünger, wie auch der *Asiarchen*, die hohe städtische Beamte waren (19,30-31).[100]

> Es ist uns nicht bekannt, ob die Asiarchen gläubig waren. Nachdem ausdrücklich erwähnt wird, dass Paulus mit ihnen befreundet war, setzt das voraus, dass er die hohen Beamten der Stadt Ephesus sehr gut kannte.[101] Dies kann nur darauf zurückgeführt werden, dass Paulus das Gespräch suchte, und er so die Basis für eine freundschaftliche Beziehung legte. Reimer schreibt: „Statt sich mit den Menschen in Ephesus anzulegen, sucht er das nachbarliche Gespräch."[102] „Die Asiarchen haben von Paulus bestimmt eine

---

97 Ebd. S. 814 u. 1168.

98 Eckhard J. Schnabel. Urchristliche Mission. A.a.O. S. 1167f.

99 Ebd. S. 1169.

100 Ebd. S. 1171.

101 Ebd.

102 Johannes Reimer. Die Welt umarmen. A.a.O. S. 61.

Darlegung des Evangeliums von Jesus Christus erhalten“[103], was der Beziehung jedoch keinen Abbruch tat. Von daher möchte ich diese Beziehung durchaus als vorbildlich bezeichnen.

Durch die Missionstätigkeit des Paulus wurden offensichtlich tausende Menschen in der ganzen Provinz mit dem Evangelium bekannt gemacht. „Von Ephesus aus entstanden Gemeinden in Kollosä, Laodikeia, Hierapolis, vielleicht auch die Gemeinden in Smyrna, Philadelphia, Thyatira, Sardes und Pergamon, und die von Ignatius erwähnten Gemeinden in Magnesia und Tralles.“[104] Es wäre nicht übertrieben zu sagen, dass es durch die Missionstätigkeit des Paulus zu einer Transformation der gesamten Gegend kam.

Nachdem Paulus die Stadt verlassen und weitergezogen war, kam er noch ein letztes Mal in die Gegend, um den Ältesten der Gemeinde in Ephesus einige wichtige Worte mit auf den Weg zu geben. Die letzten Worte dabei waren: „Ich habe euch in allem gezeigt, dass man so arbeiten und sich der Schwachen annehmen muss in Gedenken an das Wort des Herrn Jesus, der selbst gesagt hat: Geben ist seliger als nehmen.“ (Apg 20,35), wobei er sich dabei direkt auf Jesus beruft. Die Stärke der Gemeinde war, dass sie der spirituellen Anfechtung widerstand (vgl. Offb 2,2). Was sie allerdings immer wieder aus den Augen verloren hat, war zum Einen die Liebe untereinander (Eph 4,1-3) und eben genau dieser Blick für die Schwachen der Gesellschaft. Deshalb musste Paulus die Gemeinde ermahnen, dem Bedürftigen abzugeben (Eph 4,28).

Im Laufe der Zeit wurde jedoch eine orthodoxe Theologie wichtiger als der gelebte Glaube. Die Gemeinde hatte zwar die Irrlehren erkannt, mit der sie konfrontiert war (Offb 2,2), dabei aber die erste Liebe verloren (Offb 2,4).

1.2.2.4 Fazit

Das Vorbild der Gemeinden in Jerusalem, Antiochia und Ephesus soll uns Ermutigung und Warnung zugleich sein. Alle drei Gemeinden hatten ein ganzheitliches Missionsverständnis. Durch ihr Handeln wurde das Evangelium verkündigt, Menschen wurde geholfen und letztendlich wurde auch die Gesellschaft verändert.

Die Aussage Gäckles, dass nirgendwo im Neuen Testament „die Andeutung einer Transformation irdischer Zustände als Ergebnis des missio-

[103] Eckhard J. Schnabel. A.a.O. S. 1171.

[104] Ebd. S. 1430.

narischen Handels der Gemeinde zu erkennen"[105] ist, sehe ich hiermit als klar widerlegt.

Doch verloren die Gemeinden ihre Stoßkraft, als ihre Theologie zu einseitig wurde. Mission ist kein Selbstläufer, sondern immer ein bewusstes Handeln im Auftrag Gottes.

1.2.3 Das Missionsverständnis der alttestamentlichen Propheten

Jesus verstand sich keineswegs als erster Missionar. Vielmehr schlug er an mehreren Stellen die Brücke zu den alttestamentlichen Propheten. Besonders deutlich wird dies im Gleichnis von den ungerechten Weingärtnern (Lk 20,9-19).[106] Im Folgenden will ich aufzeigen, wie die alttestamentlichen Propheten Mission verstanden. Schon bei einem kurzen Überblick über einige der wichtigsten Propheten fällt auf, dass auch sie die gute Nachricht in Wort und Tat verkündigten, gleichzeitig aber auch soziales Unrecht anklagten:

- Mose hatte den Israeliten ein Land verheißen, in dem Milch und Honig fließt. (2Mose 13,5). Gleichzeitig gab er ihnen aber auch konkrete Anweisungen zur Armutsbekämpfung (2Mose 22,20-26).[107]
- Zahlreiche Richter sprachen prophetisch im Auftrag Gottes. Dabei klagten sie sowohl den geistlichen Zustand Israels an (Ri 10,11-14), sorgten sich aber auch um die sozialen Nöte der Menschen (Ri 5,7-8).
- Samuel, der letzte Richter, sorgte für einen geistlichen Aufbruch unter Israel (1Sam 7,2), kümmerte sich aber auch um die Rechtsprechung (1Sam 7,16).
- Elia deckte den Mord und Betrug Ahabs auf und kündigte daraufhin das Gericht über Ahabs Familie an (1Kön 21,21).

---

105 Volker Gäckle. „Das Konzept der ‚holistischen Mission' im Licht des Neuen Testaments". A.a.O. hier S. 9.

106 Armin Daniel Baum. „Die weltweite Dimension der Mission Jesu unter besonderer Berücksichtigung des Lukasevangeliums". S. 55 - 79 in: Hans Kasdorf/ Friedemann Walldorf (Hg.). Werdet meine Zeugen. Weltmission im Horizont von Theologie und Geschichte. Hänssler: Neuhausen-Stuttgart, 1996. S. 57.

107 Michael Holze. „Gott und die Armen in der Bibel" S. 169 - 189 in: Andreas Kusch u. Thomas Schirrmacher (Hg). Der Kampf gegen die weltweite Armut – Aufgabe der Evangelischen Allianz? A.a.O. S. 172

- Micha und Jesaja verkündigten eine Gerichtsbotschaft, u.a. weil „die Mächtigen die Ärmeren unterdrückt und um ihr Hab und Gut betrogen“[108] haben (Micha 2,2).
- Jeremia ging in seiner Ausführung sicherlich am Weitesten, als er den nach Babylon verschleppten Israeliten den Auftrag gab, der Stadt Bestes zu suchen und für sie zu beten, damit es sowohl der Stadt als auch ihnen selbst gut ging (Jer 29,7).
- Amos kritisierte das unsoziale Verhalten Israels (Am 2,6-8; 4,1-3).

1.2.4 Das Missionsverständnis Johannes des Täufers

Als direkter Vorläufer Jesu nahm Johannes eine besondere Rolle ein. Selbst Jesus hebt die herausragende Rolle des Johannes hervor (Mt 11,11). Einerseits war Johannes Wegbereiter Jesu, weshalb er „die Taufe der Buße zur Vergebung der Sünden“ (Lk 3,3) verkündigte. Andererseits klagte er soziale Ungerechtigkeit an und gab den Menschen konkrete Anweisungen, sozialer Not zu begegnen (Lk 3,11-14).

Johannes schloss zwar die vormessianische Epoche ab,[109] wodurch sich der Ansatz der Verkündigung änderte. Konstant blieb jedoch das Anliegen, gegen soziale Ungerechtigkeit vorzugehen.

1.2.5 Folgen für die Umsetzung des Missionsauftrages

Nachdem Schnabel, den ich bereits mehrfach oben zitiert habe, die *Urchristliche Mission* (so der Titel des Buches) sehr genau analysiert hat, wirft er gegen Ende des Buches die Frage auf, wie sich das Selbstverständnis der Gemeinde, das oft im Kontrast zur übrigen Gesellschaft steht, mit dem Missionsbefehl „Geht hin in alle Welt“ verträgt. Die Antwort liefert ihm Gerhard Lohfink, der diese Frage ebenfalls eindringlich gestellt hat.

„Kirche als Kontrastgesellschaft bedeute nicht Widerspruch zur übrigen Gesellschaft *um des Widerspruchs willen.* Kirche als Kontrastgesellschaft meint erst recht nicht Verachtung der übrigen Gesellschaft aus elitärem Denken heraus. Gemeint ist einzig und allein *der Kontrast für die anderen* und *um der anderen willen*, also jede Kontrastfunktion, die unüberbietbar ausgesprochen ist in den Bildern vom ‚Salz der Erde‘, vom ‚Licht der Welt‘ und von der ‚Stadt am Berg‘ (Mt 5,13f). *Gerade weil die Kirche*

---

[108] Ebd. S. 175.

[109] Armin Daniel Baum. „Die weltweite Dimension der Mission Jesu unter besonderer Berücksichtigung des Lukasevangeliums“. S. 55 - 79 in: Hans Kasdorf/ Friedemann Walldorf (Hg.). Werdet meine Zeugen. A.a.O. S. 58.

nicht für sich selbst, sondern ganz und ausschließlich für die Welt da ist, darf sie nicht zur Welt werden, sondern muß ihr eigenes Gesicht behalten. Falls sie ihre Konturen verliert, ihr Licht auslöscht und ihr Salz schal werden läßt, kann sie die übrige Gesellschaft nicht mehr verändern. Dann hilft keine missionarische Aktivität mehr; dann hilft kein noch so betriebsames gesellschaftliches Engagement nach außen hin mehr ... Was die Kirche zur göttlichen Kontrastgesellschaft macht, ist nicht selbsterworbene Heiligkeit, sind nicht krampfhafte Anstrengungen und moralische Leistungen, sondern die rettende Tat Gottes, der [sic!] die Gottlosen rechtfertigt, der [sic!] sich der Gescheiterten annimmt und sich mit den Schuldiggewordenen versöhnt. Erst in dieser geschenkten Versöhnung und im Wunder des gegen alle Erwartungen neu gewonnenen Lebens blüht das auf, was hier mit Kontrastgesellschaft bezeichnet wird.“[110]

1.3 Die Ganzheitlichkeit des Menschen

Gott hat den Menschen als eine Einheit von Körper, Seele und Geist geschaffen. „Weil das menschliche Wesen eine Einheit bildet, ist es nicht möglich, einer Person angemessen zu helfen, indem man sich nur um ein isoliertes Bedürfnis kümmert (z.B. das geistliche Bedürfnis nach Gottes Vergebung), während man andere Bedürfnisse (z.B. materielle und körperliche Bedürfnisse) vernachlässigt.“[111] Als Beispiel dafür sei Jak 2,15-17 erwähnt.

Padilla verweist darauf, dass sich ganzheitliche Mission auf die Befriedigung grundlegender menschlicher Bedürfnisse, einschließlich des Bedürfnisses nach Gott, ausrichten muss. Dass Gott eher an Seelen interessiert sei und es deshalb genüge, den Menschen mit Gott zu versöhnen, wurzelt in einem Missverständnis sowohl von Gottes Wesen und Absicht, als auch der Natur des Menschen.[112]

> Als Beispiel dieses Missverständnisses sei hier etwa die Auslegung Maiers von Joh 10,10 angeführt. Maier erklärt die Aussage „damit sie das Leben und volle Genüge haben sollen“ mit der Frage: „Kann man mehr haben als

---

[110] Hervorhebung im Original. Gerhard Lohfink zitiert in: Eckhard J. Schnabel. Urchristliche Mission. A.a.O. S. 1515.

[111] Rene Padilla. „Ganzheitliche Mission.“ S. 145-168 in: Andreas Kusch u. Thomas Schirrmacher (Hg). Der Kampf gegen die weltweite Armut – Aufgabe der Evangelischen Allianz? A.a.O. S. 152.

[112] Rene Padilla. „Ganzheitliche Mission.“ S. 145-168 in: Andreas Kusch u. Thomas Schirrmacher (Hg). Der Kampf gegen die weltweite Armut – Aufgabe der Evangelischen Allianz? A.a.O. S. 153.

das ewige Leben?“[113] Nachdem Jesus dort vom guten Hirten spricht, der sich um seine Schafe kümmert, kann durchaus angenommen werden, dass Jesus auch eine zweite Dimension, nämlich die der Versorgung und Fürsorge im Sinne hatte.

1.4 Unsere Verantwortung für die Schöpfung

Es ist umstritten, welchen Stellenwert die Schöpfung in der Theologie einer Transformation einnimmt. Vielfach wird die Mission der Transformation *„von der Vision der Umwandlung der Welt in einen Ort des Friedens und der Gerechtigkeit angetrieben.“*[114] Während für Hardmeier die ersten drei Kapitel der Bibel „den Ausgangspunkt für ein ganzheitliches, die Transformation einschließendes Missionsverständnis“[115] bilden und so das Ziel der Transformation ist, *„den ursprünglich guten Zustand wiederherzustellen“*[116], schlägt Padilla die Brücke von der Schöpfung zur Endzeit, wo Gott alles neu machen wird.[117] Hintergrund des Unterschiedes ist, wie Hardmeier selbst bemerkt, das unterschiedliche Verständnis der Endzeit.[118]

Tatsache ist, dass Gott der Schöpfer und Erhalter dieser Erde ist und es folglich Teil seines Plans ist, dass wir verantwortungsbewusst mit dieser Welt umgehen. Unabhängig davon, ob die Gerechtigkeit in dieser Welt siegen wird – haben wir einerseits die Verantwortung, sorgsam mit dieser Welt umzugehen, andererseits den Auftrag aktiv zum Erhalt der Erde beizutragen. Denn Gottes Auftrag, über die Welt zu herrschen, gilt heute noch. Folglich kann es nicht das Ziel der Christen oder gar der Gemeinden sein, sich aus der Welt zurückzuziehen, „um die Früchte ihrer Erlösung zu genießen.“[119]

---

113 Gerhard Maier (Hg.). Edition C Bibelkommentar: Johannes-Evangelium, Band 6. Hänssler: Neuhausen-Stuttgart, 1996, S. 448.

114 Roland Hardmeier. Kirche ist Mission. A.a.O. S. 89; Hervorhebung im Original.

115 Ebd. S. 89.

116 Ebd. S. 91; Hervorhebung im Original.

117 Rene Padilla. „Ganzheitliche Mission.“ S. 145-168 in: Andreas Kusch u. Thomas Schirrmacher (Hg). Der Kampf gegen die weltweite Armut – Aufgabe der Evangelischen Allianz? A.a.O. S. 152.

118 Roland Hardmeier. Kirche ist Mission. A.a.O. hier S. 129. Vgl. Kap. 1.6.2.

119 Rene Padilla. „Ganzheitliche Mission.“ S. 145-168 in: Andreas Kusch u. Thomas Schirrmacher (Hg). Der Kampf gegen die weltweite Armut – Aufgabe der Evangelischen Allianz? A.a.O. S. 152

1.5 Das Verhältnis zwischen Evangelisation und sozialer Aktion

1.5.1 Definition Evangelisation

Unser Wort *Evangelium* (und die daraus resultierende Aktion der Evangelisation) wurde aus dem Griechischen übernommen und bedeutet *die gute Nachricht.* Zu *evangelisieren* bedeutet folglich die gute Nachricht zu verkündigen. Dass das Evangelium nicht nur Verkündigung beinhaltet, zeigen uns die vier Evangelien, die ebenfalls vom selben Wortstamm abgeleitet wurden. Aber auch Jesus „brachte die Gute Nachricht durch verbale Verkündigung und durch sichtbare Demonstration zu den Menschen."[120]

Inhalt und Botschaft der Verkündigung muss dabei Kreuz und Auferstehung Jesu sein (1Kor 15, 3-4). Das Ziel der Evangelisation ist immer die Umkehr des Menschen zu Gott.

1.5.2 Definition sozialer Dienst

Ich schließe mich hier Sider an, der schreibt, dass das vorrangige Ziel der sozialen Aktion „darin besteht, die physischen, sozioökonomischen und politischen Lebensumstände der Menschen durch Notmaßnahmen, Entwicklungshilfe und strukturelle Veränderungen zu verbessern."[121]

> 1982 wurde in Grand Rapids die *Consultation on Relationship between Evangelism and Social Responsibility* (CRESR) ausgearbeitet, die zwischen sozialer Aktion und dem sozial-diakonischen Dienst (meist einfach Diakonie genannt) unterscheidet. Der soziale Dienst betrifft die Linderung menschlicher Not, den Dienst aus Nächstenliebe an Einzelpersonen und Familien, während die soziale Aktion die Beseitigung der Ursachen und eine Umwandlung gesellschaftlicher Strukturen anstrebt.[122] Eine Trennung in diese beiden Bereiche ist, wie John Stott bereits bemerkte, „künstlich und unangemessen".[123] Denn wenn sich „an einer bestimmten Straßenkreuzung die Unfälle häufen, dann brauchen wir nicht mehr Krankenwagen, sondern eine Ampel, damit die Unfälle vermieden werden können."[124] Es ist zwar möglich

---

120 Roland Hardmeier. Kirche ist Mission. A.a.O. S. 172

121 Ebd. S. 177

122 Erhard Berneburg. Das Verhältnis von Verkündigung und sozialer Aktion. A.a.O. S. 256

123 John Stott. Christsein in den Brennpunkten unserer Zeit... Bd.1. ... in einer nichtchristlichen Gesellschaft. Francke-Buchhandlung: Marburg a.d. Lahn, 1984. S. 26.

124 Ebd.

die Bereiche in der Theorie zu trennen. Praktisch ergeben sich aber derart viele Überschneidungen, dass es schwer ist das eine zu tun und das andere zu lassen.

1.5.3 Unterschiede

Sider nennt insgesamt sechs Gründe, warum wir unbedingt zwischen Evangelisation und sozialer Aktion unterscheiden müssen.[125]

- Durch soziale Aktion kann es zwar zu Veränderung kommen, nicht aber zu Buße und Bekehrung.[126]
- Evangelisation und soziale Aktion führen zu unterschiedlichen Ergebnissen. Während etwa soziale Aktion zur Versorgung von Armen führt, soll die Evangelisation die Menschen in eine lebendige Beziehung mit Gott führen.[127]
- Nicht nur das Ergebnis, sondern sogar das Ziel ist unterschiedlich. Die Absicht der Evangelisation ist es, Nichtchristen als Jesus-Nachfolgern zu gewinnen, während es das Anliegen der sozialen Aktion ist, das Leben der Menschen im Jetzt und Heute zu verbessern.[128]
- Soziale Aktion hat seine Berechtigung, auch wenn der Nutznießer niemals Christ wird. Wäre soziale Aktion auch Evangelisation, würde dies bedeuten, dass jede soziale Aktion auch die Absicht hätte, aus Nichtchristen Christen zu machen bzw. würde es das Ende der sozialen Aktion bedeuten, wenn dies nicht der Fall ist.[129]
- Eine Gleichsetzung würde auch die Praxis der Verkündigung gefährden. Denn wenn jede soziale Aktion bereits ein evangelistisches Tun ist, würde das zur Vernachlässigung der Verkündigung führen.[130]
- Eine Unterscheidung ist schon deshalb wichtig, „weil man zwar das letztere, nicht aber das erste ohne irgendeine verbale Verkündigung tun kann."[131]

---

125 Ronald Sider. ... denn sie tun nicht, was sie wissen. Die schwierige Kunst kein halber Christ zu sein. Brendow: Moers, 1995. S. 173-177.

126 Ebd. S. 173.

127 Ebd. S. 173f.

128 Ebd. S. 174.

129 Ronald Sider. ... denn sie tun nicht, was sie wissen. A.a.O. S 175.

130 Ebd.

131 Ebd. S. 176.

Es ist wichtig diese Unterschiede zu betonen, denn „[d]ie menschliche Tat – gleich welcher Gestalt – muss immer Teil der Ethik bleiben und darf nicht zum Element der Soteriologie werden.“[132] Diese Unterscheidung wird allerdings bereits seit Lausanne proklamiert, weshalb es u.a. in der Verpflichtung heißt:

„Versöhnung zwischen Menschen ist nicht gleichzeitig Versöhnung mit Gott, soziale Aktion ist nicht Evangelisation, politische Befreiung ist nicht Heil.“[133]

1.5.4 Ergänzung

Der Sündenfall hatte nicht nur Auswirkungen auf die Beziehung des Menschen zu Gott, sondern auf die gesamte Schöpfung (Röm 8,18-24). Es wäre also folglich der falsche Ansatz der Evangelisation, wenn wir die Beziehung des Menschen zu Gott wiederherstellen, dem bekehrten Menschen aber nicht helfen, aus seinen sündigen Strukturen auszusteigen. So, wie der Dieb nicht mehr stehlen und stattdessen arbeiten soll, um seinen Lebensunterhalt zu verdienen (Eph 4,28), genauso müssen wir der Prostituierten helfen, aus der Prostitution auszusteigen. „Die Botschaft gehört in den gesamten Lebensraum des Menschen hinein, der angesprochen wird.“[134] Evangelisation hat deshalb die soziale Aktion als Partner.[135]

Evangelistische Tätigkeit fördert also den sozialen Dienst, wobei dies nicht automatisch geschieht, sondern bewusst gefördert werden muss. Zum Einen in der Verkündigung, wo auch soziales Unrecht angesprochen werden darf und soll, zum Anderen in der praktizierten Liebe, indem man bereit ist, den Menschen zu helfen.

Soziales Handeln kann aber auch die Brücke für die Evangelisation sein. Durch das soziale Handeln entstehen Kontakte zu Menschen, die Christus nicht kennen. Die Gefahr besteht allerdings darin, dass die soziale Aktion zum Erreichen evangelistischer Ziele missbraucht wird.[136] Von daher sei eindrücklich vor einem derartigen Missbrauch gewarnt. Dieses

---

[132] Volker Gäckle. „Das Konzept der ‚holistischen Mission‘ im Licht des Neuen Testaments“ A.a.O. hier S. 22.

[133] „Lausanner Verpflichtung, Punkt 5“ in: Peter Beyerhaus u.a. (Hg.) Alle Welt soll sein Wort hören. Lausanner Kongress für Weltevangelisation. Band 1. Hänssler: Neuhausen-Stuttgart, 1974. S. 11-12.

[134] Ronald Sider. ... denn sie tun nicht, was sie wissen. A.a.O. S. 189.

[135] Ebd. S. 191.

[136] Roland Hardmeier. Das ganze Evangelium für eine heilsbedürftige Welt. Zur Missionstheologie der Radikalen Evangelikalen. Unveröffentlichte Diplomarbeit. O.O.: 2008. S. 248.

Verhalten ist nicht nur nicht förderlich, sondern vielmehr hinderlich. Personen, die dies durchschauen, fühlen sich missbraucht und das Interesse der Gemeinde am sozialen Handeln wird rasch nachlassen, wenn sich der gewünschte Erfolg nicht einstellt. Sollten sich Möglichkeiten zur Evangelisation ergeben, ist dies willkommen. Als alleinige Motivation zum sozialen Handeln ist es jedoch abzulehnen.

> So wurde es etwa World Vision angekreidet, dass es „sein starkes missionarisches Engagement, das die humanitäre Tätigkeit prägt, in der Öffentlichkeit nicht zu erkennen gibt, sowie die agressiven [sic!] Werbemethoden und der Verzicht auf die Aufklärung über die Entstehung der sozialen Mißstände im Vordergrund“[137] stünden.

Stattdessen ist das soziale Handeln ein Partner der Evangelisation. Sider betont, „daß Evangeliumsverkündigung und soziale Aktion sich zwar voneinander unterscheiden, aber gleichen Einsatz von Mitteln und persönlicher Kraft verdienen und außerdem untrennbar miteinander verknüpft sind.“[138] Denn, so stellt Sider abschließend fest, „[c]*hristliche Mission ist am effektivsten, wenn die Verkündigung des Evangeliums und das soziale Anliegen im Namen und in der Kraft Jesu Hand in Hand gehen.*“[139]

1.6 Theologische Brennpunkte

1.6.1 Ist Evangelisation wichtiger als soziale Aktion?

Beyerhaus betont im Vorwort des Buches *Umkämpfte Weltmission* den Artikel 6 der Lausanner Verpflichtung: „Bei der Sendung der Gemeinde zum hingebungsvollen Dienst steht Evangelisation an erster Stelle.“[140] Das Problem dabei ist, wie Reifler bemerkt, „dass die *missio dei* viel zu wenig beachtet wird. Gott in seinem Wesen und Handeln zielt auf den ganzen Menschen ab. Er will alles neu machen, wie er Johannes auf Patmos zusagt (Offb 21,5).“[141]

---

[137] Reinhold Rampler. Evangelikal – eine österreichische Lesart. Unveröffentlichte Diplomarbeit. Wien, 1988.
S. 52.

[138] Ronald Sider. ... denn sie tun nicht, was sie wissen. A.a.O. S. 199.

[139] Ebd. S. 200. Kursiv im Original.

[140] Peter Beyerhaus im Vorwort von Artur Johnston. Umkämpfte Weltmission. A.a.O. S. 6. Im Original kursiv geschrieben.

[141] Hans Ulrich Reifler. „Ganzheitliche Mission. Eine biblisch-missionstheologische Analyse“. A.a.O. hier S. 34.

> Der Begriff *Missio Dei* besagt, dass die Mission Gottes Werk ist. „Er [Gott, Anm. d. Verf.] ist der Herr, der Auftraggeber, der Besitzer, der Durchführende. Er ist das handelnde Subjekt der Mission.“[142] Gott ist aber nicht nur der Sendende, sondern gleichzeitig der Gesandte. „Gott sendet seinen Sohn, Vater und Sohn senden den Geist. Damit macht er sich nicht nur zum Gesandten, sondern zugleich zum Inhalt der Sendung, ohne daß durch diese Offenbarungstrinität die Wesensgleichheit der göttlichen Personen aufgelöst würde.“[143] Deshalb kann die Mission „nichts anderes sein als die Fortsetzung des Heilshandeln Gottes“.[144] Oder anders zusammengefasst: „In der ganzen Bibel offenbart sich uns Gott als ein Gott der Mission. Die christliche Mission hat deshalb ihren Ursprung in Gottes Wesen und Tat.“[145]

Selbst im *Vater unser* heißt es, dass Gottes Wille im Himmel und auf Erden geschehen soll (Mt 6,9-10).[146] Auch die Bitte, dass Gottes Reich komme, bezieht sich auf Himmel und Erde (Mt 6,10).

Wenn wir ehrlich sind, müssen wir zugeben, dass es sich letztendlich nur um eine theoretische Diskussion handelt. Es wird wohl kaum so sein, dass sich jemand in einer Situation dafür entscheiden muss, ob er jemandem ein Stück Brot gibt (ihn also sozial versorgen) oder ihm das Evangelium erklärt. (In der Situation wäre es sogar so, dass durchaus beides möglich wäre.) Vielmehr ist es eine persönliche Entscheidung, die man in der jeweiligen Situation trifft.

Bevor es etwa zur Einsetzung der Diakone kam, hatten die Apostel eine persönliche Entscheidung getroffen. Sie sahen ihre Aufgabe im Gebet und in der Verkündigung (Apg 6,4). Deshalb setzten sie Diakone ein, die die tägliche Versorgung der Witwen gewährleisteten.

Gäckle sieht in der Entscheidung der Apostel eine Bestätigung der „Priorität der Wortverkündigung vor der Tat“[147] Aus Sicht der Apostel kann ich dieser Aussage zustimmen, aus Sicht der Gemeinde jedoch nicht. Der Dienst wurde nicht unterbrochen oder beendet, sondern sogar verbessert weitergeführt, weil sich nun die Diakone darum annahmen. Denn offensichtlich hatte die Verkündigung bei den Diakonen, die, wie Stephanus

---

142 Georg F. Vicedom. Mission Dei. Einführung in eine Theologie der Mission. Chr. Kaiser Verlag: München, 1960^2. S. 12f.

143 Ebd. S. 14.

144 Ebd. S. 15.

145 Hans Ulrich Reifler. Handbuch zur Missiologie. Missionarisches Handeln aus biblischer Perspektive. edition afem – mission academichs 19. Verlag für Theologie und Religionswissenschaft: Nürnberg, 2005. S. 84.

146 Ebd. S. 34.

147 Volker Gäckle. „Das Konzept der ‚holistischen Mission‘ im Licht des Neuen Testaments“ A.a.O. hier S.14.

und Philippus, ebenfalls begabte Prediger und Evangelisten waren, keine Priorität. Gäckle führt darüber hinaus noch Mk 1,32-39 als Belegstelle auf, wo Jesus sich „in Anbetracht seines Menschseins und der ihm damit auferlegten Begrenzung entstandenen Konfliktsituation für die Verkündigung des Reiches Gottes und gegen die Erfüllung der zahllosen Erwartungen der Kranken und Besessenen“[148] entschied. Offensichtlich leitet Gäckle aus der Aussage Petrus „Jedermann sucht dich“ (Mk 1,37b) ab, dass mit *jedermann* zahlreiche Kranke und Besessene gemeint waren und nicht etwa die Jünger, die ihn bereits verzweifelt gesucht hatten. Aus dem Text ist dies jedoch nicht zu entnehmen, weshalb die Aussage Gäckles Spekulation bleibt. Eine Priorität der Wortverkündigung vor der Tat kann aus dieser Textstelle nicht abgeleitet werden.

1.6.2 Eschatologische Hoffnung

Ein ganz wesentlicher theologischer Streitpunkt, der sich nun bereits über Jahrhunderte hinzieht, ist die Frage der Eschatologie. Die Frage, mit der ich mich an dieser Stelle auseinandersetzen möchte ist, ob eine optimistische Eschatologie Voraussetzung für ein ganzheitliches Missionsverständnis ist?

So stellt etwa Hardmeier fest, dass sich die Missionstheologie zuletzt an der Eschatologie entscheidet. Er begründet dies damit, dass es aus traditioneller Sicht keinen Sinn macht, missionarische Kräfte für vergängliche Dinge einzusetzen, wobei er die Welt mit einem sinkenden Schiff vergleicht.[149] In gewissen Punkten muss man Hardmeier recht gegeben. Gerade in der Vergangenheit wurde die Notwendigkeit der Evangelisation u.a. damit begründet, dass die Vollzahl der Heiden zum Glauben kommen und somit Jesus bald wiederkommen werde.[150]

> Das traditionelle Missionsverständnis wurde im deutschen Sprachraum wesentlich von Karl Hartenstein (1894 – 1952) geprägt. Seine Motivation zur Mission war geprägt von der Erwartung der Wiederkunft Christi.[151] Hartenstein war Leiter der damals größten deutschsprachigen evangelischen Missionsgesellschaft, der Basler Mission, darüber hinaus Dozent für Religionswissenschaft und Missionskunde an der Universität Basel und Mitwirkender

[148] Ebd.
[149] Roland Hardmeier. Kirche ist Mission. A.a.O. S. 129.
[150] Arthur Johnston. Umkämpfte Weltmission. A.a.O. S. 307.
[151] Hans Ulrich Reifler. Handbuch zur Missiologie. A.a.O. S. 251.

> an zahlreichen Missionskongressen. Dadurch beeinflusste und prägte er das vorherrschende Missionsverständnis ganz wesentlich.[152]

Gäckle stellt fest, „[w]eder ein messianisches Friedensreich, geschweige denn die endzeitliche Vollendung liegt in den menschlichen Händen oder erwachsen aus gesellschaftspolitischem Engagement."[153] In den letzten Jahren hat sich diese Naherwartung deutlich beruhigt. Nichtsdestotrotz ist es falsch zu glauben, dass sich nur Amillenialisten[154] und Postmillenialisten[155] für eine Transformation der Gesellschaft einsetzen. Denn, um es mit den Worten auszudrücken, die Martin Luther gerne in den Mund gelegt werden: „Wenn ich wüsste, dass morgen die Welt unterginge, würde ich heute ein Apfelbäumchen pflanzen!"[156] Auch wenn es nicht zu einer „Umwandlung der Welt in einen Ort des Friedens und der Gerechtigkeit"[157] kommt, entbindet uns das nicht von sozialem Engagement bzw. der Verantwortung für die Welt.

1.7 Mission im Kontext

„Unter ‚Kontext' versteht man den Zusammenhang, im den ein Wort, ein Satz oder ein ganzer Text steht."[158]

1.7.1 Biblisches Verständnis im Kontext der Bibel

Einer der wichtigsten Arbeitsschritte bei der Bibelauslegung ist es, den jeweiligen biblischen Kontext zu beachten.[159] Nur so ist gewährleistet, dass

---

152 Ebd. Siehe auch Elmar Spohn. Mission und das kommende Ende. Karl Hartensteins Verständnis der Eschatologie und dessen Auswirkungen auf die Mission. Verlag der Liebenzeller Mission: Lahr, 2000.

153 Volker Gäckle. „Das Konzept der ‚holistischen Mission' im Licht des Neuen Testaments" A.a.O. hier S. 15.

154 Vertreter dieser Lehre glauben u.a., dass es kein reales 1000-jähriges Reich mit der Herrschaft Christi geben wird.

155 Vertreter dieser Lehre glauben, dass die Welt sich zum Besseren entwickeln wird, bis eines Tages das 1000-jährige Reich Christi anbricht.

156 Ob dieses Zitat tatsächlich von Luther stammt, ist umstritten. Vgl. KDG Wittenberg. „Legenden um Luther: Luther und die Bäume". http://www.luther.de/legenden/baeume.html (16.4.2010).

157 Roland Hardmeier. Kirche ist Mission. A.a.O. S. 89; im Original kursiv geschrieben.

158 Thomas Kinker. Die Bibel verstehen und auslegen. Ein praktischer Hermeneutikkurs. Band 1. VKW: Bonn, 2003. S. 216.

159 Ebd. S. 217.

man den Gedankengang des Autors erkennt. Darüber hinaus muss auch der weitere Kontext, also der Zusammenhang zum jeweiligen biblischen Buch, wie auch zum Rest der Bibel, beachtet werden. Kinker hält dies für das möglicherweise wesentlichste Kriterium für eine saubere Auslegung.[160]

1.7.2 Biblisches Verständnis im Kontext der Zeit

Darüber hinaus ist es bei der Auslegung aber auch wichtig, den Kontext der Zeit zu kennen. Was war der kulturelle Hintergrund? Was war der Anlass für die entsprechende Aussage? Das Ziel muss es sein, sich in die Kultur der damaligen Zeit hineinzuversetzen, sodass man versteht, was der Autor den Empfängern mitteilen wollte.[161] Denn „Vieles in AT und NT ist nur aus der damaligen Kultur heraus zu verstehen. [...] Es gibt ewig gültige Wahrheiten, die oft aus der kulturellen Hülle herausgearbeitet werden müssen und können."[162]

1.7.3 Biblisches Verständnis im Kontext unserer Zeit

Nachdem nun die Aussage des Textes in der damaligen Zeit verstanden wurde, ist der nächste Schritt der, „die göttliche Botschaft in die jeweilige heutige Kultur"[163] zu übertragen. Dabei ist zu beachten, dass man als Leser selbst kontextuell geprägt ist und folglich die Bibel auch kontextuell versteht. Dies ist auch nicht falsch – im Gegenteil! „Die Bibel soll bewusst aus dem Blickpunkt und auf [sic!] dem Erfahrungshorizont des jeweiligen Kontextes gelesen werden. Die dabei zu befürchtende Einseitigkeit erschrickt die kontextuellen Theologen nicht, da sie davon ausgehen, dass alle Theologie, auch die des Seminarprofessors im Westen, einseitige Theologie ist. Man sollte nur den Mut haben, den eigenen Standpunkt offenzulegen."[164]

Genau an diesem Offenlegen scheitert die Theologie oft. Denn so zahlreich die Bücher etwa über *Die Welt des Neuen Testaments*[165] oder auch des *Alten Testaments* sind, so wenig Verständnis gibt es für die eigene Kultur. Damit dies geschehen kann, muss man sich seines eigenen Kontextes,

---

160 Ebd. S. 217.
161 Ebd. S. 195.
162 Ebd. S. 202.
163 Ebd. S. 195.
164 Johannes Reimer. Die Welt umarmen. A.a.O. S. 196.
165 In Anlehnung an das Buch von Merrill C. Tenney. Die Welt des Neuen Testaments. A.a.O.

seiner eigenen Kultur bewusst sein. Doch nur wenige Verkündiger, die in derselben Kultur verkündigen, in der sie aufgewachsen sind, haben ihren eigenen Kontext, ihre eigene Kultur und Sprache (verbal und nonverbal) je reflektiert und sind deshalb auch nicht in der Lage, ihren eigenen Standpunkt offenzulegen. Die große Gefahr dabei ist, dass man seine kontextuell begrenzte Theologie zur absoluten Wahrheit erhebt und somit meint, das letzte Wort zu haben.

Um also die göttliche Botschaft in rechter Art und Weise verkündigen zu können, muss ich den eigenen Kontext verstehen, damit ich erkennen kann, wo er sich vom Kontext meines Gegenübers unterscheidet. Denn „[w]er das Evangelium mit anderen teilen will, muss sich mit dem kulturellen Umfeld seiner Gesprächspartner auseinandersetzen. Nur auf diese Weise kann das Evangelium verstanden werden und in der Lebenswelt der Menschen Gestalt annehmen.“[166]

Anders ausgedrückt: „Kontextualisierung ist, wenn das Evangelium verkündigt wird und es aus den richtigen Gründen Anstoß erregt – und nicht aus den falschen.“[167]

Die Bibel ist ein kontextuelles Buch und will auch als solches verstanden werden. In Kapitel 0 werde ich die österreichische Kultur, Mentalität und Geschichte darstellen. Dies soll dem österreichischen Verkündiger helfen, seine eigene Kultur und Mentalität besser zu verstehen. Darüber hinaus soll es eine Hilfe sein, die göttliche Botschaft in die österreichische Kultur zu übertragen. Dabei gibt es aber, wie ich aufzeigen werde, auch innerhalb Österreichs große Unterschiede, weshalb ich an dieser Stelle dazu ermutigen möchte, die gewonnen Erkenntnisse als Sprungbrett für weitere Erkenntnisse zu nutzen.

1.7.4 Mission im Kontext der Zeit

Auch wenn der Missionsbefehl in einer zeitüberschreitenden Perspektive[168] steht, so geschieht Mission nicht im zeitfreien Raum, sondern ist geprägt von Raum und Zeit. Folglich ist es unmöglich, ein für allemal gültige Regeln der Mission aufzustellen, oder gar zu behaupten, dass es nur eine wah-

---

[166] Friedemann Walldorf. Die Neuevangelisierung Europas. Missionstheologien im europäischen Kontext. Brunnen Verlag: Gießen: 2002. Rückseite.

[167] Michael Frost u. Alan Hirsch. Die Zukunft gestalten. Innovation und Evangelisation in der Kirche des 21. Jahrhunderts. C& P Verlagsgesellschaft: Glashütten, 2008. S. 148.

[168] Detlef Kapteina. „Die globale Dimension des Missionsbefehls“ S. 9-26 in: Klaus W. Müller (Hg.). Mission im Kontext der Globalisierung. Edition AfeM. VTR: Nürnberg, 2002. S. 11.

re Missionsmethode gebe, nämlich die eigene. Die Art und Weise der Mission, aber auch des Gemeindebaus muss ebenfalls im Kontext der Zeit gesehen werden.[169]

So ist es etwa naiv zu glauben, dass es in österreichischen Freikirchen keine Liturgie im Gottesdienst gebe,[170] oder „dass ihre nach außen hin so freie Gemeindestruktur keine Organisationsform sei. Auch die einfachste Struktur ist bereits eine Organisation und die unter der Leitung des Heiligen Geistes gesehene Abwicklung eines Gottesdienstes hat gleichfalls ihre Rituale."[171] Vielmehr ist es ein Zeichen mangelnder Reflexion der eigenen Gemeindekultur.

Windler stellt fest: „Die Auseinandersetzung mit dem kulturellen Hintergrund durch die angehenden Leiter scheint dem Verfasser ein Schlüssel zur Überwindung von hindernden kulturellen Prägungen zu sein."[172]

In Kapitel 1.9 werde ich die Unterschiede zwischen dem traditionell evangelikalen und dem transformatorischen Gemeindeverständnis aufzeigen. Der Unterschied zwischen den beiden Gemeindeverständnissen liegt vor allem darin, dass ersteres vom historischen Christentum geprägt wurde,[173] also durchaus als das ältere Modell bezeichnet werden kann. Doch Kontextualisierung ist ein dynamischer und kein statischer Prozess, weshalb es notwendig ist, das Gemeindeverständnis, aber auch die Art und Weise der Mission, an die heutige Zeit anzupassen.[174] Dies ist beim transformatorischen Gemeindeverständnis der Fall.

1.8 Transformation der Gesellschaft

Neben der biblischen Grundlage einer Transformation gibt es viele ganz praktische Gründe, die für Transformation sprechen. Spätestens wenn wir einen genauen Blick in die Gesellschaft werfen, stellen wir fest, dass es

---

169 Vgl. Klaus W. Müller (Hg.). Mission im Kontext der Globalisierung. Edition AfeM. VTR: Nürnberg, 2002.

170 Siehe Kap. 4.5.1.4.

171 Hugo Mayr. „Die Evangelikalen. Entwicklung und Theologische Prägung" S. 2-18. in: Referat für Weltanschauungsfragen, Sekten und religiöse Gemeinschaften (Hg.). Die Evangelikalen. Entwicklung – Theologische Prägung – Praxis. Dokumentation 3/81. S. 13f.

172 Christoph Windler. Die Entwicklung von Gemeindeleitern für österreichische Freikirchen: Kontextualisierte Methoden zum Erreichen affektiver Lernziele. Unveröffentlichte Diplomarbeit. O.O.: 2000. S. 98.

173 Michael Frost u. Alan Hirsch. Die Zukunft gestalten. A.a.O. S. 43.

174 David J. Hasselgrave, Edward Rommen. Contextualisation. Meanings, Methods, and Models. Baker Book House: Grand Rapids, 1989. S. 31.

viele Bereiche gibt, in denen eine Transformation dringend geboten scheint. Da ich mich in Kapitel 2.4.3 damit beschäftige, gehe ich an dieser Stelle nicht weiter darauf ein. An dieser Stelle möchte ich die Frage beantworten, ob wir als Christen überhaupt das Recht oder gar die Pflicht haben, die Gesellschaft zu ändern. Hierbei spielen das Verständnis der Ethik, und hier besonders die Sozialethik, eine ganz wesentliche Rolle. Welche ethischen Werte wir vertreten, spielt hierbei eine beinahe untergeordnete Rolle. Viel wichtiger ist die Frage, ob es *nur* als Individual-Ethik (also eine Ethik, die nur mich persönlich betrifft) oder als Gesellschafts-Ethik (meine Ethik hat Auswirkungen auf die Gesellschaft) verstanden wird.

Schirrmacher schreibt:

> „Zwar gilt: ‚Was nützt es dem Menschen, dass er die ganze Welt gewinnt und nimmt doch an seiner Seele Schaden' (Mt 16,26 = Mk 8,36), aber wer den Schaden für seine Seele ein für alle Mal abgewendet hat, wird sich trotzdem oder gerade darum für die Welt einsetzen."[175]

Gerade die Bekehrung sollte Ausgangspunkt „einer Erneuerung von Familie, Kirche, Wirtschaft, Staat und Gesellschaft"[176] sein. Wenn sich etwa eine Prostituierte bekehrt, um an das Beispiel von Punkt 1.5.4 anzuschließen, hat das nicht nur Auswirkungen auf deren geistliches Leben, sondern letztendlich auf die gesamte Gesellschaft.[177] Bei einer einzelnen Person mag es wohl geringe Auswirkungen auf die Gesellschaft haben, im Rahmen einer großen Erweckung aber durchaus weitreichende.[178]

> Darüber hinaus wäre es schlicht und ergreifend falsch, sündige Strukturen zu akzeptieren oder sich gar ihnen unterzuordnen. So ist etwa die Schwarzarbeit im Bauwesen in Österreich gang und gäbe. Folglich ist es eine Sache, dies zur Kenntnis zu nehmen und trotzdem ehrlich zu handeln und eine andere, sich so Manches im *Pfusch* machen zu lassen (um sich die Steuern zu sparen). Als Unterordnung unter sündige Strukturen verstehe ich etwa, wenn ein Christ als Handwerker selbst pfuscht, wobei man an der Stelle auch zwischen (erlaubtem) Freundschaftsdienst und (verbotener) Schwarzarbeit unterscheiden muss. Der Staat trennt dies klar und so sollten auch die Christen hier klar trennen.

---

175 Thomas Schirrmacher. Sozialethik muss sein. Ergänzungen zur Ethik. MBS Texte 20. 1/04. S. 4.

176 Ebd. S. 5.

177 Ronald Sider. ... denn sie tun nicht, was sie wissen. A.a.O. S. 189.

178 Als Beispiel sei hier die Erweckung unter Whitefield und Wesley im England des 18. Jahrhunderts angeführt, die große gesellschaftliche Auswirkungen hatte.

> Ähnlich sieht es mit der Bestechung aus. „Was uns einst nur aus der Dritten Welt oder Italien bekannt zu sein schien, wird mehr und mehr auch bei uns alltäglich. Der unbestechliche Beamte [...] wird mehr und mehr zur Seltenheit.“[179] Schirrmacher bezieht die Aussage primär auf Deutschland. Dass es jedoch auch auf Österreich zutrifft, zeigt etwa der Fall *Strasser*, der im Frühjahr 2011 für viel Furore sorgt,[180] wie auch der seit Jahren anhaltende Vorwurf einer *Zwei-Klassenmedizin*, etwa bei der Vergabe von Operationsterminen.[181] Selbst der Politik ist dies bekannt, ohne dass dies jedoch etwas ändert.[182]

Jeder Christ, der den Missionsauftrag ernst nimmt, wird seine Umwelt ebenso verändern, wie auf Dauer sündige Strukturen.[183] Folglich kann die vertretene Ethik nie nur eine Individual-Ethik sein. Sie geht zwar vom Einzelnen aus, wird sich aber immer in einer Gesellschafts-Ethik widerspiegeln.

> „Die große Gefahr für die Rettungsboot- oder Rückzugsmentalität besteht zudem darin, dass ihre Vertreter fraglos weiter (und oft mit großem Erfolg) am gesellschaftlichen Leben teilnehmen. Da sie es von aller göttlichen Weisung entleert sehen, bleibt ihnen nichts anderes übrig, als nach den ortsüblichen Regeln zu kaufen und zu verkaufen und so umso schlimmer unter die Herrschaft des ‚Fürsten dieser Welt‘ zu geraten.“[184]

Folglich stellt sich nicht die Frage: *Wollen wir eine Transformation der Gesellschaft?* Vielmehr geht es um die Frage: *Wer verändert wen?* Nur Wenige sind sich der Veränderung der Gesellschaft und deren Auswirkungen auf die Gemeinde bewusst. So kommt es in der Gesellschaft zuneh-

---

179 Thomas Schirrmacher. Ethik. 6 Bände. RVB: Hamburg & VTR; Nürnberg, 2009[4]. Band 6. S. 438.

180 Katrin Burgstaller. „Lobbying-Affäre. Ernst Strasser tritt zurück.“ http://derstandard.at/1297820910907/Lobbying-Affaere-Ernst-Strasser-tritt-zurueck (1.4.2011)

181 Vgl. Gerald Bachinger. „Mangelnde Transparenz – eine offene Tür für Korruption. NÖ. Patienten- und Pflegeanwaltschaft.“ Februar 2011. http://www.patientenanwalt.com/fileadmin/dokumente/04_publikationen/letter_noe_ppa/Mangelnde_Transparenz_Korruption_Dr_Bachinger_01.pdf (1.4.2011).

182 Kerstin Schäfer. „Gesundheitsminister bestätigt: Zwei-Klassen-Medizin in Österreich Realität!“ http://www.ots.at/presseaussendung/OTS_20110304_OTS0034/gesundheitsminister-bestaetigt-zwei-klassen-medizin-in-oesterreich-realitaet (1.4.2011).

183 Thomas Schirrmacher. Sozialethik muss sein. A.a.O. S. 5.

184 Klaus Bockmühl zitiert in: Thomas Schirrmacher. Sozialethik muss sein. Ebd. S. 6.

mend zu einer Individualisierung. Bei vielen Geschäften erhält man eine Kundenkarte, die Vorteile für den Kunden bringen soll, gleichzeitig dem Unternehmen auch wichtige Daten übermittelt, sodass das Unternehmen gezielt Werbung zusenden kann. Die Veränderung, die sich hier in der Gesellschaft vollzogen hat, hat auch Auswirkungen auf Gemeinde und Mission. Während vor etwa 50 Jahren noch die Missionszeitschrift das Hauptmedium war, um die Gemeinden über die Missionsarbeit zu informieren, ist es heute der persönliche Rundbrief des einzelnen Missionars. Auch wird immer seltener eine Kollekte einem Missionswerk gewidmet. Lieber spendet jeder für *seinen* Missionar.

> Keinesfalls soll hiermit eine Wertung abgegeben werden. Die Beispiele sollen verdeutlichen, dass gesellschaftliche Trends sich auch in der Gemeinde widerspiegeln. Eine Rückzug in die Gemeinde ist daher weder möglich noch sinnvoll.

Entweder ist es unser Ziel, als Christen die Gesellschaft bewusst zu beeinflussen und so diversen Trends gegenzusteuern, oder wir werden die Früchte dieser Trends in wenigen Jahren in den Gemeinden sehen. Wenn wir uns nicht bewusst für die Umsetzung biblischer Werte und deshalb folglich für die Transformation der Gesellschaft einsetzen, müssen wir nach den nicht biblischen Werten der Gesellschaft leben, was aus Sicht der Nachfolge jedoch abzulehnen ist.

1.9 Unterschiede zum in Österreich vorherrschenden traditionellen evangelikalen Missionsverständnis

1.9.1 Inhalt des Missionsbefehles

Nachdem wir uns sehr ausführlich mit der Grundlage der Transformation beschäftigt haben, hat sich gezeigt, dass es doch einige Unterschiede zum traditionell evangelikalen Missionsverständnis gibt. In den evangelikalen Kreisen wird der Missionsauftrag oft als *letzter Wille* verstanden, weshalb das Leben Jesu kaum mehr von Bedeutung scheint.

Je nach Person oder Werk wird der Schwerpunkt mal mehr auf das Gehen,[185] das Predigen,[186] das Lehren,[187] das Taufen oder eben das Zu-

[185] Als Beispiel sei hier die Straßenevangelisation genannt, wo das „geh“ sehr stark betont wird. Vgl. Ulrich Hofius u. Dorothee Kluitenberg. Open-Air-Arbeit. ABC der Evangelisation im Freien. Hänssler: Neuhausen/ Stuttgart, 1996. S. 10-11.

Jüngern-Machen gelegt,[188] wobei die Errettung Einzelner im Vordergrund steht.

> In ihrer Diplomarbeit hat Steinböck, ihrerseits katholische Religionslehrerin, die Praxis evangelikaler Verkündigung in Österreich untersucht. Dabei zeigt sie sehr gut auf, dass die evangelikale Verkündigung sich praktisch ausschließlich auf das seelsorgerliche Gespräch,[189] die Großevangelisationen,[190] die schriftliche Evangelisation[191] und die Nachbetreuung (Nacharbeit)[192] konzentriert. Im Vordergrund steht immer, dass das Gegenüber eine Entscheidung für Christus triff. Darüber hinaus erwähnt sie auch noch die Schulung von Mitarbeitern: „Regelmäßig stattfindende Schulungskurse rüsten sowohl für die persönliche Evangelisation als auch für den Missionseinsatz."[193] Den Grund dafür sieht Mayer in der Lehre: „Es ist eine Grundposition evangelikaler Lehre, dass alle wiedergeborenen Christen für die Weitergabe und Verbreitung des Evangeliums mitverantwortlich sind. Ein jeder soll seine besonderen Talente und Fähigkeiten in den Dienst Gottes stellen und an der Verkündigung der Heilsbotschaft mitwirken."[194]

Überlegungen, dass es Talente und Fähigkeiten gibt, die nichts mit der Verkündigung der Heilsbotschaft zu tun haben, gibt es wenige. Auch die soziale Aktion findet kaum Berücksichtigung. Das oberste Ziel ist es, wie bereits dargelegt, die Seelen der Menschen zu retten.

---

186 Dabei wird gerne die Brücke von Mk 16,15 zu Röm 10,17 gezogen: „Der Glaube kommt aus der Predigt".

187 Besonders Bibelschulen sehen hier ihren Auftrag. Als Beispiel sei hier die Bibelschule der Apostolischen Pfingstgemeinde in Leipzig genannt. Siehe www.bibelschule.org (9.4.2010).

188 Als Beispiel sei hier das Jüngerschaftsprogramm der Liebenzeller Mission, die FTS Jüngerschaftsschule genannt. http://www.teensinmission.de/fts/ (19.5.2011). Die Liebenzeller Mission ist auch in Österreich aktiv.

189 Anna Steinböck. Die Evangelikale Bewegung. Unveröffentlichte Diplomarbeit. Wien, 1984. S. 43.

190 Ebd. S. 44.

191 Ebd. S. 46.

192 Ebd.

193 Ebd. S. 48.

194 Thomas Mayer. Wiedergeborene Christen. Die evangelikale Bewegung und die ihr zugehörigen Gemeinden in Salzburg – Bestimmung, Differenzierung, Abgrenzung. Unveröffentlichte Diplomarbeit. Salzburg, 1998.
S. 61.

1.9.2 Umsetzung des Missionsbefehles

Oberste Priorität in der Umsetzung hat die Evangelisation. So hieß es etwa in der Schlusserklärung des Weltkongresses für Evangelisation in Berlin 1966:

> „Als Teilnehmer am Weltkongress für Evangelisation [...] geben wir an diesem Tage unsere unerschütterliche Entschlossenheit kund, die wichtigste Mission der Kirche auszuführen. Im Blick auf unsere Mitmenschen in der ganzen Welt, die wir lieben und für die unser Heiland gestorben ist, versprechen wir mit einem neuen Eifer und einer erneuerten Treue, ihnen die gute Nachricht von der rettenden Gnade Gottes für eine sündige und verlorene Welt zu bringen."[195]

Konkret geschieht dies sehr oft in kleinen *Rettungstrupps*, die in die Welt hinausgehen, um Verlorene zu finden.[196] Das Ziel dabei ist, sie in die Gemeinde zu bringen, wo sie erfahren, wie sie gerettet werden. Teilweise geht man sogar so weit, zu proklamieren, dass „Evangelisation durch Gemeindegründung"[197] geschieht.

> Nach der großen Missionskonferenz in Edinburgh 1910 kam es zu einer Auseinandersetzung zwischen den fundamentalistischen Evangelikalen und den Vertretern des *Social Gospel*. Starken Auftrieb erhielt die Bewegung des *Social Gospel* durch Walter Rauschenbuschs Buch *A Theology for a Social Gospel*, das 1917 erschien.[198] Obwohl es anfangs noch sehr viele theologische Übereinstimmungen gab, kam es binnen weniger Jahre zu einer völligen Entfremdung der beiden Gruppen, was für beide Seiten negative Folgen hatte. Bei den Vertretern des *Social Gospel* trat die Errettung völlig in den Hintergrund, während es bei den Fundamentalisten zu einer Separation von der Welt und der Fokussierung auf die Rettung von Seelen kam.[199]

Dabei wird jedoch kaum bedacht, wie die Missionsteams im Neuen Testament dargestellt werden. „Sie ‚existierten' nicht als gemeindeunabhängige Organisationen, sondern immer nur auf dem Weg, ganz buchstäblich, von

---

[195] Artur Johnston. Umkämpfte Weltmission. Hänssler: Neuhausen-Stuttgart, 1984. S. 369.

[196] Michael Frost u. Alan Hirsch. Die Zukunft gestalten. A.a.O. S. 80f.

[197] So der Titel in den Nachrichten des Baptistenbundes. Manfred Rusner. „Evangelisation durch Gemeindegründung". S. 10-11 in: Gemeinde und Mission. Nachrichten des Baptistenbundes in Österreich 4/90 – 1/91. S. 10.

[198] Roland Hardmeier. Das ganze Evangelium. A.a.O. S. 15.

[199] EEbd.

einer Stadt in die andere – sobald das Missionarsteam angekommen war und sich Menschen vor Ort bekehrten, gehörten die Missionare zur *ekklēsia* Antiochiens, oder Korinths, oder Roms."[200] Das vorherrschende Verständnis, dass ein Missionar zu einer im Ausland befindlichen Gemeinde gehört oder dass eine Tochtergemeinde gegründet wird, die erst nach vielen Jahren in die Selbstständigkeit entlassen wird, finden wir im NT nicht.

Folglich ist die Umsetzung des Missionsverständnisses nicht nur eine Frage der Missionstheologie, sondern basiert ganz wesentlich auch auf einem eingeschränkten Verständnis von Gemeinde.

1.9.3 Das Verständnis von Gemeinde

1.9.3.1 Traditionell evangelikales Gemeindeverständnis

Frost u. Hirsch verweisen darauf, dass die Grundstruktur des historischen Christentums oft „attraktional, dualistisch und hierarchisch" ist.[201]

- **Attraktional**: „Mit ‚attraktional' ist gemeint, dass die traditionelle Gemeinde sich mitten in einer bestimmten Gegend ansiedelt und erwartet, dass die Menschen zu ihr kommen, um Gott zu begegnen und Gemeinschaft zu erleben."[202] Der Ausdruck *Gemeinde* wird dabei nicht im Sinne des Ortes verstanden, „wo zwei oder drei versammelt sind" (Mt 18,20), wie das etwa in einem Hauskreis auch der Fall ist, sondern auf das Gebäude bezogen, wo man Gottesdienst feiert. Ziel aller missionarischen Bemühungen ist es, Verlorene in die Gemeinde (also in das Gebäude oder in den Gottesdienst) zu bringen. Folglich ist es sehr wichtig, dass neue Gemeinden gegründet werden. Teilweise geht man sogar so weit, zu sagen, dass die Existenzberechtigung der Gemeinde nur darin besteht, neue Gemeinden zu bauen. „Das Ziel Gottes ist eine Gemeinde in jedem Ort, weil die Gemeinde Gottes Mittel für die Evangelisierung der Welt ist. [...] Das Ziel der Evangelisation ist die Sättigung des Landes mit lebendigen Gemeinden."[203]

---

200 Eckhard J. Schnabel. Urchristliche Mission. A.a.O. S. 1516.

201 Michael Frost u. Alan Hirsch. Die Zukunft gestalten. A.a.O. S. 43.

202 Ebd. S. 44.

203 Fritz Börner. „Strategie für die zukünftige Arbeit" in: Christoph Windler (Hg.). Dokumentation des 1. Gemeindegründungstreffens der Arbeitsgemeinschaft Evangelikaler Gemeinden in Österreich. S. 2.

Die Gemeinde am Ort sieht man dabei als „die Stadt, die auf einem Berg liegt und nicht verborgen bleiben kann.“[204] Ein attraktiver Gottesdienst wird die Menschen automatisch anziehen, weshalb das Ziel ist, den Gottesdienst so besucherfreundlich wie möglich zu gestalten. Doch „[w]er zuerst den Gottesdienst verändert; [sic!] hat immer noch nicht die unbiblische ‚Komm zu uns‘-Haltung überwunden, die sich durch nichts in den Evangelien oder den Briefen im Neuen Testament belegen lässt.“[205]

- **Dualistisch**: „Wir reden heute in den Gemeinden ohne mit der Wimper zu zucken von der ‚Welt da draußen‘. Das kann ja nur bedeuten, dass wir, die Kirchenleute, ‚hier drin‘ sind!“[206] Es wird zwischen Religiösem und Profanem, also Nichtreligiösem, unterschieden. Die Folge ist, dass der Glaube stattdessen oft nur geringe Auswirkungen auf das Alltagsleben hat bzw. die Werte und Einstellungen vielfach von der Gesellschaft geprägt werden.[207] Die wirklich relevanten Themen werden nur selten angesprochen – die Vermittlung der *richtigen* Theologie wird oftmals stärker betont.

Ein klassisches Beispiel dafür ist etwa das Thema *Zungenrede*. Schon alleine das Wort lässt bei manchem leitenden Mitarbeiter einer konservativ geprägten Freikirche in Österreich den Blutdruck steigen. Nun gibt es natürlich verschiedene Standpunkte, die man auch theologisch zu begründen weiß. Doch hat der theologische Standpunkt mit dem Alltagsleben der Menschen zu tun? Über das Thema *Geld* wird hingegen kaum gesprochen, wenngleich jeder tagtäglich damit zu tun hat. Ein anderes Beispiel ist die *Eschatologie*. Die Zahl der Bücher, die alleine in den letzten 50 Jahren zu diesem Thema geschrieben wurden, können kaum gezählt werden. Doch haben sich viele Familien kaum Zeit, sich darüber Gedanken gemacht, welche Zeichen der Wiederkunft Jesu bereits erfüllt sind. Die Erziehung ihrer (oft recht zahlreichen) Kinder verlangt ihnen alles ab, sodass sie froh sind, wenn sie den Alltag bewältigen.

Robert Banks nennt zehn Punkte, die den Graben zwischen dem Glauben und dem Alltagsleben sichtbar machen:

1. „Wir verbinden unseren Glauben nicht mit unserer Arbeit (oder unserer Arbeitslosigkeit) und wissen auch nicht, wie so eine Verbindung aussehen könnte.

---

[204] Sehr häufig wird Mt 5,14 auf die Gemeinde angewendet, und nicht auf den Christus-Gläubigen.

[205] Michael Frost u. Alan Hirsch. Die Zukunft gestalten. A.a.O. S. 45.

[206] Ebd. S. 45.

[207] Vgl. Kap. 1.8.

2. Unser Glaube hat im Normalfall kaum Einfluss auf unsere Freizeitaktivitäten.
3. Wir haben wenig Gespür dafür, wie man als Christ seine alltäglichen Aufgaben angeht, beispielsweise den Haushalt.
4. Unsere Einstellungen und Werte im Alltag sind oft von denen unserer Gesellschaft geprägt.
5. Viele unserer Schwierigkeiten haben mit dem äußeren Druck zu tun, dem wir täglich ausgeliefert sind (Zeitmangel, Erschöpfung, Spannungen in der Familie usw.).
6. Unsere Alltagssorgen und -freuden haben in der Gemeinde meist nur wenig Raum.
7. Nur selten sprechen die hauptamtlichen Theologen wirklich die relevanten Aufgaben unseres Alltags an.
8. Wenn Alltagsthemen angesprochen werden, dann werden sie in der Regel zu theoretisch behandelt.
9. Nur eine Minderheit der Christen liest geistliche Bücher oder bildet sich theologisch fort.
10. Die meisten Kirchgänger sind überzeugt, es gebe keinen Graben zwischen ihrem Glauben und ihrem Alltagsleben."[208]

Die Problematik ist nicht neu und vielfach ist man sich dessen auch bewusst. So sind in den letzten Jahren in Österreich zahlreiche Missionswerke entstanden, die sich jeweils um ein spezielles Alltagsthema (Erziehung, Sucht, Eheberatung usw.) annehmen. Dies ist durchaus begrüßenswert und auch notwendig. Doch solange sich an den grundlegenden Strukturen nichts ändert, kann und wird es nur ein Behelf sein. Eine wirkliche Lösung ist es jedoch nicht.

- **Hierarchisch**: Während Großkirchen eine strenge Hierarchie haben und zwischen Priestern und Laien unterscheiden, versucht man in evangelikalen Freikirchen diese Hierarche (zumindest offiziell) zu vermeiden.[209] Der Österreicher denkt jedoch von Haus aus sehr stark hierarchisch,[210] weshalb es trotzdem oft zwei bis fünf hierarchische Ebenen gibt: Pastor, Älteste, Diakone, Gemeindemitglieder, sonstige Gottesdienstbesucher.[211]

---

[208] Robert Banks zitiert in: Michael Frost u. Alan Hirsch. Die Zukunft gestalten. A.a.O. S. 46.

[209] Christine Alisch. Der Beitrag evangelikal freikirchlichen Gemeindelebens in Wien im Vorfeld von Sozialarbeit und Freizeitpädagogik. Unveröffentlichte Diplomarbeit, 2008. S. 81.

[210] Vgl. Kapitel 2.3.3.6.

[211] Vgl. Christine Alisch. Ebd. S. 83-84.

Reimer stellt in Bezug auf die Aussiedlergemeinden fest, dass sie üblicherweise kongregationalistisch, also durch die Beschlüsse der Gemeindeversammlung, geleitet werden. „In Wirklichkeit aber herrscht der starke Leiter – sowie oft seine Sippe.“[212] In den Aussiedlergemeinden ist der starke Leiter meist auch DER Gemeindeleiter. In Österreich wird der starke Leiter selten als DER Gemeindeleiter bezeichnet. Häufig ist er der Pastor oder einer der Ältesten, der nach außen hin die Rolle des Gemeindeleiters wahrnimmt. Aber auch wenn die Begrifflichkeit unterschiedlich verwendet wird, die Aussage Reimers trifft vielfach auch auf Freikirchen in Österreich zu.[213]

Doch selbst wenn dies nicht der Fall ist, zeigt sich am Dienstverständnis des Pastors oder der Ältesten dieses hierarchische Verständnis. So sind den Pastoren häufig die pastoralen Dienste wie Taufen, Trauungen und Begräbnisse, aber auch die Predigten zu besonderen Anlässen (Ostern, Weihnachten usw.), vorbehalten. Vielfach hat es praktische Gründe wie die, dass sie die besten Prediger sind, die beste Ausbildung haben und sich (zumindest theoretisch) in ihrer Arbeitszeit darauf vorbereiten können.[214] Doch letztendlich hat die hierarchische Trennung genau hier seinen Ursprung: In der Trennung „zwischen Priestern und Laien, zwischen Offiziellen und einfachen Gläubigen, zwischen Heiligen und normalen Menschen“.[215]

1.9.3.2 Transformatorisches Gemeindeverständnis

Eine missionarische Gemeinde ist im Gegensatz dazu inkulturiert[216], messianisch und apostolisch.[217]

---

212 Johannes Reimer. „Mission der Aussiedlergemeinden in Deutschland – was bremst den Aufbruch?“ in: Evangelikale Missiologie 25 (3/09): 154-162, hier S. 159.

213 Alisch versuchte in ihrer Studie u.a. die Strukturen der untersuchten evangelikal freikirchlichen Gemeinden in Organigrammen zu erfassen. Anhand der von ihr erstellten Organigramme wird die getätigte Aussage sehr gut deutlich. Christine Alisch. Der Beitrag evangelikal freikirchlichen Gemeindelebens in Wien im Vorfeld von Sozialarbeit und Freizeitpädagogik. A.a.O. S. 81-95.

214 Theoretisch deshalb, weil gerade die außerordentlichen Termine wie Trauungen und Beerdigungen zum ohnehin vollen Alltag hinzukommen. Gegebenenfalls wird der Mehraufwand als Mehrarbeit verbucht. Zum Zeitausgleich oder zur Auszahlung dieser Mehrarbeit kommt es jedoch selten.

215 Michael Frost u. Alan Hirsch. Die Zukunft gestalten. A.a.O. S. 48.

216 Hirsch u. Frost bezeichnen die missionale Gemeinde als inkarnierend, messianisch und apostolisch. Da das Kommen Jesu aber derartig einzigartig ist, finde ich die

- **Inkulturiert**: Die inkulturierte Gemeinde „gibt ihre alten Strukturen auf und dringt in die Spalten und Ritzen der Gesellschaft selbst ein, um Christus für die zu sein, die ihn noch nicht kennen."[218] Als Vorbilder dabei dienen u.a. 1Kor 9, 19-23, aber auch die bekannten Bilder vom „Salz der Erde", vom „Licht der Welt" und von der „Stadt am Berg" (Mt 5,13f). Gemeinde wird folglich nicht als heiliger Ort verstanden, sondern definiert sich durch die Mission der Herausgerufenen,[219] Teil der Gesellschaft zu sein. Folglich ist die Stadt am Berg nicht die Gemeinde, sondern der Christus-Nachfolger. Sein Licht, sein Leben kann und wird nicht verborgen bleiben. Wie sich das konkret äußert, werden wir in Kapitel 4 noch ausführlich betrachten.
- **Messianisch**: Bei Punkt 1.2.1.4 haben wir bereits festgestellt, dass Jesus seinen Auftrag ganzheitlich verstand und eben nicht zwischen Religiösem und Profanem unterschieden hat. Eine „messianische Spiritualität sieht – wie Jesus – die ganze Welt als Wohnort Gottes."[220]
- **Apostolisch**: „Mit apostolisch ist hier eine Art und Weise gemeint, die auf dem ‚fünffachen Modell' beruht, das Paulus in Epheser 4 entfaltet."[221] Im Vordergrund steht eine biblische Gemeinschaft, in der die Gabe des Hirten, des Lehrers, des Evangelisten, des Apostels und des Propheten zum Einsatz kommen.[222] Umstritten ist, ob alle fünf Gaben in der Gemeindeleitung zum Einsatz kommen müssen.[223] Insgesamt verstehen sie sich aber als dienende Leitung, die den Menschen vor die Gebote stellt.

1.9.3.3 Konsequenzen

Bereits diese kurze Darstellung zeigt deutlich die Unterschiede im Gemeindeverständnis. Wie sich der Unterschied konkret in Österreich äußert

---

Anlehnung an die Menschwerdung Jesu unpassend, weshalb ich in Anlehnung an Schnabel den Begriff „Inkulturation" gewählt habe. Vgl. Kap. 1.7 bzw. Eckhard J. Schnabel. Urchristliche Mission. A.a.O. S. 1512.

[217] Michael Frost u. Alan Hirsch. Die Zukunft gestalten. A.a.O. S. 30f.

[218] Ebd. S. 30.

[219] Abgeleitet vom griechischen Wort ἐκκλησία. Vgl. Alfred Kuen. Gemeinde nach Gottes Bauplan. Telos, Schweizerische Schallplattenmission: Frutigen, 1975. S. 44.

[220] Michael Frost u. Alan Hirsch. Die Zukunft gestalten. A.a.O. S. 31.

[221] Ebd.

[222] Ebd.

[223] Vgl. Johannes Reimer. Die Welt umarmen. A.a.O. S. 270.

und welche Konsequenzen das für die Umsetzung des Missionsauftrages in Österreich hat, werden wir in Kapitel 3.1 und 4 noch genauer betrachten.

2 Österreich, wie es sich heute darstellt

„Zukunftsgestaltung ruht auf der Grundlage von Vergangenheitskenntnis.“[224]

2.1 Streifzug durch die österreichische Geschichte

2.1.1 Österreich als ethnischer Schmelztiegel Europas

Aufgrund seiner Lage war Österreich schon immer ein Land, das von vielen Völkern und Kulturen geprägt wurde. Während man davon ausgeht, dass es im Donauraum etwa 4000 v. Chr. bereits erste Ansiedlungen gab,[225] so kann man die Zeit von 800 – 400 v.Chr. als Hochzeit der österreichischen Frühgeschichte bezeichnen. Die Siedlung Hallstatt wird Kernraum der ganzen Hallstatt-Kultur,[226] wo sich bereits Menschen aus verschiedenen Kulturen trafen.

Die Österreicher sind kein Volk im ethnischen Sinne, sondern eine „Mischung“ mehrerer Völker. Als Hauptgruppen könnte man dabei die Illyrer,[227] Kelten,[228] Awaren,[229] Germanen,[230] Römer,[231] Slawen,[232] und Magyaren[233] ausmachen.[234] „Zu einer Nation im modernen Sinn wurde Österreich gezwungener maßen erst nach dem Zusammenbruch der Donaumonarchie, nach dem 1. Weltkrieg 1918.“[235]

---

224 Hannes Androsch. Warum Österreich so ist, wie es ist. Eine Synthese aus Widersprüchen. Kremayr & Scheriau: Wien, 2003. Rückseite.
225 Erich Scheithauer (u.a.). Geschichte Österreichs in Stichworten. Teil I: Von der Urzeit bis 1282. Verlag Ferdinand Hirt: Wien, 1971. S. 18.
226 Ebd. S. 26.
227 Ebd. S. 25.
228 Ebd. S. 28.
229 Ebd. S. 52.
230 Ebd.
231 Ebd. S. 34.
232 Ebd. S. 52.
233 Ebd. S. 58.
234 Vgl. Ebd. S. 40-52.
235 Wolfgang Dvorak. „Kultur und Mentalität des Österreichers“ S. 33-40 in: Reinhold Eichinger u.a. (Hg). Handbuch für Missionare in Österreich. Hintergrundinformationen für die Vorbereitung und Durchführung eines wirkungsvollen Dienstes in Österreich. Wien, 1999. S. 33.

2.1.2 Ostarrichi

Die erste urkundliche Erwähnung Österreichs (*Ostarrichi*) stammt von der Schenkungsurkunde des römisch-deutschen Kaisers Otto III. an das Bistum Freising im November 996 n. Chr.[236] Die Urkunde bezog sich auf den „Herrschaftsbereich im Osten" (ostar-richi)[237] Bayerns, der seit 976 dem Grafen Luitpold, der zum Geschlecht der Babenberger gehörte, unterstand.[238] Zwölf Generationen lang regierten die Babenberger das Herzogtum Österreich, ehe das Geschlecht mit Friedrich II. 1246 ausstarb.[239] Ihnen verdankt Österreich etwa das rot-weiß-rote Wappen.[240]

2.1.3 Die Habsburger

Mit der Wahl des reichen Schweizer Grafen Rudolf von Habsburg im Jahre 1273 endete die kaiserlose Zeit, die mit dem Tod Friedrich II. begonnen hatte. Zu dieser Zeit entbrannte auch ein heftiger Streit um die Herrschaft über das Herzogtum Österreich. Dieser endete 1278 in der Schlacht am Marchfeld, bei der Rudolf den König von Böhmen, Ottokar II., besiegte.[241] Die folgenden rund 630 Jahre (bis 1918) herrschten die Habsburger über Österreich. Mit ihren „insgesamt 41 Kaisern, Königen, Erzherzögen und Herzögen, sowie einer Kaiserin"[242] sollten sie darüber hinaus sogar das bestimmende Geschlecht Europas werden. „Grund dafür war die kluge, planvolle Heiratspolitik."[243]

> Zu dieser Zeit wurde der Ausspruch „Bella gerant alĭi, tu, felix Austrĭa, nube (lat.), andere mögen Kriege führen, du, glückliches Österreich, heirate"[244] geprägt, der sich auf die Heiratspolitik des Hauses Habsburg bezog. „Mit

---

[236] Erich Scheithauer (u.a.). Geschichte Österreichs in Stichworten. A.a.O. S. 62.

[237] Ernst Bruckmüller. Sozialgeschichte Österreichs. Verlag für Geschichte und Politik: Wien, 2001². S. 59.

[238] Ebd.

[239] Manfred Scheuch. Historischer Atlas Österreich. Verlag Christian Brandstätter: Wien, 1994⁵. S. 40.

[240] Peter Diem. „Rot-Weiß-Rot durch die Jahrhunderte". http://peter-diem.at/Buchtexte/rwr.htm (12.5.2010).

[241] Erich Scheithauer (u.a.). Geschichte Österreichs in Stichworten. A.a.O. S. 109.

[242] Wolfgang Dvorak. „Österreichs Geschichte" S. 15-32 in: Reinhold Eichinger u.a. (Hg). Handbuch für Missionare in Österreich. A.a.O. S. 19.

[243] Helga Schnabel-Schüle. Die Reformation 1495-1555. Philipp Reclam jun.: Stuttgart, 2006. S. 28.

[244] „Bella gerant alii, tu, felix Austria, nube", Brockhaus' Kleines Konversations-Lexikon, Band 1. Brockhaus: Leipzig, 1911⁵. S. 178.

dem Begriff *Felix Austria* wird den Österreichern eine besonders glückliche Veranlagung oder Lebensart nachgesagt."[245]

Nach und nach vergrößerten die Habsburger ihr Reich, bis schlussendlich Karl V. (1519-1556 Kaiser des Heiligen Römischen Reiches)*246* Herrscher eines Reiches war, in dem die Sonne nicht unterging.*247*

„Das Weltreich der Habsburger schuf ein Phänomen Europa, das in der jüngeren Geschichte mehrfach eine etwas romantische Renaissance erfuhr. Es reicht über den Raum des heutigen Österreich hinaus, von Mailand bis Czernowitz, von Krakau bis Triest, von Zagreb bis Bregenz, von Regensburg bis Sirmium, es umspannt die ehemals vorösterreichischen Länder genauso wie Ungarn, die Slowakei, Böhmen, Bayern, Südtirol und Graubünden."[248]

Nachdem Karl V. 1556 abgedankt hatte, führte dies zur Teilung der Habsburger in eine spanische und eine österreichische Linie.

Das 16. Jahrhundert war ein Kristallisationspunkt der Zeit: Zum Einen standen die Türken mehrfach vor Wien, was vor allem Karl V. militärisch herausforderte. Daneben gab es aber auch kriegerische Auseinandersetzungen um Italien. Zum Anderen bahnte sich die Reformation ihren Weg nach Österreich, wodurch es auch im Landesinneren zu Spannungen kam. Obwohl Karl ein überzeugter Katholik war und vehement gegen die Reformation auftrat, konnte er sie im Kaiserreich nicht verhindern. Auch Österreich war, wie ich in Kapitel 2.2.3 noch aufzeigen werde, ein fruchtbarer Boden für die Reformation. Man kann sagen, „daß die österreichischen Länder von Beginn an Teil des allgemeinen Geschehens waren."[249] Mit dem Augsburger (1555) und dem Westfälischen Friedensschluss (1648) wurden jedoch Kirche und Staat aneinander gebunden, weshalb das Herrscherhaus die Konfession seiner Untertanen festlegte.[250] Deshalb setzte das Hause Habsburg alles daran, das zu großen Teilen bereits protestantisch geworde-

---

245 Frank Hinkelmann. „Österreich – ‚Felix Austria' oder ‚Friedhof der Missionare'?". in: Evangelikale Missiologie 25 (3/09): 128-136, hier S. 128.

246 Helga Schnabel-Schüle. Die Reformation 1495-1555. A.a.O. S. 286.

247 Silvia Krebser. Analyse der österreichischen Kultur und Mentalität aus biblischer Sicht. A.a.O. S. 3.

248 Hannes Androsch. Warum Österreich so ist, wie es ist. A.a.O. S. 44.

249 Rudolf Leeb. „Der Streit um den wahren Glauben – Reformation und Gegenreformation in Österreich" S. 145-279 in: Herwig Wolfram (Hg.). Geschichte Österreichs. Geschichte des Christentums. Von der Spätantike bis zur Gegenwart. Ueberreuter: Wien, 2003. S. 163.

250 Paul Zulehner, Regina Polak. Religion – Kirche – Spiritualität in Österreich nach 1945. Befund, Kritik, Perspektive. Studienverlag GmbH: Innsbruck, 2006. S. 28.

ne Volk *wieder katholisch zu machen.* Rudolf II. (1552-1612) und Ferdinand II. (1578-1637) seien hier besonders zu erwähnen.[251] Beide waren streng katholisch erzogen worden und wollten den rechten Glauben wieder herstellen.[252] Die Gegenreformation kann als das dunkelste Kapitel in der Geschichte Österreichs bezeichnet werden und hat bis heute Auswirkungen auf die österreichische Mentalität.[253] Androsch schreibt über diese Zeit:

> „Auch die ‚Ehe' zwischen Thron und Altar wirkt bis in unsere Tage nach. Über lange Zeit bewirkte eine als Staatskirche eingebundene Ecclesia eine Ideologisierung der staatlichen Macht. Die barocke Pietas Austriaca[254] galt als wesentliche Stütze des Thrones seiner katholischen Majestät. Die Ende des 16. Jahrhunderts einsetzende gewaltsame Rekatholisierung wurde nicht zuletzt dazu benutzt, den aufständischen und überwiegend protestantischen einheimischen Adel durch willfährige Emigranten aus Spanien, Italien, Flandern, Portugal, Irland und andere Länder zu ersetzen. Die Wiederherstellung der Glaubenseinheit wurde mit der Vertreibung von mehr als 100.000 Evangelischen erzwungen."[255]

Vor allem die Gegenreformation hatte zur Folge, dass die in den folgenden Jahren aufkommende Aufklärung nur von einer verschwindenden Minderheit getragen wurde. Österreich wurde stattdessen „zum Rückzugsgebiet universaler und patriarchalischer Lebens- und Herrschaftsformen und damit zur Vormacht des Konservativismus in Europa."[256] Welche Auswirkungen dies auf die Religion und Mentalität der Österreicher bis heute hat, werden wir an zahlreichen Stellen noch sehen.

Über 200 Jahre lang war der katholische Glaube der einzige erlaubte in Österreich. Erst 1781 erließ Joseph II., der durchaus als Reformer des Hauses Habsburg in Erscheinung trat, das Toleranzpatent, wodurch Protestan-

---

[251] Rudolf Leeb. „Der Streit um den wahren Glauben – Reformation und Gegenreformation in Österreich" A.a.O. S. 250f.

[252] Ebd. S. 250.

[253] Mehr dazu in Kapitel 2.3.4.3.

[254] Die erwähnte „Pietas Austriaca" tauch vor allem in barocken Ruhmeswerken auf und bezieht sich vor allem auf die Frömmigkeit als Herrschertugend des Hauses Habsburg. „Die erhöhte Bedeutung dieses Begriffes beruht auf der Überzeugung, dass dem Hause Österreich von Gott her eine bestimmte Mission für Reich und Kirche zuteil geworden ist, um der religiösen Verdienste seiner Vorfahren, oder noch besser gesagt, seines großen Vorfahren Rudolf von Habsburg willen." Anna Coreth. Pietas Austriaca: Österreichische Frömmigkeit im Barock. R. Oldenbourg Verlag: München, 2., erw. Auflage 1982. S. 6.

[255] Hannes Androsch. Warum Österreich so ist, wie es ist. A.a.O. S. 45.

[256] Ebd. S. 47.

ten und Juden nun geduldet waren. Joseph II. war es auch, der dem Salzkammergut seine Sonderstellung nahm, die es bis dahin innehatte.[257]

Josephs Reformen verhinderten, dass es in Österreich ebenfalls zu einer Art *Französischer Revolution* kam. Doch kurz darauf drohte eine andere Gefahr: Napoleon wollte die Kaiserkrone und so das Erbe Karl des Großen antreten. Franz II. verhinderte es dadurch, indem er 1806 die Kaiserkrone niederlegte und die Auflösung des *Heiligen Römischen Reiches deutscher Nation* ausrief.[258] Um die Gleichheit mit Napoleon zu wahren, der sich ebenfalls zum Kaiser küren ließ, nahm Franz II. den Titel des erblichen Kaisers von Österreich an.[259]

Geprägt wurden diese Jahrzehnte vor allem von Graf Metternich, der im neu entstandenen Kaiserreich Österreich große politische Macht besaß. „Metternichs Ziel war die Erhaltung des bestehenden Zustands und man verschloss sich den Zeichen der Zeit",[260] wodurch jeder Ansatz zu einer Veränderung abgewürgt wurde. So meinte schon Napoleon: „Österreich ist immer ein Jahr, eine Armee und eine Idee im Rückstand."[261] In die Geschichtsbücher sollte diese Zeit als *Biedermeier* Eingang finden.[262]

Die Folgen dieser Politik ließen nicht lange auf sich warten. Nachdem es bereits in Italien, Frankreich und Ungarn zu zahlreichen Unruhen kam, brach im März 1848 auch in Österreich die Revolution aus.[263] Damit die Monarchie als Folge der Revolution ein neues Gesicht erhielt,[264] bestieg Franz Joseph I. den Thron.[265] Um Ungarn voll in die Habsburgmonarchie einzubinden, fielen 1850 auch die Zollschranken zwischen Ungarn und den Ländereien der Habsburger.[266] Nach den verheerenden Niederlagen in den

---

[257] Bis zu diesem Zeitpunkt war das Salzkammergut ein *Staat im Staate*, der nur mit eigenem Reisepass betreten und verlassen werden konnte. Dies hatte vor allem für die Reformation in Oberösterreich sehr positive Auswirkungen. Siehe Kapitel 2.2.3.1. Vgl. Ernst Bruckmüller. Sozialgeschichte Österreichs. A.a.O. S. 169.

[258] Vgl. Wikisource. „Erklärung Franz II. zur Niederlegung der Krone des Heiligen Römischen Reiches". http://de.wikisource.org/wiki/Erkl%C3%A4rung_Franz_II._zur_Niederlegung_der_Krone_des_Heiligen_R%C3%B6mischen_Reiches (22.11.2010).

[259] Manfred Scheuch. Historischer Atlas Österreich. A.a.O. S. 102.

[260] Silvia Krebser. Analyse der österreichischen Kultur und Mentalität aus biblischer Sicht. A.a.O. S. 5f.

[261] Hannes Androsch. Warum Österreich so ist, wie es ist. A.a.O. S. 36.

[262] Ernst Bruckmüller. Sozialgeschichte Österreichs. A.a.O. S. 254.

[263] Ebd. S. 267.

[264] Wikipedia. „Franz Joseph I." http://de.wikipedia.org/wiki/Franz_Joseph_I._(Österreich-Ungarn) (14.5.2010).

[265] Manfred Scheuch. Historischer Atlas Österreich. A.a.O. S. 132.

[266] Ernst Bruckmüller. Sozialgeschichte Österreichs. A.a.O. S. 280.

Schlachten von Magenta und Solferino (1859), die den Augenzeugen Henri Dunant zur Gründung des Roten Kreuzes veranlassten, begann der endgültige Abstieg Habsburgs als Großmacht. Lediglich die Wirtschaft und Kultur erlebten um die Jahrhundertwende noch eine letzte Blüte und so wurde Wien „zur Inkubationsstätte der Moderne".[267] Das Ende kam jedoch jäh!

1914 wird Franz Ferdinand von Este, ein Neffe Franz Josephs I. und Thronfolger der k.u.k. Monarchie, in Sarajevo ermordet, was den Ersten Weltkrieg auslöst. „Nach dem Tod von Franz Joseph I. (1916) versuchte sein Nachfolger Karl I. zu retten, was noch zu retten war. Vergeblich. Im November 1918 brach die Monarchie auseinander."[268]

2.1.4 Die Erste Republik

Im November 1918 wurde die Republik Deutsch-Österreich ausgerufen. Aus dem einstigen Großreich wurde durch die Friedensverträge von Saint Germain (1919) und der damit verbundenen Verhinderung des Anschlusses an Deutschland ein Kleinstaat mit rund 6,5 Millionen Einwohnern.[269] Die Republik Österreich, wie sie in Folge genannt werden sollte, war nun ein „Staat, den keiner wollte".[270] Bruckmüller schreibt:

> „Der Zusammenbruch der Monarchie hinterließ der klein gewordenen Republik ein nicht unbedeutendes Potential von tendenziell enttäuschten, unzufriedenen, in der Verwirklichung ihrer Lebensentwürfe frustrierten Menschen, besonders aus den mittleren Schichten."[271]

Die horrende Inflation, infolge dessen der Schilling eingeführt wurde, die Weltwirtschaftskrise 1929 und die daraus folgende hohe Arbeitslosigkeit (sie stieg 1933 auf 557.000 oder 26% des Arbeitskräftepotentials)[272] machten der jungen Republik zu schaffen. Auch „[d]er Mangel an Österreich-

---

[267] Hannes Androsch. Warum Österreich so ist, wie es ist. A.a.O. S. 73.

[268] Silvia Krebser. Analyse der österreichischen Kultur. A.a.O. S. 9.

[269] Leopold Scheidl u. Herwig Lechleitner. Österreich. Land, Volk, Wirtschaft in Stichworten. Verlag Ferdinand Hirt: Wien, 1978[3]. S. 30.

[270] Silvia Krebser. Analyse der österreichischen Kultur. A.a.O. S. 9.

[271] Ernst Bruckmüller. Sozialgeschichte Österreichs. A.a.O. S. 372.

[272] Bruckmüller geht davon aus, dass zu den statistisch erfassten Arbeitslosen weitere 200.000 hinzugerechnet werden müssen, die den Arbeitsmarkt *verlassen* oder noch gar *nie betreten* hatten (wie etwa Jugendliche). Die Arbeitslosenrate würde damit unfassbare 38% betragen! Vgl. Ernst Bruckmüller. Sozialgeschichte Österreichs. A.a.O. S. 402.

bewußtsein erleichterte dem Nationalsozialismus den Durchbruch",[273] weshalb der Anschluss an Hitler-Deutschland im März 1938 als unvermeidliche Konsequenz gesehen werden kann.

2.1.5 Anschluss an das nationalsozialistische Deutschland

Adolf Hitler wurde 1889 in Braunau, Oberösterreich, geboren, und emigrierte 1913 nach Deutschland. Seiner späteren Partei, der NSDAP, gehörten in Österreich nur Wenige an. Mit dem Anschluss 1938 stieg die Zahl der Mitglieder von damals 127.000 auf 688.000 im Jahre 1942 (und damit mehr als 10% aller Österreicher)[274] an.[275]

Über den Anschluss Österreichs an Deutschland sollte es zu einer Volksabstimmung kommen. Da Hitler aber fürchtete, dass die Mehrheit der Österreicher gegen einen Anschluss sein würde, ließ er am 12. März 1938 die deutschen Truppen in Österreich einmarschieren. Die am 10. April abgehaltene Abstimmung war nur mehr Formsache. 99,7% stimmten mit Ja.[276] Dabei darf man allerdings nicht außer Acht lassen, dass viele politische Verantwortungsträger, wie auch knapp 200.000 Juden sogleich verhaftet wurden, und dass jede Art von Opposition unmöglich war.[277] Der Name *Österreich* wurde abgeschafft, durch *Ostmark* ersetzt und das Land in sieben Reichsgaue eingeteilt.[278]

Bei den Novemberpogromen im Jahre 1938, auch Reichskristallnacht genannt, gingen hunderte Synagogen in Flammen auf, tausende Juden wurden verhaftet und in die Konzentrationslager deportiert. Ein organisierter Terror gegen die Juden begann. Hunderte Juden verloren ihr Leben oder wurden gar in den Selbstmord getrieben.[279] Obwohl schon einige Juden

---

[273] Anton Pelinka. „Österreich unter nationalsozialistischer Herrschaft: Zulauf, Anpassung, Widerstand und Vernichtung" S. 35-48 in: Wolfgang Mantl (Hg.). Politik in Österreich. Die zweite Republik: Bestand und Wandel. Böhlau Verlag: Wien, Köln, Graz, 1992. S. 47.

[274] Ebd. S. 38.

[275] Deutsches Historisches Museum. „Österreich 1938-1945" http://www.dhm.de/lemo/html/nazi/aussenpolitik/oesterreich/index.html (17.8.2011).

[276] Manfred Scheuch. Historischer Atlas Österreich. A.a.O. S. 179.

[277] Ernst Bruckmüller. Sozialgeschichte Österreichs. A.a.O. S. 418.

[278] Manfred Scheuch. Historischer Atlas Österreich. A.a.O. S. 178.

[279] Webseite des jüdischen Kulturerbes in Deutschland. http://www.ashkenazhouse.org/kndefger.htm (14.5.2010)

emigriert waren, lebten zu dieser Zeit noch über 200.000 Juden in Österreich.[280]

Immer wieder wird die Frage gestellt, ob Österreich das erste Opfer oder doch auch Täter war? Einerseits bezeichneten die alliierten Staaten USA, Großbritannien und die Sowjetunion bereits 1943 in der Moskauer Deklaration Österreich als das erste Opfer Hitlers und sahen somit den Anschluss als ungültig an.[281] Andererseits wurde bei der Volksabstimmung das Aufgehen Österreichs in Deutschland grundsätzlich bejaht und von einem erheblichen Teil der Bevölkerung begeistert begrüßt.[282] Auch wenn der Anschluss nicht von allen mitgetragen wurde – die Rolle des Opfers nimmt Österreich wohl kaum ein.

2.1.6 Die Zweite Republik

Die Ausgangslage nach dem Zweiten Weltkrieg kann als desaströs bezeichnet werden. Der österreichische Gold- und Devisenschatz im Werte von umgerechnet fast 200 Millionen Euro war nach Berlin transferiert worden,[283] das Land lag in Trümmern (ein Zehntel aller Wohnungen waren beschädigt oder zerstört; in Wien sogar jedes vierte Haus) und auch die Infrastruktur lag darnieder. Aufgrund der äußersten Lebensmittelknappheit standen jeder Person nur etwa 800 Kalorien pro Tag zur Verfügung.[284] Bundeskanzler Figl schilderte die Lage in einer Hörfunkansprache zu Weihnachten 1945 wie folgt:

„Ich kann euch zu Weihnachten nichts geben. Ich kann euch für den Christbaum, wenn ihr überhaupt einen habt, keine Kerzen geben. Ich kann euch keine Gaben für Weihnachten geben. Kein Stück Brot, keine Kohle zum

---

280 Republik Österreich – Historikerkommission. „Presseinformation“ http://www.historikerkommission.gv.at/pdf_hk/INTPRESSE.pdf (14.5.2010). S. 4.

281 Österreich-Lexikon. „Moskauer Deklaration“ http://www.aeiou.at/aeiou.encyclop.m/m857324.htm (14.5.2010). Vgl. Silvia Krebser. Analyse der österreichischen Kultur und Mentalität aus biblischer Sicht. Eigenverlag: Neuhofen a.d. Krems, 1992. S. 11.

282 Anton Pelinka. „Österreich unter nationalsozialistischer Herrschaft: Zulauf, Anpassung, Widerstand und Vernichtung“ S. 35-48 in: Wolfgang Mantl (Hg.). Politik in Österreich. A.a.O. S. 35.

283 Hannes Androsch. Warum Österreich so ist, wie es ist. A.a.O. S. 93.

284 Österreichische Mediathek. www.staatsvertrag.at. „Wiederaufbau – Nachkriegswirtschaft“ http://www.mediathek.at/staatsvertrag/Wiederaufbau/Nachkriegswirtschaft/Triste_Ausgangslage.htm (14.5.2010).

Heizen, kein Glas zum Einschneiden... Wir haben nichts. Ich kann euch nur bitten, glaubt an dieses Österreich ..."[285]

Noch dazu war das Land in vier Besatzungszonen (sowjetische, amerikanische, britische und französische Zone) geteilt. Gerade im Wiederaufbau spielten Lebensmittellieferungen aus dem Ausland eine wichtige Rolle. Dank der Marshallplan-Hilfe der USA wurden ab 1946 in 18 Monaten etwa 800.000 Tonnen Lebensmittel nach Österreich geliefert.[286] Erst 1950 konnte die Rationalisierung der Lebensmittel aufgehoben werden. Obwohl die Ausgangslage der Zweiten Republik deutlich schlechter war als die der Ersten, kam es zum sogenannten *österreichischen Wirtschaftswunder*,[287] das bis zur Ölkrise 1973 anhielt.

Am 15. Mai 1955 wurde der Staatsvertrag unterzeichnet, in dem Österreich sich zu immerwährender Neutralität verpflichtete. Noch im selben Jahr verließen die Alliierten Österreich. Dadurch erlangte Österreich wieder seine volle Freiheit und Unabhängigkeit.

Noch im selben Jahr trat Österreich der UNO bei und 1995 der Europäischen Union.

Der geschichtliche Überblick sollte in erster Linie dabei helfen, die Mentalität der Österreicher zu verstehen, weshalb die geschichtliche Darlegung an dieser Stelle endet. Vor allem bei der Darlegung der Mentalität werden u.a. aktuelle politische und wirtschaftliche Beispiele zur Verdeutlichung angeführt.

Zusammenfassend kann gesagt werden, dass die „Nation Österreich" durch eine Reihe tragischer und gewaltsamer Ereignisse der letzten hundert Jahre entstanden ist. „Das Ende des Ersten Weltkrieges mit dem Zusammenbruch der habsburgischen Monarchie bewirkte einen ersten Identitätsbruch,

---

[285] Austria-Forum. http://austria-lexikon.at/af/Wissenssammlungen/Symbole/Figl-Denkmal (3.6.2010).

[286] Österreichische Mediathek. www.staatsvertrag.at. „Wiederaufbau – Marshallplan und Westintegration" http://www.mediathek.at/staatsvertrag/Wiederaufbau/Marshallplan_und_Westintegration/Auslandshilfe.htm (22.11.2010).

[287] Vgl. Österreichische Mediathek. www.staatsvertrag.at. „Wiederaufbau – Weg zum ‚Wirtschaftswunder'" http://www.mediathek.at/staatsvertrag/Wiederaufbau/Weg_zum_quotWirtschaftswunderquot/Wohnbau.htm (7.3.2011).

der Anschluss an Nazideuschland den zweiten, der verlorene Zweite Weltkrieg und die Besatzung den dritten.“[288]

2.2 Die religiöse Entwicklung in Österreich

2.2.1 Die Anfänge des Christentums

Die genauen Anfänge des Christentums in Österreich liegen im Dunkeln. Man kann davon ausgehen, dass einige der im Donauraum stationierten römischen Soldaten Christen waren. Erste Belege für das Christentum gibt es für das 2. Jahrhundert.[289]

> „Einen ersten Wendepunkt in der Missionsgeschichte Österreichs stellt das sogenannte ‚Regenwunder‘ dar. 172–174/5 kämpfte Marc Aurel von Carnuntum[290] aus vor allem gegen Markomannen, aber auch gegen Quaden, Hermunduren, Chatten und Jazygen. Dabei wurde eine der entscheidenden Schlachten mit durch ein plötzliches Gewitter gewonnen.“[291] Die Schlacht dürfte sich im heutigen Marchfeld im Jahre 172 ereignet haben.[292] Die Blitze des plötzlich aufziehenden Gewitters jagten den Germanen derart panische Angst ein, dass die Römer die Schlacht gewannen. Und da die römischen Soldaten vor der Schlacht gebetet hatten, verstanden sie das Gewitter als Gebetserhörung.[293]

Unter Kaiser Diokletian kam es gegen Ende des dritten Jahrhunderts auch in Österreich zur Christenverfolgung, bei der u.a. der Kanzleivorstand Florian aus Cetium (heute St. Pölten) im Jahre 304 zu Tode verurteilt und in der Enns ertränkt wird.[294] Er gilt heute als Schutzpatron gegen die Feuerge-

---

[288] Christoph Windler. Die Entwicklung von Gemeindeleitern für österreichische Freikirchen. A.a.O. S. 19.

[289] Frank Hinkelmann. Die Hinwendung Österreichs zum Christentum. MBS-Texte 87 (4/2007). S. 5.

[290] Carnuntum lag etwa 40 km donauabwärts des heutigen Wiens. Vgl. Österreich-Lexikon. „Carnuntum“. http://www.aeiou.at/aeiou.encyclop.c/c168627.htm (3.6.2010).

[291] Frank Hinkelmann. Die Hinwendung Österreichs zum Christentum. A.a.O. S. 5.

[292] Peter F. Barton. Die Frühzeit des Christentums in Österreich und Südmitteleuropa bis 788, Bd. I Teil 1 von 1800 Jahre Christentum in Österreich und Südostmitteleuropa, Eine Einführung in seine Geschichte, Hermann Böhlaus: Wien, 1975. S. 12-13.

[293] Frank Hinkelmann. Die Hinwendung Österreichs zum Christentum. A.a.O. S. 5f.

[294] Ebd. S. 6.

fahr.[295] Obwohl die Christenverfolgung mit dem Mailänder Edikt (313) unter Kaiser Konstantin endete, nahm gleichzeitig die Unsicherheit zu. Schuld daran war die Völkerwanderung, bei der heidnische Stämme ins Römische Reich, so auch in Österreich, einfielen.[296] Eine herausragende Gestalt der frühen Kirchengeschichte Österreichs war der Kirchenmann und Diplomat Severin. „Er predigte gegen die heidnischen Feste, an denen ‚Christen' immer noch teilnahmen und rief zur Umkehr, zu guten Werken, zum Fasten und zum Almosen geben auf."[297] Gleichzeitig übte er aber auch starken politischen Einfluss aus und setzte sich so z.B. für das Wohl der Stadt Lauriacum (heute Enns) ein.[298] In den folgenden Jahrzehnten prägten die Völkerwanderung und die daraus folgende Besatzung Österreichs durch die Bayern, die Germanen und die Slawen auch das Christentum.[299] Wenn überhaupt, konnte sich nur mehr eine kleine christliche Minderheit halten.

Ab 610 kam es zu einer zweiten Christianisierungsphase, diesmal vom Westen Österreichs ausgehend. Der iroschottische Mönch Columbian der Jüngere gelangte mit zwölf weiteren Gefährten über Frankreich bis nach Bregenz, wo er das erste Kloster auf deutschsprachigem Boden gründete.[300] Columbian selbst musste Bregenz aus politischen Gründen verlassen, aber seine Schüler führten die Missionsarbeit vor allem in Bayern weiter. Ihre Missionstätigkeit zeichnete sich vor allem dadurch aus, dass sie wirklich „einem geistlichen Anliegen entsprang und sie sich z.B. oft bemühten, die jeweilige Sprache zu lernen und in ihr zu verkündigen."[301] Zu einer umfassenden Breiten- und Tiefenwirkung des Christentums kam es jedoch leider nicht.[302]

Anfang des 8. Jahrhunderts holte der Baiernherzog Theodo den Franken Rupertus aus Worms, der in weiterer Folge im Salzburger Land missionarisch tätig war.[303] Dort gründete er u.a. das Bistum Salzburg, das, neben

---

[295] Wolfgang Dvorak. „Österreichs Geschichte" S. 15-32. in: Reinhold Eichinger u.a. (Hg). Handbuch für Missionare in Österreich. A.a.O. S. 15

[296] Frank Hinkelmann. Die Hinwendung Österreichs zum Christentum. A.a.O. S. 7

[297] Ebd. S. 8f.

[298] Ebd. S. 8.

[299] Ebd. S. 9.

[300] Frank Hinkelmann. Die Hinwendung Österreichs zum Christentum. A.a.O. S. 10.

[301] Ebd. S. 14.

[302] Ebd. S. 10.

[303] Fritz Börner. Freikirchlicher Gemeindebau in Österreich. Eine Untersuchung der Gemeinden der Arbeitsgemeinschaft Evangelikaler Gemeinden in Österreich (ARGEGÖ), mit einem historischen Rückblick in der Kirchengeschichte und die Geschichte der Bekennergemeinden auf österreichischem Boden. Eigenverlag,

Passau, über die nächsten Jahrhunderte die Geschicke Österreichs ganz wesentlich beeinflussen sollte.[304]

Nachdem Karl der Große in zahlreichen Schlachten gegen die Awaren siegreich war, kam es im 9. Jahrhundert zu einer letzten Missionierungswelle, diesmal unter den Awaren und Slawen. Nach einem sehr ausführlichen Taufunterricht folgte eine Unterweisung in christlicher Ethik.[305] Trotz Rückschläge, wie etwa den Ungarnstürmen im 10. Jahrhundert, war die Missionierung bzw. Christianisierung im 11. Jahrhundert abgeschlossen.[306]

2.2.2 Kirche im Mittelalter

Nach und nach wurde die kirchliche Infrastruktur ausgebaut, Klöster wurden gegründet, und so nahm die Macht der Kirche mehr und mehr zu. Zur wesentlichen Festigung des Glaubens kam es u.a. auch durch die Machtübernahme des Hauses Habsburg im Jahre 1273. Schon der Begründer der Burg *Habsburg*, Radbot, ließ auch ein Kloster errichten.[307]

Aufkommende vorreformatorische Bewegungen, wie etwa die der Waldenser oder auch die Lehren von Wyclif und Hus, wurden vehement bekämpft. Trotzdem nahm etwa die Zahl der Waldenser zu. 1312 soll es laut dem waldensischen Bischof Neumaister 80.000 Waldenser in Österreich gegeben haben, die auf 40 Gemeinden verteilt lebten.[308] Eines der Zentren dabei war Kematen an der Krems (OÖ). Aber auch Steyr kann als Hochburg der Waldenser bezeichnet werden. „In Steyr wurden 1397 über tausend Personen verhört und schließlich hundert verbrannt."[309] Doch trotz der Verfolgung stieg beim Volk die Empfänglichkeit für einen Umbruch in

---

1989.
S. 11.

304 Frank Hinkelmann. Die Hinwendung Österreichs zum Christentum. Ebd.Ebd. S. 11f.

305 Ebd. S. 13.

306 Silvia Krebser. Analyse der österreichischen Kultur und Mentalität aus biblischer Sicht. A.a.O. S. 14.

307 Wikipedia. „Radbot (Habsburg)". http://de.wikipedia.org/wiki/Radbot_(Habsburg) (17.5.2011).

308 Rudolf Leeb. „Der Streit um den wahren Glauben – Reformation und Gegenreformation in Österreich" S. 145-279 in: Herwig Wolfram (Hg.). Geschichte Österreichs. Geschichte des Christentums. Von der Spätantike bis zur Gegenwart. Ueberreuter: Wien, 2003. S. 143.

309 Ebd.

der Kirche, weshalb die Waldenser, als auch die Hussiten, als Wegbereiter der Reformation gesehen werden können.[310]

2.2.3 Reformation und Gegenreformation

Die Reformation fußte schon sehr bald in Österreich. „Daß Luther am 17. April 1521, am Vorabend seines Verhörs vor dem Kaiser, aus Worms in einem Brief an Cuspinian in Wien schrieb [...] macht [...] deutlich, daß die österreichischen Länder von Beginn an Teil des allgemeinen Geschehens waren.“[311] Viele Teile der Bevölkerung wurden von der Reformation erfasst. Als es etwa 1562 zu einer großen Visitation des Erzherzogtums Österreich kam, bot sich den Visitatoren ein erschreckendes Bild. „Nur noch knapp ein Achtel der Bewohner waren dem alten Glauben wirklich noch zugetan, die überwiegende Mehrheit war bereits evangelisch.“[312]

Um darzustellen, wie unterschiedlich sich die Reformation in den einzelnen Bundesländern ausgewirkt hat, wird die Entwicklung in Oberösterreich, Salzburg, Tirol und Wien etwas näher dargestellt.

2.2.3.1 Oberösterreich

Besonders in Oberösterreich (dem Lande ob der Enns) wurde der neue Glaube rasch aufgenommen. „Die entscheidenden sozialen Träger für die Ausbreitung der Reformation im Lande ob der Enns waren einerseits der Adel, andererseits das Bürgertum.“[313] So stand etwa das Geschlecht der Jörger zu Tollet, aber auch das der Starhemberger mit Martin Luther in Briefkontakt.[314] Da die Habsburger als Landesherren katholisch waren und blieben, war der Adel plötzlich nicht mehr nur politisch oftmals anderer Meinung als der Landesherr, sondern nun auch in religiöser Hinsicht. Neben dem Adel gestaltete der Rat der jeweiligen Stadt wesentliche Bereiche des städtischen Lebens. In vielen Städten Oberösterreichs setzte sich der Rat großteils aus evangelischen Bürgern zusammen, die somit einen wesentlichen Einfluss bei der Gestaltung des städtischen Lebens hatten. Als

[310] Fritz Börner. Freikirchlicher Gemeindebau in Österreich. A.a.O. S. 24.

[311] Rudolf Leeb. „Der Streit um den wahren Glauben – Reformation und Gegenreformation in Österreich“ S. 145-279 in: Herwig Wolfram (Hg.). A.a.O. S. 163.

[312] Manfred Scheuch. Historischer Atlas Österreich. Verlag Christian Brandstätter: Wien, 1994^5. S. 62.

[313] Andreas Hochmeir. Geheimprotestantismus in Oberösterreich. Unveröffentlichte Diplomarbeit. Wien, 2000. S. 6.

[314] Ebd.

Folge kam es zu einer Transformation der Gesellschaft.[315] Krawarik schreibt:

> „Nun läßt sich freilich nicht leugnen, daß beispielsweise Luthers Schrift ‚Von der Freiheit eines Christenmenschen' eine zum Teil wohl ungeahnte sozialpolitische Reaktion der Bevölkerung hervorgerufen hat."[316]

Zahlreiche Pfarrstellen wurden durch evangelische Prädikanten besetzt, ja selbst in den Stiften wurden reformatorische Schriften gelesen.

> Barton berichtet u.a. von Leonhard Paminger, der Rektor der Klosterschule des Augustiner Chorherrenstiftes St. Nikola war. Obwohl er frühzeitig evangelisches Gedankengut aufnahm und sogar mit Melanchton und Luther in Kontakt war (Luther widmete ihm 1535 seinen Galaterbriefkommentar), deklarierte er sich nie direkt als evangelisch. Erst die Visitation im Jahre 1558 zeigte das wahre Ausmaß seines Wirkens auf. „Paminger ist ein typischer Vertreter einer in Passau, Ober- wie Niederösterreich häufigen Haltung, die die evangelische Bewegung förderte und mit ihr sympathisierte, aber die eigene – von mittelalterlich-katholischen Strukturen abhängige – Existenz möglichst nicht gefährden wollte."[317]

Annähernd 90% der Bevölkerung Oberösterreichs waren im 16. Jahrhundert protestantisch geworden.[318]

Aber auch das Täufertum breitete sich in dieser Zeit sehr rasch in Oberösterreich aus. Nachdem der Franke Hans Hut in Tirol sehr stark missionarisch aktiv war, wirkte er in Ober- und Niederösterreich, „wobei er, von seinen Mitarbeitern unterstützt, eine Stadt nach der anderen ‚eroberte'."[319] Dies brachte ihm u.a. die Bezeichnung als *Apostel Oberösterreichs* ein. „Bereits 1527 gab es in Oberösterreich kaum eine Stadt und kaum ei-

---

315 Hochmeir spricht davon, dass sich „in den Städten eine evangelische Kultur" bildete. Die Beschreibung dieser evangelischen Kultur macht sehr rasch deutlich, dass dabei nicht nur einfach manch katholisches evangelisch gemacht wurde, sondern dass dies eine Veränderung der gesamten Gesellschaft bewirkte, was ganz wesentlich zur Ausbreitung der Lehren Luthers beitrug. Andreas Hochmeir. Ebd. S. 7.

316 H. Krawarik zitiert in: Andreas Hochmeir. Geheimprotestantismus in Oberösterreich. Ebd. S. 7. Im Original kursiv geschrieben.

317 Peter F. Barton. Die Geschichte der Evangelischen in Österreich und Südostmitteleuropa. 1. Im Schatten der Bauernkriege. Die Frühzeit der Reformation. Evangelischer Presseverband: Wien, 1985. S. 292.

318 Andreas Hochmeir. Geheimprotestantismus in Oberösterreich. A.a.O. S. 18.

319 Wolfgang Schäufele. Das missionarische Bewußtsein und Wirken der Täufer. Neunkirchener Verlag: Neunkirchen-Vluyn, 1966. S. 23.

nen Marktflecken, in denen sich nicht dauernd oder vorübergehend Täufer aufhielten."[320] Man schätzt, dass es zu dieser Zeit 4.000 Täufer im Land gab.[321] Doch im Gegensatz zu den Evangelischen wurden die Täufer von Beginn an hart unterdrückt und verfolgt. Laut dem Geschichtsbuch der Hutterischen Brüder wurden nach Ketzerprozessen „in Enns eine, in Gmunden zwei, in Wels zehn, in Steyr dreißig und in Linz zweiundsiebzig Täufer, Frauen und Männer, hingerichtet".[322] Einer von denen, die in Linz hingerichtet wurden, war der Taufführer Wolfgang Brandhuber.[323] Die im Vormarsch befindliche Reformation konnte die Bewegung der Täufer in Oberösterreich nicht stoppen.

Auf die Aufbrüche folge jedoch eines der dunkelsten Kapitel in der Geschichte Österreichs. Während Maximilian II. die evangelische Religionsausübung duldete, war sein Nachfolger Rudolf II. fest entschlossen, diese zu unterbinden.[324] Im Reformationspatent vom 4. Oktober 1624 wurden alle evangelischen Prediger und Schulmeister gezwungen, binnen acht Tagen das Land zu verlassen.[325] Es kam zu zahlreichen kriegerischen Auseinandersetzungen. Letztendlich wurde Ostern 1626 als Frist für den Übertritt zum katholischen Glauben festgelegt.[326] Es kam zum Bauernkrieg, bei dem die Bauern große Verluste hinnehmen mussten. „Die Erhebung endete mit der Niederlage der Bauern, einem Ereignis, das sich tief in das kollektive Gedächtnis Oberösterreichs eingeprägt hat."[327] Alleine die Bauern-

---

320 Ebd.

321 Hans Krawarik. „Emigrationen und Ausweisungen der Protestanten aus Oberösterreich" S. 347-357 in: Katalog zur Oberösterreichischen Landesausstellung 2010. Hg. von Karl Vocelka u.a. Trauner Verlag: Linz, 2010. S. 348.

322 Dietmar Weikl. „Reformation und Gegenreformation in den Städten in Oberösterreich" S. 265-274 in: Katalog zur Oberösterreichischen Landesausstellung 2010. Ebd. S. 265f.

323 Hans Krawarik. „Emigrationen und Ausweisungen der Protestanten aus Oberösterreich" S. 347-357 in: Katalog zur Oberösterreichischen Landesausstellung 2010. Ebd. S. 348. Vgl. Peter Hoover. Feuertaufe. Das radikale Leben der Täufer – eine Provokation. Down to Earth Verlag: Berlin, 2006. S. 80.

324 Andreas Hochmeir. Geheimprotestantismus in Oberösterreich. A.a.O. S. 9.

325 Astrid Schweighofer. „Patent Ferdinand II. – Ausweisung der protestantischen Prediger und Schulmeister." S. 621 in: Katalog zur Oberösterreichischen Landesausstellung 2010. A.a.O. S. 621. Vgl. Fritz Börner. Freikirchlicher Gemeindebau in Österreich. A.a.O. S. 18.

326 Silvia Krebser. Analyse der österreichischen Kultur und Mentalität aus biblischer Sicht. A.a.O. S. 22.

327 Rudolf Leeb. „Der Streit um den wahren Glauben – Reformation und Gegenreformation in Österreich" S. 145-279 in: Herwig Wolfram (Hg.). A.a.O. S. 264.

kriege forderten 12.000 Tote.[328] Die Bevölkerung wurde vor die Wahl gestellt, wieder katholisch zu werden oder das Land zu verlassen. Viele Protestanten bezahlten dabei ihren Glauben mit dem Leben, andere wiederum nahmen formell den katholischen Glauben an und wurden zu Geheimprotestanten.

Gerade in der darauf folgenden Zeit der Gegenreformation spielte das Salzkammergut eine besondere Rolle.

> „Der Name Kammergut bezeichnete im Mittelalter und in der frühen Neuzeit ‚*die engste Herrschaftssphäre der Landesfürsten*‘, d.h. er war nicht nur Landesherr, sondern auch Grundherr.“[329]

Die enorme Bedeutung des Salzmonopols, wie auch die Topographie des Gebietes, trugen wesentlich dazu bei, dass das Salzkammergut weitgehend von der Außenwelt abgeschnitten war. Und da die Salzamtleute als Adelspersonen ausnahmslos protestantisch waren, waren auch die Arbeiter evangelisch gesinnt. So gab es etwa 1578 in Goisern 1569 Lutheraner und 62 Katholiken.[330] Als es in weiterer Folge zur Gegenreformation kam, „zeigte sich das Salzkammergut ‚*als der zäheste Hort des Protestantismus im Lande ob der Enns.*‘“[331]

Insgesamt hatte sich der evangelische Glaube auch über die 150 Jahre des Geheimprotestantismus gehalten. Aus einer Liste der evangelischen Gemeinden geht hervor, dass sich bereits im Jahre 1786 11.000 Evangelische zu den 9 Toleranzgemeinden[332] (Scharten, Wallern, Eferding, Wels, Thening, Neukematen, Goisern, Gosau und Hallstatt) hielten.[333] Eine erstaunliche Zahl, wenn man bedenkt, wie vehement noch unter Maria Theresia (1717-1780)[334] der Protestantismus in Oberösterreich bekämpft wurde.[335]

---

[328] Astrid Schweighofer. „Der oberösterreichische Bauernkrieg von 1626“ S. 622-623 in: Katalog zur Oberösterreichischen Landesausstellung 2010. A.a.O. S. 622.

[329] Andreas Hochmeir. Geheimprotestantismus in Oberösterreich. A.a.O. S. 19.

[330] CD-ROM Bibel-Entdecker. Für Bibellese-Einsteiger von 9 – 99 Jahren. Bibellesebund Österreich.

[331] Andreas Hochmeir. Geheimprotestantismus in Oberösterreich. A.a.O. S. 19.

[332] Als Toleranzgemeinde werden jene evangelischen Pfarrgemeinden bezeichnet, die sich aufgrund des Toleranzpatents 1781 bildeten. Vgl. Wikipedia. „Toleranzgemeinde“. http://de.wikipedia.org/wiki/Toleranzgemeinde (16.6.2010).

[333] Andreas Hochmeir. Geheimprotestantismus in Oberösterreich. Ebd. S. 17.

[334] Maria Theresias Religionspolitik hatte zwei Schwerpunkte. Einerseits die Transmigration, bei der ab 1752 insgesamt 3162 Personen nach Siebenbürgen zwangsumgesiedelt wurden. Andererseits die Mission, bei der akatholische Untertanen bekehrt wurden. Peter Tropper. „Von der katholischen Erneuerung bis zur Säkula-

2.2.3.2 Salzburg

Bereits 1518, also wenige Monate nach Luthers Thesenanschlag, wird das Erzbistum Salzburg von der Reformation ergriffen und somit zu einem „Einfallstor“[336] der Reformation.[337] Im Gegensatz zu Oberösterreich, wo der Adel eine wesentliche Rolle in der Reformation spielte, wurde die Reformation in Salzburg „nicht nur durch evangelisches Schriftentum, sondern auch durch die heimliche Wirksamkeit evangelisch gesinnter Geistlicher, deren Namen wir freilich meist nicht kennen, gefördert“,[338] weshalb sie vielfach als *Reformation von unten her* bezeichnet wurde.[339]

Die Lehre des allgemeinen Priestertums fand dabei großen Anklang, was wesentlich dazu beitrug, dass sich der evangelische Glaube so lange in Salzburg hielt. Denn die Erzbischöfe förderten die Gegenreformation ganz wesentlich. Bereits 1523 erschien unter Erzbischof Matthias Lang das erste Mandat gegen die lutherische Lehre.[340] Das Schulwesen auf dem Lande wurde verboten und das Spitzelwesen systematisch ausgebaut. „1571 brachte einen Wendepunkt der Salzburger Reformationsgeschichte: Die meisten evangelischen Christen wählten statt der Alternative ‚Glaube oder Heimat‘ beides, ‚Glaube und Heimat‘ [...]. Sie wurden Geheimprotestanten.“[341] Die, die sich öffentlich zu ihrem Glauben bekannten, wurden als

risation – 1648 bis 1815“ S. 281-360 in: Herwig Wolfram (Hg.). Geschichte Österreichs. Geschichte des Christentums. Von der Spätantike bis zur Gegenwart. Ueberreuter: Wien, 2003. S. 292 u. 295. Die Methoden der Mission sind dabei durchaus zu hinterfragen. So wurden verdächtige Personen einer Gehirnwäsche unterzogen, zur Zwangsarbeit verurteilt oder ins Militär gesteckt. Exjesuiten gingen sogar soweit, ein gefälschtes Toleranzpatent vorzulegen, worauf sich viele meldeten und in die Falle tappten. Vgl. Silvia Krebser. Analyse der österreichischen Kultur und Mentalität aus biblischer Sicht. Eigenverlag: Neuhofen a.d. Krems, 1992. S. 25.

[335] Andreas Hochmeir. Geheimprotestantismus in Oberösterreich. A.a.O. S. 17.

[336] Silvia Krebser. Analyse der österreichischen Kultur und Mentalität aus biblischer Sicht. A.a.O. S. 18.

[337] Wolfgang Dvorak. „Österreichs Geschichte“ S. 15-32. in: Reinhold Eichinger u.a. (Hg). Handbuch für Missionare in Österreich. A.a.O. S. 20.

[338] Peter F. Barton. Die Geschichte der Evangelischen in Österreich und Südostmitteleuropa. A.a.O. S. 103.

[339] Ebd. S. 184.

[340] Vgl. Johann Rainer. Die Glaubensspaltung: Religion und Kirche in Österreich, Hrsg. v. Institut für Österreichkunde. Wien, 1972. S. 45 – 57. http://www.religionen.at/iraustrelispaltung.htm (14.6.2010).

[341] Silvia Krebser. Analyse der österreichischen Kultur und Mentalität aus biblischer Sicht. A.a.O. S. 18.

Sektierer hingestellt und zu Hunderten aus dem Land gejagt. In den Jahren 1729-32, also mehr als 150 Jahre später, mussten noch rund 20.000 Salzburger das Land verlassen.[342] Für viele Orte hatte dies verheerende Auswirkungen, standen doch teilweise die Hälfte der Häuser leer.[343] Welche gewaltigen wirtschaftlichen Folgen dies mit sich brachte, kann nur erahnt werden.

2.2.3.3 *Wien*

Auch in Wien wurde das Luthertum sehr euphorisch aufgenommen. Dazu trug u.a. der Wiener Buchdrucker Johann Singriemer bei, der bereits in den Jahren 1519-22 15 Schriften Luthers druckte.[344] Die erste reformatorische Predigt in Wien, die nachweislich belegt ist, wurde am 12. Januar 1522 in St. Stephan vom Kleriker Paul Speratus gehalten. Speratus war zuvor in einer Predigt vorgeworfen worden, in einer eheähnlichen Verbindung zu stehen. Dieser antwortete darauf, indem er in der oben genannten Predigt die Wiener Geistlichkeit, die Mönche und Universitätstheologen der Doppelmoral in der Frage des zölibatären Lebens bezichtigte. „Das eigentliche Hauptthema der Predigt bildete aber die Ablehnung der Existenz eines eigenen geistlichen Standes und die Darlegung und theologische Begründung des allgemeinen Priestertums aller Gläubigen auf der Basis der reformatorischen Rechtfertigungslehre."[345] Speratus Predigt erregte Aufsehen, weshalb die Wiener theologische Fakultät sehr rasch darauf reagierte. Bereits acht Tage später, am 20. Januar 1522, wurde er exkommuniziert. Nach einigen Tagen Haft ging er wieder frei und zog später nach Iglau.[346]

Wien war auch der Ort des ersten lutherischen Märtyrers. Im Sommer 1524 wurde der fromme und äußerst angesehene Bürger Caspar Tauber mit anderen reformatorischen Meinungsführern verhaftet. Tauber hatte sich vermutlich 1522 der Reformation angeschlossen und trat auch als Laienprediger auf. Alle widerriefen – bis auf Tauber.[347] Obwohl sich der Rat der

---

342 Andreas Hochmeir. Geheimprotestantismus in Oberösterreich. A.a.O. S. 13.

343 Silvia Krebser. Analyse der österreichischen Kultur. A.a.O. S. 7.

344 Fritz Börner. Freikirchlicher Gemeindebau in Österreich. A.a.O. S. 26.

345 Rudolf Leeb. „Der Streit um den wahren Glauben – Reformation und Gegenreformation in Österreich" S. 145-279 in: Herwig Wolfram (Hg.). Geschichte Österreichs. Geschichte des Christentums. A.a.O. S. 171.

346 Ebd.

347 Ebd.

Stadt für ihn einsetzte, wird Tauber wegen der standhaften Weigerung zu widerrufen am 17. September 1524[348] enthauptet und verbrannt.[349]

Im Gegensatz zu anderen Landesteilen wurde die Reformation in Wien verhältnismäßig lange geduldet. Erst unter Rudolf II., der in Spanien streng katholisch erzogen worden war und 1576 die Regierung übernahm, änderte sich das abrupt. Zu der Zeit hielten, nach den vermutlich etwas übertriebenen Berichten des Reichshofrates Eder, nur mehr die Jesuiten die alte Kirche hoch, die Wiener hingegen besuchten den Gottesdienst im Landhaus, sodass in einem Monat in St. Stefan nur mehr zwei Kinder katholisch getauft wurden.[350] Rudolf setzte seinen Bruder Ernst als Statthalter von Wien ein. Bereits „Anfang 1577 wurde die Auflösung des evangelischen Zentrums im Landhaus in der Herrengasse befohlen“[351], und 1578 wurde der evangelische Gottesdienst generell verboten.[352] Mit Protest- und Bittschriften versuchten sich die Bürger und Zünfte zu wehren, doch ohne Erfolg. „Den Höhepunkt bildete eine öffentliche Demonstration der Bevölkerung während des Landtags von 1579.“[353]

Gleichzeitig erkannten die Jesuiten die Chance, ehrgeizige Halbwüchsige zu bekehren, indem sie die evangelischen Schulen übernahmen und sie zu attraktiven Gymnasien ausbauten.[354] Die Wirkung war nachhaltig, weshalb die Gegenreformation in Wien großteils unblutig über die Bühne ging.

2.2.3.4 Tirol

Tirol spielt in der Zeit der Reformation eine besondere Rolle. „Im Gegensatz zu anderen Regionen des Reichs, wo das Täufertum eher auf einem urbanen Boden gedieh, fanden die Täufer in Tirol besonders unter der bäuerlichen Bevölkerung ihre Anhänger. Der Protestantismus dagegen war die stärker im städtischen Umfeld verankerte Bewegung“[355], weshalb die Berg-

---

348 Peter F. Barton. Die Geschichte der Evangelischen in Österreich und Südostmitteleuropa. A.a.O. S. 198.

349 Rudolf Leeb in: Herwig Wolfram (Hg.). Geschichte Österreichs. A.a.O. S. 172.

350 Ebd. S. 251.

351 Ebd.

352 Fritz Börner. Freikirchlicher Gemeindebau in Österreich. A.a.O. S. 32.

353 Rudolf Leeb. in: Herwig Wolfram (Hg.). Geschichte Österreichs. A.a.O. S. 252.

354 Ebd. S. 241.

355 Astrid von Schlachta. „Die Täufer in Tirol – Rückblick und Ausblick“. S. 9-26 in: Jahrbuch für die Geschichte des Protestantismus in Österreich. Band 123 (2007). Evangelische Verlagsanstalt: Leipzig, 2007. S. 9.

städte Nordtirols sogar als „Bollwerke der Reformation“[356] bezeichnet wurden. Gerade die Bauern empfanden die Reformation als Befreiung, weshalb es, ähnlich wie in Oberösterreich, zu Bauernaufständen kam. Im Gegensatz zu Oberösterreich schlossen sich jedoch nur wenige Tiroler Adelsfamilien der Reformation an, sodass sich auch der Widerstand in Grenzen hielt.[357] Rasch wurde die Bewegung von den Landesfürsten niedergeschlagen und in den Untergrund gedrängt. So wurde etwa deren fähigster Bauernführer, Michael Gaismair, 1532 auf seinem Anwesen ermordet.[358]

Bedingt durch die räumliche Nähe zur Schweiz auf der einen Seite und Süddeutschland auf der anderen Seite wurde Tirol während dieser Zeit auch vom Täufertum erreicht. So kam aus Augsburg der Franke Hans Hut ins untere Inntal und der ehemalige Schweizer Mönch Georg Blaurock ins Pustertal.[359] Von entscheidender Bedeutung für das Täufertum in Tirol war, wie ich in Kapitel 3.3.1 aufzeige, dass es eine Volksbewegung war, die unermüdlich von Tal zu Tal weitergetragen wurde.[360] Weiteren Auftrieb erhielt die Bewegung dadurch, dass sich nach dem gescheiterten Bauernaufstand 1525 auch zahlreiche Evangelische dem Täufertum anschlossen.[361]

„Alleine in *Schwaz* sollen sich von den 1200 Einwohnern der Stadt 800 dem neuen Glauben angeschlossen haben.“[362] An 120 Orten in Tirol konnten Täuferspuren nachgewiesen werden, sodass man zu der Annahme be-

---

356 Silvia Krebser. Analyse der österreichischen Kultur und Mentalität aus biblischer Sicht. A.a.O. S. 19.

357 Peter F. Barton. Die Geschichte der Evangelischen in Österreich und Südostmitteleuropa. 1. Im Schatten der Bauernkriege. Die Frühzeit der Reformation. Evangelischer Presseverband: Wien, 1985. S. 186.

358 Silvia Krebser. Analyse der österreichischen Kultur und Mentalität aus biblischer Sicht. Eigenverlag: Neuhofen a.d. Krems, 1992. S. 15.

359 Astrid von Schlachta. „Die Täufer in Tirol – Rückblick und Ausblick“. S. 9-26 in: Jahrbuch für die Geschichte des Protestantismus in Österreich. A.a.O. S. 12.

360 A.a.O.Peter Hoover. Feuertaufe. Das radikale Leben der Täufer – eine Provokation. A.a.O. S. 200ff. Jedem, der sich für die Geschichte und Entwicklung der Täufer interessiert, sei dieses Buch „Feuertaufe“ sehr empfohlen. Der Autor zeigt die geschichtliche Entwicklung der Täufer im 16. Jahrhundert, wie auch deren Lehren und Überzeugungen, auf und vermittelt dem Leser die menschlichen Schicksale, die damit zusammenhingen.

361 Die Verbindungen zwischen dem Bauernkrieg und den Täufern wurde vielfach kontrovers diskutiert, werden aber hier nicht weiter ausgeführt. Vgl. Astrid von Schlachta. Ebd. S. 12f.

362 Wolfgang Schäufele. Das missionarische Bewußtsein und Wirken der Täufer. A.a.O. S. 24.

rechtigt ist, das sich Ende der 20er Jahre in Tirol mehr Täufer befanden als in sämtlichen lutherischen Gebieten des Reiches zusammen.[363] Schätzungen gehen davon aus, dass der Anteil der Täufer in Tirol fünf Prozent betrug.[364]

Doch von Anfang an wurden die Täufer verfolgt und hingerichtet. „In Rattenberg am Inn, einer Ortschaft mit 750 Einwohnern, wurde jeder Zehnte als Täufer hingerichtet.“[365] Bis 1539 wurden in Tirol etwa 600 Täufer hingerichtet.[366] Wie viele Österreicher als Märtyrer starben, ist nicht bekannt. Nach Leeb waren es „aber mindestens tausend, über ein Drittel davon waren Frauen.“[367] Defacto „war die Sekte der Wiedertäufer den unerbittlichsten Verfolgungen ausgesetzt.“ [368] Folglich war die Zahl der Märtyrer unter den Täufern bedeutend höher als die der Anhänger des Luthertums.[369]

Eine große Zahl der Täufer wanderte deshalb nach Mähren aus,[370] wo Huter „das Gemeindeleben auf der Basis der Gütergemeinschaft, der Errichtung von Produktions- und Konsumgenossenschaft organisierte“.[371] Doch auch dort konnten sie nicht bleiben. „1621/22 mussten sie Mähren verlassen und kamen nach Siebenbürgen und in die Slowakei. 1767 zogen sie in die Walachei und die südliche Ukraine, von wo sie sich 1874 schließlich in den USA und in Kanada ansiedelten.“[372] Als Huter 1536

---

363 Ebd. S. 25.

364 Rudolf Leeb. „Der Streit um den wahren Glauben – Reformation und Gegenreformation in Österreich“ S. 145-279 in: Herwig Wolfram (Hg.). Geschichte Österreichs. A.a.O. S. 188.

365 Fritz Börner. Freikirchlicher Gemeindebau in Österreich. A.a.O. S. 30.

366 Wolfgang Schäufele. Das missionarische Bewußtsein und Wirken der Täufer. A.a.O. S. 24.

367 Rudolf Leeb. „Der Streit um den wahren Glauben – Reformation und Gegenreformation in Österreich“ S. 145-279 in: Herwig Wolfram (Hg.). Geschichte Österreichs. A.a.O. S. 191.

368 Manfred Scheuch. Historischer Atlas Österreich. A.a.O. S. 62.

369 Fritz Börner. Freikirchlicher Gemeindebau in Österreich. A.a.O. S. 30.

370 Bereits im Jahre 1532 gab es 2000 Täufer in Mähren. Bis 1622 war die Zahl auf 13 500 Mitglieder angewachsen. Wolfgang Schäufele. Das missionarische Bewußtsein und Wirken der Täufer. A.a.O. S. 246f.

371 Johann Rainer. Die Glaubensspaltung: Religion und Kirche in Österreich, Hrsg. v. Institut für Österreichkunde. Wien: 1972, S. 45 – 57. http://www.religionen.at/iraustrelispaltung.htm (14.6.2010).

372 Stephan Djundja. „Mennonitische Freikirche Österreich/ Mennoniten“ S. 20-31 in: Referat für Weltanschauungsfragen (Hg.). Freikirchen, Evangelikale, Pfingstkirchen. Bekenntnisgemeinschaften in Österreich. Werkmappe 94/2 „Sekten, religiöse Sondergemeinschaften, Weltanschauungen“. 2008. S. 24.

noch einmal zurück nach Tirol kam, wurde er verhaftet und vor dem Goldenen Dachl in Innsbruck verbrannt.[373]

„Im Gegensatz zu Oberösterreich, Niederösterreich, der Steiermark und Kärnten – wo der Protestantismus legitimiert wurde – gab es in Tirol keine Kirchenorganisation und Prediger, so dass man hier von einem Laienchristentum sprechen kann."[374] Die Folge der fehlenden Kirchenstruktur war, dass der evangelische Glaube bei weitem nicht so stark in der Gesellschaft verwurzelt war, wie in den anderen Bundesländern. Dementsprechend „erfolgreich" war die Gegenreformation. Als das Toleranzpatent 1781 erlassen wurde, gab es zwar noch einzelne evangelische Christen,[375] zur Gründung einer Toleranzgemeinde kam es jedoch nicht.[376]

Die letzte aus ausschließlich religiösen Gründen vorgenommene Vertreibung in Europa fand 1837 im Zillertal statt. Obwohl zu dieser Zeit bereits das Toleranzpatent in Kraft war, wurde den Bewohnern des Zillertals eine Gemeindegründung mit der Begründung untersagt, dass sie keine Lutheraner sondern Hochverräter seien. In weiterer Folge wurde massiver Druck auf sie ausgeübt, und schlussendlich wurden sie zur Auswanderung nach Schlesien gezwungen.[377]

2.2.3.5 *Zusammenfassung*

Die Reformation veränderte wie keine andere religiöse Bewegung in der Geschichte Österreichs das Land. In fast allen Bundesländern war der reformatorische Glaube der bestimmende. Viele Bürger nahmen ihre soziale

---

[373] Johann Rainer. Die Glaubensspaltung: Religion und Kirche in Österreich, Hrsg. v. Institut für Österreichkunde. Wien: 1972, S. 45 – 57. http://www.religionen.at/iraustrelispaltung.htm (14.6.2010).

[374] Günther Dichatschek u. Herbert Jenewein. „Protestantismus in Tirol". http://www.sichtbar-evangelisch.at/template1.php/x/catnr/53/navart/nav/catid/88/artid/368/index.htm (16.6.2010).

[375] Leeb führt auf, dass 1795 sechs Personen aus dem Ahrntal zum Protestantismus übertraten. Zur Gemeindebildung reichte die Zahl jedoch nicht. Rudolf Leeb. „Protestantismus und Evangelische Kirche in Tirol im 19. Jahrhundert". S. 43-64 in: Jahrbuch für die Geschichte des Protestantismus in Österreich. Band 123 (2007). Evangelische Verlagsanstalt: Leipzig, 2007. S. 44.

[376] Offizielle Webseite der Evangelischen Kirche Salzburg – Tirol. http://www.sichtbar-evangelisch.at/template1.php/x/catnr/53/navart/nav/catid/88/artid/368/index.htm (16.6.2010).

[377] Rudolf Leeb. „Protestantismus und Evangelische Kirche in Tirol im 19. Jahrhundert". S. 43-64. Jahrbuch für die Geschichte des Protestantismus in Österreich. Ebd. S. 53.

Verantwortung war, weshalb es binnen weniger Jahre zu einer soziopolitischen Veränderung der gesamten Gesellschaft kam. Klöster wurden geschlossen, und diverse religiöse Riten wurden für Jahrzehnte nicht mehr durchgeführt.[378]

Beinahe in allen Landesteilen war der Adel dem Protestantismus gegenüber wohl gesonnen; ein Teil des Hochadels wie auch das Herrscherhaus blieben jedoch katholisch. Als Folge kam es zu einer sehr *unösterreichischen* Konfliktlösung, die, wie wir noch sehen werden, viele Narben in der österreichischen Seele hinterlassen hat.[379] In der Gegenreformation kam es zur Rekatholisierung Österreichs. Annähernd 200.000 Evangelische wurden aus dem Land vertrieben,[380] Tausende gingen in den Untergrund und lebten als Geheimprotestanten. Über 150 Jahre lang war die katholische die einzig erlaubte Kirche in Österreich. Auch zahlreiche Adelige standen vor der Entscheidung entweder katholisch zu werden oder das Land zu verlassen. Viele entschieden sich dafür, das Land zu verlassen.

Einer davon war der 1493 geborene Hans Ungnad. Er entstammte einer angesehen Adelsfamilie im kärntnerischen Jauntal und erhielt seine Ausbildung am Kaiserhof. „Im Jahre 1530 wurde Ungnad *Landeshauptmann der Steiermark* und *Statthalter der fünf niederösterreichischen Länder*. In seinen diversen politischen und militärischen Ämtern war er auch mehrfach in verantwortlicher Position in den militärischen Abwehrkämpfen gegen die Türken eingebunden, zuletzt ab 1533 als oberster Feldhauptmann an der südöstlichen militärischen Grenze."[381] Ungnad, der sich schon früh der Reformation zugewandt hatte, sah jedoch, dass keine Aussicht darauf bestand, dass der Kaiser das evangelische Bekenntnis zuließ, weshalb er sich zur Emigration entschied. 1558 ließ er sich im württembergischen Urach

378 Dvorak verweist darauf, dass in Linz über 40 Jahre keine Fronleichnamsprozession mehr stattfand. Wolfgang Dvorak. „Österreichs Geschichte" S. 15-32. in: Reinhold Eichinger u.a. (Hg). Handbuch für Missionare in Österreich. A.a.O. S. 20.

379 Hannes Androsch. Warum Österreich so ist, wie es ist. A.a.O. S. 47.

380 Rudolf Leeb. „Der Streit um den wahren Glauben – Reformation und Gegenreformation in Österreich" S. 145-279 in: Herwig Wolfram (Hg.). Geschichte Österreichs. A.a.O. S. 266.

381 Frank Hinkelmann. „‚Über Mission und Missionare': Österreichs Beitrag zur protestantischen Weltmission. Von der Reformationszeit bis zum Anbruch des 20. Jahrhunderts" S. 148-175 in: Friedemann Walldorf u.a. (Hg.). Mission und Reflexion im Kontext. Perspektiven evangelikaler Missionswissenschaft im 21. Jahrhundert (FS Klaus W. Müller). edition afem – mission academics 5. Verlag für Kultur und Wissenschaft: Bonn, 2010.
S. 150.

nieder, wo er 1561 „die erste Bibelanstalt der Welt"[382] gründete, um den evangelischen Glauben mit Hilfe von Übersetzungen auf dem Balkan zu verbreiten.[383]

Auch Justian von Welz (1621-1668?), der ein „Vordenker und Pionier"[384] der protestantischen Weltmission war, gehörte einer bedeutenden österreichischen Adelsfamilie an. Nachdem Kaiser Ferdinand II. am 1. August 1628 die Ausweisung aller evangelischen Herren- und Landesstände verfügte, ließ sich seine Familie bei Verwandten in Ulm nieder.[385]

Zu guter Letzt sei noch Nikolaus Ludwig Graf von Zinzendorf (1700-1760) erwähnt, dessen Name wohl, wie kaum ein anderer, eng mit den Herrnhutter Brüdergemeinden verbunden war. „[I]m Zuge der Gegenreformation entschied sich der Großvater von Nikolaus, *Maximilian Erasmus Reichsgraf von Zinzendorf*, im Jahre 1660 die Heimat zu verlassen und zog über Preßburg nach Nürnberg."[386] Nikolaus Ludwig Graf von Zinzendorf lebte zwar selbst nie in Österreich, durch seine Besitzungen blieb er aber Zeit seines Lebens mit seiner alten Heimat verbunden.[387]

„Die Frage nach den Folgen für die Wirtschaft und Handel, die vor allem durch die Abwanderung der Stadtbürger entstanden (Verlust an Kapital und Unternehmergeist), ist von der Forschung noch kaum gestellt worden, sie kann aber aus der bedeutenden Rolle, die die Emigranten etwa in den süddeutschen Reichsstädten gespielt haben, indirekt erschlossen werden."[388]

---

382 Harald Uhl. Diaspora als Chance. Vortrag während des Europa-Symposions der Evangelischen Kirchen in Österreich. Wien, 20. Oktober 2005. http://www.leuenberg.net/1150-0-1 (1.10.2010).

383 Frank Hinkelmann. „‚Über Mission und Missionare': Österreichs Beitrag zur protestantischen Weltmission. Von der Reformationszeit bis zum Anbruch des 20. Jahrhunderts" S. 148-175 in: Friedemann Walldorf u.a. (Hg.). Mission und Reflexion im Kontext. A.a.O. S. 152.

384 So Fritz Laubach im Untertitel seines Buches. Fritz Laubach (Hg.). Justian von Welz. Ein Österreicher als Vordenker und Pionier der Weltmission. Sämtliche Schriften. R. Brockhaus: Wuppertal, 1989.

385 Frank Hinkelmann. „Über Mission und Missionare". Ebd. S. 158.

386 Frank Hinkelmann. „Über Mission und Missionare". A.a.O. S. 160.

387 Ebd.

388 Rudolf Leeb. „Der Streit um den wahren Glauben – Reformation und Gegenreformation in Österreich" S. 145-279 in: Herwig Wolfram (Hg.). Geschichte Österreichs. A.a.O. S. 266.

Erst der Erlass des Toleranzpatentes unter Kaiser Josef II. im Jahre 1781 und die damit verbundene Duldung des evangelischen Bekenntnisses beendete dieses dunkle Kapitel österreichischer Geschichte.[389]

2.2.4 Erlass des Toleranzpatentes

Durch das 1781 von Kaiser Joseph II. erlassene Toleranzpatent wurden die im Westfälischen Frieden anerkannten Kirchen ebenfalls in Österreich erlaubt. Gerade in den ländlichen Gebieten und im Gebirge hatte sich der evangelische Glaube über all die Jahre gehalten. Bei der ersten evangelischen Predigt, die Johann Christian Thielisch am 9. Juni 1782 in Scharten hielt, waren über 4000 Menschen anwesend.[390] Bereits ein Jahr nach Erlass des Toleranzpatentes hatten sich 73.000 als evangelisch gemeldet.[391]

2.2.5 Weitere Entwicklungen

Erst 1861 durften sich die Protestanten, die man bis dahin *Akatholische*[392] nannte, auch als solche bezeichnen. Wenige Jahre später beginnt auch die Geschichte der Freikirchen in Österreich. So wurde 1869 die erste Baptistengemeinde in Wien gegründet.[393] 1870 beginnen die Methodisten mit ihrer Arbeit. Sie ist bis heute die einzige Freikirche, die vom Staat als Religionsgemeinschaft anerkannt ist.[394]

Die Geschichte der Freikirchen in Österreich werden wir in Kapitel 3 noch ausführlich betrachten. Der aktuellen Situation widmen wir uns bei Punkt 4.

In den darauf folgenden Jahrzehnten erlebte die Evangelische Kirche mehrere Wachstumsschübe. So zogen etwa im 19. Jahrhundert zahlreiche Kaufleute, Unternehmer, Wissenschaftler und Künstler aus Deutschland und der Schweiz nach Österreich. Und „[a]ls nach dem ersten Weltkrieg

---

[389] A.a.O.Dietmar Weikl. „Toleranzpatent Kaiser Josephs II.“ S. 641 in: Katalog zur Oberösterreichischen Landesausstellung 2010. A.a.O. S. 641.

[390] Andreas Hochmeir. „Geheimprotestantismus“ S. 359-370 in: Katalog zur Oberösterreichischen Landesausstellung 2010. Ebd. S. 368.

[391] Davon entfallen 43.000 auf das heutige Österreich. Fritz Börner. Freikirchlicher Gemeindebau in Österreich. A.a.O. S. 36.

[392] Nach dem Erlass des Toleranzpatents durften die Menschen zwar evangelisch sein, wurden offiziell aber als „Akatholisch“, also Nicht-katholisch, bezeichnet. Vgl. Fritz Börner. Ebd.

[393] Ebd. S. 43.

[394] Evangelisch-methodistische Kirche in Österreich. „Wir über uns“. http://www.emk.at/index.php?page=189 (17.5.2010).

das Burgenland Österreich zugesprochen wurde, war es das Bundesland mit dem höchsten prozentuellen Anteil an Evangelischen."[395] Den höchsten Mitgliederstand erreichte die Evangelische Kirche erst in der Zweiten Republik.[396] Ausschlaggebend dafür war v.a., dass als Folge des Zweiten Weltkrieges zahlreiche Flüchtlinge nach Österreich kamen, unter denen viele auch evangelisch waren.

2.3 Kultur und Mentalität des Österreichers

2.3.1 Ost-West- und Nord-Süd-Gefälle

Jedes Bundesland hat seine eigene Geschichte, weshalb es schwierig ist, pauschal von „dem Österreicher" zu sprechen. Schon alleine am Dialekt, der je nach Bundesland, ja sogar in den verschiedenen Regionen variiert, kann die Zugehörigkeit erkannt werden. Gerade mit dem eigenen Bundesland gibt es eine starke Identifikation – meist deutlich mehr als zur Nation.

Vom Ost-West-Gefälle spricht man sowohl in geografischer Hinsicht (während der Westen alpines Gebiet ist, liegt der Osten bereits in der ungarischen Tiefebene) wie auch mentalitätsmäßig. Die Menschen in Westösterreich sind meist wortkarger, verschlossener und auch viel direkter. Auch ist der Wille zur Selbstbestimmung ausgeprägter, was ganz wesentliche geschichtliche Gründe hat. Im Osten hingegen sind die Menschen deutlich mehr obrigkeitshörig, geselliger, raunzen[397] dafür aber mehr. Dazu kommt, dass die Ethnien im Osten wesentlich stärker durchmischt sind als im Westen (Vorarlberg bildet hier eine Ausnahme), was zum Einen noch auf die

395 Frank Hinkelmann. Konfessionskunde. A.a.O. S. 103.

396 Statistik Austria. „Bevölkerung nach dem Religionsbekenntnis und Bundesländern 1951 bis 2001". http://www.statistik.at/web_de/statistiken/bevoelkerung/volkszaehlungen_registerzaehlungen/bevoelkerung_nach_demographischen_merkmalen/022885.html (22.11.2010).

397 Unter *Raunzen* versteht man eine notorische Unzufriedenheit oder Jammern, das aber zum Teil zur Lebenseinstellung gehört. Alex Bielesch schreibt etwa: „Der Raunzer äußert zwar seinen Unmut, ist aber realistisch genug um sich im Klaren darüber zu sein, dass er ohnehin nichts an der jeweiligen Situation ändern kann." Alex Bielesch. Österreichisches Wörterbuch. http://www.bielesch.com/index.htm?/oesterreich.htm (17.5.2010). So wird v.a. dem Wiener eine „tieftraurige Fröhlichkeit und gemütliche Bösartigkeit" nachgesagt. Vgl. Hannes Androsch. Warum Österreich so ist, wie es ist. Eine Synthese aus Widersprüchen. A.a.O. S. 69.

Habsburgerzeit, aber auch auf die Flüchtlingswellen nach dem 2. Weltkrieg zurückzuführen ist.

Im Süden merkt man die geografische Nähe zu den Mittelmeerländern, die sich durchaus auch in der Bevölkerung (in vielen Orten leben slowenische und kroatische Minderheiten) wie auch in der Mentalität niederschlägt. Der Südösterreicher, vor allem der Kärntner, neigt eher zum Müßiggang. Man versteht sich als Tourismusland und erkennt nicht die wirtschaftliche Chance, die sich etwa durch die Nähe zu Italien und Slowenien bietet.[398] „Die Mir-san-mir-Mentalität ist weiter verbreitet als anderswo."[399]

2.3.2 Ein Land der Künste und Künstler

Kunst wurde seit jeher großgeschrieben. In der barocken Baukunst der Schlösser, Stifte und Kirchen lebt die Kunst der Vergangenheit weiter. Auch die Musik (Mozart, Strauß, Schubert, Bruckner) und die Malerei (Klimt, Kokoschka, Schiele) war seit jeher ein Aushängeschild Österreichs. Besonders um die Jahrhundertwende, als die Monarchie bereits ihrem Ende zuging, erlebte Österreich (und da besonders Wien) „eine kulturelle und geistige Blüte, in der neue Ausgangspunkte geschaffen und neue wissenschaftliche Systeme und Disziplinen geboren wurden."[400] Zu dieser Zeit tummelten sich in Wien etwa Jossif Dschugaschwili, alias Stalin, der marxistische Revolutionär Leon Bronstein, alias Trotzki, der Ansichtskartenmaler namens Adolf Hitler und der Maschinenschlosser Josef Broz, der später als Tito bekannt werden sollte.[401]

Von der künstlerischen Hochblüte zehrt vor allem Österreichs Tourismus noch heute. Auch wenn man sich seinerzeit nur sehr bedingt mit den Künsten und Künstlern identifizierte, so rühmt man sich doch heute noch dafür. Letztendlich widerspiegelt die Einstellung zur Kultur auch die Lebenseinstellung der Menschen, die ich im Folgenden noch etwas näher betrachte.

---

398 Die Beobachtungen von Wolfgang Rosam decken sich durchaus mit meinen Beobachtungen. Kleine Zeitung. „Eine Abrechnung aus tiefster Liebe". Interview mit dem Kärntner Wolfgang Rosam. http://www.kleinezeitung.at/kaernten/spittal/2088163/abrechnung-tiefster-liebe.story (24.2.2011).

399 Gert Korentschnig. „Kärntner ‚lei lås'n'". http://www.unart-forum.com/forum23/topic16150.html#p356278 (24.2.2011).

400 Hannes Androsch. Warum Österreich so ist, wie es ist. A.a.O. S. 75.

401 Ebd. S. 74.

2.3.3 Die österreichische Seele[402]

2.3.3.1 *Gemütlich und traditionell*

Die Geschichte Österreichs hat schon verdeutlicht, dass das Hause Habsburg ganz wesentlich dazu beigetragen hat, dass Österreich ein konservatives Land war und blieb. Vor allem die Gegenreformation, aber auch die darauffolgende Zeit des Biedermeier (Anfang bis Mitte des 19. Jahrhunderts) verhinderte, dass sich der Bürger am öffentlichen Leben beteiligte. Die Folge war, dass sich die Bürger stattdessen ins Privatleben zurückzogen.

Dort liegt auch der Grund für die Gemütlichkeit des Österreichers. „Seine Welt ist eher klein und familiär und sein Gemüt eher für die kleinen, privaten Dinge des Alltags zu begeistern."[403]

Gerade die soziale Beheimatung, aber auch die religiösen Bezüge zur Heimat sind dem Österreicher *heilig* (im Sinne von unantastbar). So gehört das Weihnachtsfest im Rahmen der Familie genauso zum Leben wie der Spinat am Gründonnerstag oder der Fisch am Freitag (ganz besonders am Karfreitag!), auch wenn der religiöse Ursprung bereits verloren gegangen ist.[404]

Tradition wird in Österreich seit jeher hochgehalten. „Als Bewahrer von Traditionen, Geschichte, Kulturgut, Brauchtum und vor allem religiösen Werten steht der Österreicher ganz vorne unter den europäischen Ländern. Ein Hauch von **Melancholie** und **Nostalgie** weht durch dieses Land."[405] Jede Region, ja fast jedes Dorf hat seine eigene Tradition, die oftmals auch mit großer Vehemenz verteidigt wird. Neuerungen haben es dementsprechend schwer und stoßen oft auf heftigen Widerstand. „So findet man heute noch Leute, welche die eigentümlichsten Begriffe verwenden (‚Pfoad' statt Hemd), seit 50 Jahren dieselbe Partei wählen, weil sie

---

402 Titel in Anlehnung an das Buch „Die österreichische Seele" von Erwin Ringel. Erwin Ringel. Die österreichische Seele. 10 Reden über Medizin, Politik, Kunst und Religion. Böhlau: Wien, Köln, Graz, 1984[7].

403 Wolfgang Dvorak. „Kultur und Mentalität des Österreichers" S. 33-40 in: Reinhold Eichinger u.a. (Hg). Handbuch für Missionare in Österreich. A.a.O. S. 35.

404 Paul Michael Zulehner. Religion im Leben der Österreicher. Dokumentation einer Umfrage. Herder: Wien, 1981. S. 115.

405 Wolfgang Wolfgang Dvorak. „Kultur und Mentalität des Österreichers" S. 33-40 in: Reinhold Eichinger u.a. (Hg). Handbuch für Missionare in Österreich. A.a.O. S. 35. Hervorhebung im Original.

das immer schon getan haben, und nachmittags eine g´scheite Brettljaus´n mit Speck, Grammelschmalz und Most zu sich nehmen.“[406]

Ein Stückweit hat es sicher auch damit zu tun, dass die Tradition den Menschen Sicherheit gibt. Sicherheit, auf die man sich gerne rückbesinnt. Ganz nach dem Motto: *Das war schon immer so und wen's stört, der soll woanders hingehen.*

2.3.3.2 *Barmherzigkeit als nationale Tugend*

„Für die Nöte leidender Menschen ist der Österreicher im Allgemeinen sehr empfänglich“[407] Vielen Österreichern ist es durchaus bewusst, dass der vorherrschende Wohlstand (geht man nach dem BIP/ Kopf war Österreich 2009 das zehntreichste Land der Welt)[408] nicht selbstverständlich ist. Die Folge ist eine hohe Bereitschaft zur nachbarschaftlichen Hilfe, aber auch zur finanziellen Unterstützung notleidender Menschen im Ausland. Nur in wenigen anderen Ländern spenden prozentual mehr Menschen als in Österreich.[409]

> „Rund 1,9 Millionen Personen, das sind 27% aller Österreicherinnen und Österreicher [über 15 Jahre, Anm.], geben an, im informellen Bereich aktiv zu sein. In diesen Bereich fällt die Nachbarschaftshilfe oder auch Hilfe für Verwandte und Freunde außerhalb des Haushalts.“[410]

---

406 Marlies Stubenvoll bezieht die Aussage zwar in erster Linie auf Oberösterreich. Allerdings ist es kein rein oberösterreichisches, sondern vielmehr ein gesamtösterreichisches Phänomen. Marlies Stubenvoll. „So ist mein Oberösterreich.“ S. 7 in: OÖ Nachrichten vom 29. September 2010.

407 Wolfgang Dvorak. „Kultur und Mentalität des Österreichers“ S. 33-40 in: Reinhold Eichinger u.a. (Hg). Handbuch für Missionare in Österreich. A.a.O. S. 36.

408 Internationaler Währungsfonds. „Report for Selected Countries and Subjects“. Verlinkt auf http://lnk.co/GSGOI (24.2.2011).

409 Gerade beim internationalen Vergleich der Spenden muss man mit bedenken, wie die politischen Rahmenbedingungen in den jeweiligen Ländern sind. So werden in Österreich Museen oder Bibliotheken staatlich gefördert, was etwa im angelsächsischen Raum nicht der Fall ist. Österreichisches Institut für Spendenwesen. Spendenbericht 2006. Ein Bericht zu aktuellen Entwicklungen in Österreich. Mit Analysen, Fakten & Zahlen. November 2006. S. 14.

410 Statistik Austria. „Freiwilligenarbeit in Österreich“. http://www.statistik.at/web_de/presse/029570 (19.5.2010).

Biber führt es darauf zurück, dass das Denken und Handeln des Österreichers vom Katholizismus geprägt ist und man sich folglich durch gute Werke auszeichnen will.[411]

Österreich ist auch zu einem bedeutenden Flüchtlingsland geworden. „Seit 1945 sind fast zwei Millionen Menschen durch und über Österreich in die Freiheit gelangt."[412] Zuerst als Folge des Zweiten Weltkrieges, wo viele Sudetendeutsche und Siebenbürger aus ihren Ländern vertrieben wurden. In weiterer Folge aber auch für etwa 500.000 Juden aus der Sowjetunion und für hunderttausende Flüchtlinge aus dem Osten Europas und später aus Bosnien.[413]

2.3.3.3 *Friedliebend*

Neben der Gesundheit ist dem Österreicher der Friede heilig, weshalb er sehr viel daran setzt, ihn zu erhalten.[414] Dies entspricht auch der Selbsteinschätzung der Österreicher, die sich selbst als friedliebend betrachten.[415] Allerdings bedeutet das nicht, dass Österreicher nicht streiten oder gar, dass es keine Konflikte gibt. Vielmehr neigt der Österreicher dazu, latente Konflikte nicht auszutragen, sondern zu verdrängen.[416] Nach außen hin wirkt er dadurch kompromissbereit und tolerant. In Wirklichkeit lässt er sich dadurch oft eine Hintertür offen.

> „Hohe psychische Gewalt im inneren [sic!] bei gleichzeitiger hoher äußerer Harmonie dürfen also nicht dazu (ver)führen, Stabilität mit Lebensqualität zu verwechseln".[417]
>
> Welche Auswirkungen dieses anscheinend friedliebende Leben der Österreicher vor allem auf die Psyche hat, werden wir uns unter 2.3.3.7 noch ansehen.

---

411 Peter Biber. Österreichische Gemeinden in den Teenagerjahren. Wege zur Selbstständigkeit. Unveröffentlichte Diplomarbeit. O.O. 1994. S. 49.

412 Hannes Androsch. Warum Österreich so ist, wie es ist. A.a.O. S. 99.

413 Ebd.

414 Paul Michael Zulehner. Religion im Leben der Österreicher. A.a.O. S. 115.

415 So die Zeitschrift News. News. „Friedliebend, gesellig und sympathisch: So beschreibt sich der Österreicher selbst". http://www.news.at/articles/0431/10/88437/friedliebend-so-oesterreicher (22.11.2010).

416 Joseph Marko. „Verbände und Sozialpartnerschaft". S. 429-478 in: Wolfgang Mantl (Hg.). Politik in Österreich. Die zweite Republik: Bestand und Wandel. Böhlau Verlag: Wien, Köln, Graz, 1992. S. 434.

417 Joseph Marko. „Verbände und Sozialpartnerschaft". S. 429-478 in: Wolfgang Mantl (Hg.). Politik in Österreich. A.a.O. S. 434.

2.3.3.4 Kompromissbereit

> „Österreich ist seinem Wesen nach eine Koalition. Hier koaliert alles mit allem. Der Amtsmißbrauch mit der Beamtenkorrektheit, die Industrie mit der Gewerkschaft, der Bestattungsverein mit dem Automobilclub, die Wahrheit mit der Lüge, die kleine List mit der großen Idee, die Vergangenheit mit der Zukunft. Alles besteht nebeneinander und stört einander nicht." so Werner Schneyder, seines Zeichens österreichischer Kabarettist.[418]

Was in anderen Industriestaaten wie etwa Großbritannien oder Deutschland beinahe als Unmöglichkeit galt, war in Österreich die Regel: Die große Koalition. In den 65 Jahren, seit es die Zweite Republik gibt, stellte 38 Jahre lang die große Koalition die Regierung. Das koalitionäre Wesen des Österreichers hat etwa die *Sozialpartnerschaft*[419], die man durchaus als österreichisches Spezifikum bezeichnen kann, hervorgebracht.

> Dass dieses Spezifikum uns ganz wesentliche wirtschaftliche Vorteile gebracht hat, zeigt ein Blick auf die Streikstatistik. „Wurde in der Ersten Republik noch durchschnittlich 1 Stunde im Jahr pro unselbstständig Erwerbstätigem gestreikt, so waren es in der Zweiten Republik nur mehr 2,88 Minuten. Und im internationalen Vergleich mit 17 westlichen Industriestaaten liegt Österreich für den Zeitraum 1981-1989 mit durchschnittlich jährlich 1,3 *Streikminuten* hinter der Schweiz an zweiter Stelle."[420] Auch in den Jahren danach hat sich das (bis auf das Jahr 2003)[421] nicht wesentlich geändert.[422]

---

418 Werner Schneyder zitiert in: Hannes Androsch. Warum Österreich so ist, wie es ist. A.a.O. S. 14.

419 Die Sozialpartnerschaft hat ihren Ursprung in der Nachkriegszeit. Eine Wirtschaftskommission, der der Gewerkschaftsbund, die Arbeiterkammern, die Bundeswirtschaftskammer und die Industriellenvereinigung angehörte, sollte Lohn- und Preisabkommen treffen, um die Inflation in Griff zu bekommen. Daraus entwickelte sich die Sozialpartnerschaft, in der bis heute vor allem Lohnfragen, aber auch Probleme des Arbeits- und Sozialrechts gemeinsam erörtert werden. Die Einigungen ersparten Österreich bisher unzählige Streiks, weshalb die Streikhäufigkeit in Österreich, neben der Schweiz, seit 1945 die geringste in Europa ist. Ernst Bruckmüller. Sozialgeschichte Österreichs. A.a.O. S. 436f.

420 Joseph Marko. „Verbände und Sozialpartnerschaft". S. 429-478 in: Wolfgang Mantl (Hg.). Politik in Österreich. A.a.O. S. 429.

421 Im Jahre 2003 beteiligten sich 779.182 ArbeitnehmerInnen an Streiks gegen die Pensionssicherungsreform. „Das bedeutet eine Streikdauer von fast 13,5 Stunden je TeilnehmerIn oder von drei Stunden, 16 Minuten und 48 Sekunden pro beschäftigtem/r Arbeitnehmer/in." Österreichischer Gewerkschaftsbund. „Streikstatistik".

Dass Österreich auch Widersprüche in sich vereinen kann, zeigt die Geschichte. So war Österreich die Geburtsstätte sowohl des Zionismus[423] wie auch des kollektiven Antisemitismus[424]. Zusätzlich hat man sich 1978 massiv dafür eingesetzt, dass das Atomkraftwerk Zwentendorf[425] nicht gebaut wird, um heute mehr Atomstrom aus dem Ausland zu importieren, als Zwentendorf produziert hätte.[426]

2.3.3.5 *Gesellig*

Die Geselligkeit des Österreichers muss besonders hervorgehoben werden, da sie ein Stück weit auch ein Schlüssel zu den Herzen der Menschen ist. Der Österreicher ist äußerst gesellig und feiert die Feste, wie sie fallen. So gehört es dazu, dass man sich in Oberösterreich im Wirtshaus und in Wien beim Heurigen oder im Kaffeehaus trifft. Auch die Ballsaison, beginnend

---

http://www.oegb.at/servlet/ContentServer?pagename=OEGBZ/Page/OEGBZ_Index&n=OEGBZ_2.2.a&cid=1115918535483 (26.5.2010).

422 Vgl. Österreichischer Gewerkschaftsbund. „Vergleich der Streikzahlen". http://www.oegb.at/servlet/BlobServer?blobcol=urldokument&blobheadername1=content-type&blobheadername2=content-dispositi-on&blobheadervalue1=application%2Fpdf&blobheadervalue2=inline%3B+filename%3D%22Streikstatistik_2006.pdf%22&blobkey=id&root=OEGBZ&blobnocache=false&blobtable=Dokument&blobwhere=1192029265780 (26.5.2010).

423 Durch Theodor Herzl. Vgl. Eugen Schmid. „Die Vision des Dramatikers". Factum 7/10: 40-41.

424 Durch den Nationalsozialismus und dessen Begründer Adolf Hitler.

425 Nach massiven Protesten, die letztendlich zur Gründung der Partei der Grünen führte, kam es am 5. November 1978 zu einer Volksabstimmung über die Inbetriebnahme des Atomkraftwerkes Zwentendorf. Nachdem 50,5% mit Nein stimmten, wurde der Bau noch im selben Jahr stillgelegt. Vgl. Wikipedia. „Kernkraftwerk Zwentendorf". http://de.wikipedia.org/wiki/Kernkraftwerk_Zwentendorf (18.5.2011)

426 Da der Stromverbrauch im Land höher ist als die Produktion, und es auch beim Bau von Wasserkraftwerken zu massiven Protesten kommt (Hainburg, Lambach, usw.), muss Strom importiert werden. 2004 betrug der Anteil des Atomstroms fast 20% des gesamten Stromverbrauchs in Österreich (Vgl. Greenpeace. „Atomstrom in Österreich: Zahlen, Daten, Fakten 2004". http://www.greenpeace.at/uploads/media/Zahlen_Daten_Stromkennzeichnung2005.pdf (19.5.2010)), 2008 ist der Anteil dank gestiegener Produktion im Lande auf etwa 10% gesunken. oekonews.at. „Hofer: Österreich importiert mehr Atomstrom, als Zwentendorf je produziert hätte". http://www.oekonews.at/index.php?mdoc_id=1038447 (19.5.2010).

bei den Maturabällen bis hin zum Wiener Opernball, hat einen hohen Stellenwert.

Eine 2003 erstellte Studie im Auftrag der OÖ Landesregierung zeigt auf, dass die Geselligkeit auch bei der Jugend ganz oben steht. 86% der Befragten gaben an, dass sie besonders gerne etwas mit Freunden unternehmen.[427]

Besonders deutlich wird die Geselligkeit der Menschen an der hohen Anzahl an Vereinen und Vereinsmitgliedern, die es in Österreich gibt. So gibt es in Österreich über 100.000 Vereine und die Anzahl nimmt ständig zu.[428] Rund 1,9 Millionen Österreicher (also 28% aller über 15-jährigen) gehören einem Verein oder einer Organisation an und verrichten dabei 4,9 Stunden/Woche an Freiwilligenarbeit.[429] Dass dabei meist die Geselligkeit im Vordergrund steht, lässt sich leicht erkennen.

> „Da gäbe es die örtliche ‚Musi', deren Mitglieder nicht die lokale Tonkunst ehren, sondern auch gerne gemeinschaftlich einen über den Durst trinken. Oder die Feuerwehr, die roten Retter bei Bränden, die recht flüssige Feuerwehrfeste veranstalten. Zuletzt noch die Jäger, deren Jagdtrophäen am Stammtisch nach jedem Stamperl noch ein bisschen wachsen. Für die übrigen Anlässe gibt es Bierzelte zur Stärkung der Gemeinschaft, wo man feuchtfröhlich Arm in Arm zur Musik schunkeln kann."[430]

Die daraus entstandenen Beziehungen weiß der Österreicher zu nutzen, weshalb man oft von *Vitamin B* (Beziehungen) oder *Freunderlwirtschaft* spricht.

---

427 Market – Marktforschungs-Ges.m.b.H. Jugendstudie 2003. Die Zukunft kann kommen. Im Auftrag des Landesjugendreferates der OÖ Landesregierung. 2003. S. 15.

428 Karl-Heinz Grasser u. Alfred Finz im Vorwort von: Vereine und Steuern. Tipps für Vereine und ihre Mitglieder. Bundesministerium für Finanzen: Wien, 2002. S. 4.

429 Statistik Austria. „Freiwilligenarbeit in Österreich". http://www.statistik.at/web_de/presse/029570 (19.5.2010)

430 Marlies Stubenvoll bezieht die Aussage zwar in erster Linie auf Oberösterreich. Allerdings ist es kein rein oberösterreichisches, sondern vielmehr ein gesamtösterreichisches Phänomen. Marlies Stubenvoll. „So ist mein Oberösterreich." S. 7 in: OÖ Nachrichten vom 29. September 2010.

2.3.3.6 *Die Radfahrer-Mentalität*

Nach wie vor ist das hierarchische Denken im Österreicher stark verwurzelt, das sich in der sogenannten *Radfahrer-Mentalität*[431] äußert. „Der einstige Monopolanspruch von Staat und Kirche hat sich tief und unterschwellig eingeprägt.“[432] Dies zeigt sich darin, dass bis heute viele Menschen eine ungesunde Beziehung sowohl zu sich selbst, als auch zu den Menschen, die sie umgeben, aufgebaut haben.[433] Stattdessen versucht man, seinen Wert durch seine Stellung oder seinen Titel zu definieren. Dass dies einen enormen Leistungsdruck mit sich bringt, liegt auf der Hand. Gleichzeitig kostet man die Macht, die einem gegeben wird, gerne aus. Vor allem bei Ämtern und staatsnahen Betrieben erlebt man dies hautnah. Zum Einen, weil sie nach wie vor streng hierarchisch organisiert sind, zum Anderen, weil man als Konsument beinahe die Rolle des Bittstellers und nicht die des Auftraggebers einnimmt.

2.3.3.7 *Schamkultur und Suizid*

Im Gegensatz zu vielen Nachbarländern, wie Deutschland und der Schweiz, herrscht in Österreich eine schamorientierte Gewissensstruktur vor. „Auswirkungen davon sind, daß der Österreicher solange ein gutes Gewissen hat, solange er den *gesellschaftlichen Normen* entsprechend lebt. Übertritt er diese Norm, fühlt er sich schuldig und bekommt Angst.“[434] Diese Prägung beginnt bereits in der Kindheit, wo stark mit der äußeren Kontrolle der Scham gearbeitet wird. So sollen sich die Kinder schämen und nicht so sehr bereuen. Die Folge ist, dass man sich nach außen immer von seiner besten Seite zeigen will, was dem Österreicher u.a. den Ruf des freundlichen und zurückhaltenden Menschen eingebracht hat.

So gibt es das Sprichwort: „Wenn ein Österreicher ja sagt, meint er vielleicht. Wenn er vielleicht sagt, meint er nein. Und wenn er nein sagt, ist

---

431 Während man nach sich nach oben niederwirft, tritt man nach unten. Vgl. Wikipedia „Radfahrer“ http://de.wikipedia.org/wiki/Radfahrer#Sprachbildliche.2C_.C3.BCbertragene_Bedeutungsschicht (1.10.2010)

432 Wolfgang Dvorak. „Kultur und Mentalität des Österreichers“ S. 33-40 in: Reinhold Eichinger u.a. (Hg). Handbuch für Missionare in Österreich. A.a.O. S. 37.

433 Erwin Ringel. „Friedrich Heer als Therapeut der österreichischen Neurose“ S. 841-863 in: Wolfgang Mantl (Hg.). Politik in Österreich. Die zweite Republik: Bestand und Wandel. Böhlau Verlag: Wien, Köln, Graz, 1992. S. 841.

434 Peter Biber. Österreichische Gemeinden in den Teenagerjahren. A.a.O. S. 60.

er kein Österreicher." Ansprechkulturen, die dem Österreicher deshalb Verlogenheit vorwerfen, haben nie verstanden, was eine Schamkultur ausmacht.

Dass Österreich trotzdem kein heiles Volk ist, zeigt der Blick auf das Suchtverhalten des Österreichers wie auch auf die hohe Suizidrate. So berichtet die OECD in ihrer Länderauswertung:

> „Auch exzessiver Alkoholkonsum ist in Österreich weiter verbreitet als im OECD-Mittel. So berichten 22,7 Prozent der 13 bis 15-Jährigen in Österreich, dass sie schon mindestens zwei Mal betrunken waren, im OECD-Mittel sind es dagegen nur knapp 20 Prozent. Außerdem hat Österreich nach Neuseeland, Finnland, Norwegen, Kanada und Irland die höchste Selbstmordrate unter den 15 bis 19-Jährigen. ‚Österreich ist sehr gut in der Lage, Kindern gleichwertige materielle Verhältnisse zu sichern, bei der Chancengleichheit sowie beim Risikoverhalten gibt es allerdings gegenüber anderen OECD-Ländern deutliche Defizite', sagte Simon Chapple, einer der Ko-Autoren der Studie."[435]

Im Jahr 2007 gab es fast doppelt so viele Suizidtote (1280) wie Verkehrstote (691).[436] Dass die Suizidrate rückläufig ist, tröstet jedoch nicht über den Umstand hinweg, dass es vor allem bei jungen Menschen (10 bis 29 Jahre) nach den Unfällen die zweithäufigste Todesursache ist.[437] Ringel, seines Zeichens Facharzt für Psychiatrie und Suizidforscher, führt es darauf zurück, dass der Österreicher Probleme lieber verdrängt, anstatt sie aufzuarbeiten.[438] Als Beispiel führt er u.a. die Verdrängung und Verharmlosung der Zeit des Nationalsozialismus auf, die bis heute nur sehr bedingt aufgearbeitet wurde.[439]

> Dieses Verhaltensmuster wurde vor allem in der Zeit der Gegenreformation und dem daraus folgenden Geheimprotestantismus geprägt. Um nicht vertrieben zu werden, führte man nach außen ein ordentliches Leben. Im Geheimen tat und glaubte man an Dinge, die verboten waren. Näheres dazu in Kapitel 2.3.4.3

---

435 OECD. „Doing Better for Children. Länderauswertung Österreich 2009". http://www.oecd.org/dataoecd/21/22/43590132.pdf (20.5.2010).

436 Nestor Kapusta. „Aktuelle Daten und Fakten zur Zahl der Suizide in Österreich 2009". http://www.suizidforschung.at/statistik_suizide_oesterreich.pdf. S. 2 (20.5.2010).

437 Forum Gesundheit. Zeitschrift der OÖ Gebietskrankenkasse. 2/2009. S. 5.

438 Erwin Ringel. Die österreichische Seele. A.a.O. S. 13.

439 Ebd. S. 15

Es ist ein typisch österreichisches Schicksal, dass viele heute berühmte Persönlichkeiten entweder im Ausland oder gar erst nach deren Tod zu Ruhm kamen. So stellte schon Gustav Mahler die Frage: „Muß man denn hier immer erst tot sein, damit sie einem leben lassen?“[440] Als Beispiele seien hier neben Gustav Mahler[441] auch Ferdinand Porsche,[442] Frank Stronach,[443] oder Arnold Schwarzenegger[444] genannt.

2.3.4 Der Minderwertigkeitskomplex der Österreicher und dessen Folgen

2.3.4.1 Der Grund des Minderwertigkeitskomplexes

Es ist nicht das Ziel der Ausarbeitung, in die Tiefe der Psychologie abzutauchen, um die österreichische Seele zu durchleuchten. Da wir aber bereits die Folgen des vorherrschenden Minderwertigkeitskomplexes gesehen haben, erscheint es mir wichtig, auch die Hintergründe dafür aufzuzeigen, da es doch ganz wesentlich zum Verständnis der österreichischen Seele beiträgt.

Ringel führt den Minderwertigkeitskomplex auf den Konflikt zurück, den es zwischen den bewussten und unbewussten Tendenzen in unserem

---

440 Gustav Mahler, zitiert in: Erwin Ringel. Die österreichische Seele. A.a.O. S. 20.

441 Gustav Mahler war ein berühmter Komponist, Dirigent und Direktor der Wiener Staatsoper. Seine Reformen setzten Maßstäbe für die folgenden Jahre. Vgl. Erwin Ringel. Ebd. S. 271.

442 Ferdinand Porsche ist der Gründer des gleichnamigen Automobilkonzerns und Erfinder des VW Käfers. Obwohl er in Österreich lange aktiv war, gelang ihm der Durchbruch und in weiterer Folge die Gründung des Unternehmens in Deutschland.

443 Frank Stronach alias Frank Strohsack wanderte als junger Mann nach Kanada aus, wo er sich selbstständig machte. Sein Unternehmen „Magna“ baute er zu einem der größten Autozuliefererbetriebe Nordamerikas aus. Als Milliardär kehrte er 1989 nach Österreich zurück. Die Rolle des heimlichen Kaisers oder gar Retters Österreichs, wie er sich möglicherweise teilweise selbst gesehen hat (so lautet auf jeden Fall der Titel eines Buches: Norbert Mappes-Niediek. Let's be Frank. Die unglaubliche Geschichte des heimlichen Kaisers von Österreich. Campus-Verlag: Frankfurt/New York, 2004), wurde ihm nie zuteil. Vielmehr war er eher knapp davor der Retter Deutschlands zu werden, wenn es tatsächlich dazu gekommen wäre, Opel zu übernehmen.

444 Als junger Mann wanderte Schwarzenegger in die USA aus, wo er zum erfolgreichsten Bodybuilder seiner Zeit, zum Schauspieler und schlussendlich zum Gouverneur von Kalifornien wurde.

Inneren gibt.[445] Der Österreicher neigt, wie ich bereits aufgezeigt habe, sehr stark dazu, zu verdrängen. So werden etwa die negativen Erlebnisse in der Kindheit verdrängt.[446] Gerade Kinder haben vielfach den Eindruck, dass sie von ihren Eltern nicht geliebt werden. Da sich das Kind dieser Angst nicht stellen kann, verdrängt es dieses Gefühl oder versucht krampfhaft die Aufmerksamkeit der Eltern zu bekommen, worauf diese das Kind (das wegen dem übertriebenen Aufmerksamkeitswunsch lästig wird) erst recht bewusst zurückdrängen. Damit wird die Basis für den Minderwertigkeitskomplex vieler Österreicher gelegt. Ringel schreibt:

> „Wer eine gute, natürliche, gesunde Beziehung zum eigenen Ich hat, der wird imstande sein, zum Partner eine Beziehung aufzubauen, welche eine *von Subjekt zu Subjekt* ist, denn er braucht den anderen nicht, um sich selbst zu bestätigen; er ruht gewissermaßen in sich selbst. Wo es jedoch zu einer Verunsicherung des eigenen Ichs, etwa zum Minderwertigkeitskomplex, gekommen ist, dort wird der andere benötigt, um auf Kosten dessen das ramponierte Selbstwertgefühl wiederherzustellen. Hier entsteht also nicht eine Beziehung zwischen zwei Subjekten, sondern der andere wird zum *Objekt*, als Mittel zum Zweck, degradiert.“[447]

Wenn jedoch das Gegenüber nicht als Gegenüber gesehen wird, sondern als Objekt, dann geschieht das, um Bestätigung vom Gegenüber zu erhalten. Im Beziehungsgefecht geschieht es dadurch, dass Macht ausgeübt wird. Dort, wo keine Beziehung besteht, geschieht es durch die Stellung in der Gesellschaft, die etwa durch Titel, Position oder Besitz definiert wird. Die Folge ist, dass der Österreicher gerne (sehr oft auch unbewusst) Macht über die Menschen um ihn ausübt. Dass sich auf dieser Basis keine gesunden Beziehungen entwickeln können, liegt auf der Hand.

> Als trauriges Beispiel der jüngeren Vergangenheit sei etwa der Fall Kampusch genannt. Als Zwölfjährige wird Natascha Kampusch auf ihrem Schulweg entführt und für 8 ½ Jahre in ein Kellerverlies unter der Garage eingesperrt.[448] Ihr Entführer und Peiniger Wolfgang Priklopil galt zwar als

---

[445] Ringel bezeichnet es als die österreichische Neurose. Vgl. Erwin Ringel. „Friedrich Heer als Therapeut der österreichischen Neurose“ S. 841-863 in: Wolfgang Mantl (Hg.). Politik in Österreich. A.a.O. S. 841.

[446] Erwin Ringel. „Friedrich Heer als Therapeut der österreichischen Neurose“ S. 841-863 in: Wolfgang Mantl (Hg.). Politik in Österreich. A.a.O. S. 843

[447] Ebd. S. 845f.

[448] oe.24.at. „Der Fall Natascha Kampusch“. http://www.oe24.at/oesterreich/chronik/wien/Der-Fall-Natascha-Kampusch/405485 (1.10.2010).

Eigenbrötler, war aber ansonsten unauffällig.[449] Aber auch Josef Fritzl führte ein Doppelleben. 24 Jahre lang hatte er seine eigene Tochter in ein Kellerverlies gesperrt, sie sexuell missbraucht und mehrere Kinder mit ihr gezeugt. Die Tragödie sollte als „Inzestfall Amstetten" in die Geschichte eingehen.[450]

Die hohe Scheidungsrate ist eine der Folgen, die sich mit Zahlen belegen lässt: Im Jahre 2007 lag die Gesamtscheidungsrate[451] bei 49,5%![452] Aber auch in anderen Bereichen zeigt sich diese neurotische Störung: Jugendliche etwa wollen durch Essstörungen (z.B. Bulimie) oder Suizid (und dessen Versuche) Macht über ihre Eltern ausüben,[453] während die Eltern oft dazu neigen ihre eigenen Träume in den Kindern zu verwirklichen. Auch Mobbing ist darauf zurückzuführen, dass Menschen ihre Macht bewusst gegen andere Personen einsetzen, um etwa ihre eigene Stellung in der Gesellschaft zu verbessern.[454]

Da die eigene Erziehung meist die Basis dafür legt, wie man seine Kinder erzieht, legt der eigene Minderwertigkeitskomplex gleichzeitig die Basis für den Minderwertigkeitskomplex der Kinder. Die Schuld des Minderwertigkeitskomplexes der Kinder sucht man jedoch nicht bei sich selbst, sondern bei den Kindern, weshalb der Kreislauf von Neuem beginnt.[455]

2.3.4.2 *Die Auswirkungen des Minderwertigkeitskomplexes*

Der oben beschriebene Minderwertigkeitskomplex ist kein rein österreichisches Problemoder das Problem einzelner Österreicher. Vielmehr muss es

---

449 News. „„Der Priklopil war ein klasser Bursch': Anrainer können es noch immer nicht fassen". http://www.news.at/articles/0732/12/180248/der-priklopil-bursch-anrainer (1.10.2010).

450 Julia Jüttner. „Drama von Amstetten – Fritzl gab sich am Telefon als seine Tochter aus". http://www.spiegel.de/panorama/justiz/0,1518,550878,00.html (1.10.2010).

451 Die Gesamtscheidungsrate gibt an, wie groß der Prozentsatz der Ehen ist, die durch eine Scheidung (und damit nicht durch den Tod eines der beiden Ehepartner) enden.

452 Im Jahre 2008 lag sie bei 47,8 und 2009 bei 46%, ist also leicht rückläufig. Vgl. Statistik Austria: „Ehescheidungen seit 1999 nach ausgewählten Merkmalen" http://www.statistik.at/web_de/static/ergebnisse_im_ueberblick_scheidungen_022912.pdf (24.6.2010).

453 Hans Georg Zapatoczky. „Die Neurose blüht..." S. 35-51 in: Angela Ringel (Hg.). Österreichs verwundete Seele: 20 Jahre nach Erwin Ringel. Kremayer & Scheriau/Orac: Wien, 2005. S. 42.

454 Ebd.

455 Erwin Ringel. „Friedrich Heer als Therapeut der österreichischen Neurose" S. 841-863 in: Wolfgang Mantl (Hg.). Politik in Österreich. A.a.O. S. 848.

als Volkskrankheit angesehen werden. Das zeigen u.a. folgende einzelne Symptome:

1. Haß und Verbitterung

Ringel schreibt: „Sehr viele Österreicher glauben, nicht zuletzt infolge ihrer schlimmen Kindheitserlebnisse, Stiefkinder Gottes, des Lebens und des Glückes zu sein. Es werden daher ständig Personen gesucht, an denen der daraus entstehende Haß abreagiert werden kann.“[456] Zapotoczky zeigt auf, dass ungeschminkte Aggression bis zur Brutalität ausgelebt wird. „Opfer sind Säuglinge, Kinder, Frauen, oft Unschuldige, Unbeteiligte, die zufällig zugegen sind. Misshandlungen aus ungesteuerter Aggression. Und nicht selten ist diesen aggressiven Ausbrüchen eine narzisstische Kränkung zugrunde gelegt, dieses ‚ich kann nicht, ich darf nicht verlieren, darf keine Einbuße, keinen Verlust hinnehmen, dann sollen lieber alle Beteiligten mit zugrunde gehen‘.“[457] Auch Ausländer und Fremde bekommen diesen Hass oft zu spüren.[458]

2. Vorurteile und Diskussionsverweigerung

Anstatt sich der Realität, etwa der eigenen Schuld zu stellen, schiebt man Vorurteile, die ein negatives Feindbild schaffen, vor. *Im Zweifelsfall ist immer der Andere schuld.* Um dieses Feindbild aufrecht zu erhalten, verweigert man sich jeder Diskussion.[459]

3. Neid und Misstrauen

Da man sich häufig durch die Arbeit und den Rang in der Gesellschaft definiert, lebt man ständig im Wettstreit mit den Menschen um einen herum. Die Folge ist Neid und Misstrauen, besonders am Arbeitsplatz, aber auch in der Nachbarschaft. Deshalb fällt es dem Österreicher auch schwer, Geschenke anzunehmen. Denn keinesfalls will man in der Schuld des Anderen stehen, der damit der Gönner ist und ich der Empfänger. Bei nächster Möglichkeit wird der Österreicher versuchen, diese Schuld auszugleichen oder sich gar als Gönner zu erweisen.

---

[456] Ebd.

[457] Hans Georg Zapatoczky. „Die Neurose blüht...“ S. 35-51 in: Angela Ringel (Hg.). Österreichs verwundete Seele: 20 Jahre nach Erwin Ringel. A.a.O. S. 43.

[458] Erwin Ringel. „Friedrich Heer als Therapeut der österreichischen Neurose“ S. 841-863 in: Wolfgang Mantl (Hg.). Politik in Österreich. A.a.O. S. 848.

[459] Ebd. S. 849.

4. Der Pseudo-Kompromiss

Es gibt wohl kaum einen Punkt, der die Auswirkungen des Minderwertigkeitskomplexes besser deutlich macht, als die Neigung des Österreichers zum Kompromiss.

Der Kompromiss als solches ist durchaus begrüßenswert und anzustreben. Doch während ein wirklicher Kompromiss das Resultat zweier entgegengesetzter Auffassungen ist, bleibt man beim Pseudo-Kompromiss „weiterhin *beiden* konträren Wünschen verpflichtet, wodurch sich, wenn man den einen durchzusetzen versucht, der andere (bewußt oder unbewußt) als Bremsfaktor erweisen wird."[460]

Ringel fasst es gut zusammen: „Als Folge der neurotischen Pseudolösungen schwankt der Österreicher oft zwischen *Herrschen* (Machtbedürfnis), *Dienen*, vorauseilendem *Gehorsam* und wieder auch der *Auflehnung*, und er selbst weiß oft nicht, ob, was er sagt, Wahrheit oder Lüge ist, weil die entgegengesetzte Tendenz ja unverarbeitet stets auf der Lauer ist."[461]

In Kapitel 2.3.3.4 habe ich bereits zahlreiche weitere Beispiele zur Verdeutlichung aufgeführt.

Abschließend sei noch einmal Ringel zitiert:

> „Nach Gerhard ROTH ist dies die typisch österreichische Charaktermischung, die aus Unterwürfigkeit, zu großer Freundlichkeit und Schmeichellust besteht, aber jederzeit in die seit Anbeginn bestehende Stänkerlust, Frechheit, Grantigkeit und Unfreundlichkeit umschlagen kann. Er fügt hinzu: ‚Dabei kann man als gegeben annehmen, daß die anfangs Frechsten bei Gelegenheit die Unterwürfigsten und die anfangs Unterwürfigsten hinter dem Rücken die größten Stänkerer sind.'"[462]

2.3.4.3 *Die Ursache des Minderwertigkeitskomplexes*

Trotz alledem stellt sich nach wie vor die Frage, wie es zu dieser Neurose[463] und dem daraus resultierenden Minderwertigkeitskomplex kommen

---

[460] Erwin Ringel. „Friedrich Heer als Therapeut der österreichischen Neurose" S. 841-863 in: Wolfgang Mantl (Hg.). Politik in Österreich. A.a.O. S. 852.

[461] Ebd. 853.

[462] Ebd.

[463] Wie wir bereits bei Punkt 2.3.4.1 angemerkt haben, wird Neurose „als Konflikt zwischen bewußten und unbewußten Tendenzen in unserem Inneren" bezeichnet. Vgl. Erwin Ringel. Ebd. S. 841.

konnte, und ob es eine Lösung dafür gibt. Pawlowsky sieht den Ausgangspunkt der Neurose in der Gegenreformation. Er schreibt:

> „Einer Bevölkerung die Glaubensüberzeugung zu nehmen, bedeutet einen tiefen Einschnitt in Selbstwert und Identität. Viele standen zu ihrer Überzeugung und wurden vertrieben – die letzten noch unter Maria Theresia. Die bleiben mussten, hatten sich zu arrangieren, wurden katholisch oder spielten katholisch und gerieten in jene Ambivalenz, die Erwin Ringel als Ausgangspunkt der Neurose diagnostiziert: Ambivalenz erzeugt Angst, Angst führt zu Minderwertigkeitsgefühlen, auf dem Boden solcher Selbstzweifel und Selbstverachtung wachsen Schuldgefühle, die mit realer Schuld nichts zu tun haben. [...] Nirgends anderswo in Europa hat die Gegenreformation so dauerhafte Spuren hinterlassen wie in Österreich. Wenn der Glaube ein Herzstück menschlicher Identität darstellt, dann bedeutet die zwangsweise Preisgabe dieses Glaubens einen tiefen Verlust jedes Verantwortungsgefühls und zwar weit über den eigentlichen religiösen Bereich hinaus.“[464]

Durch das Toleranzpatent 1781, wie auch das Protestantenpatent 1861 (siehe 2.2.4), wurden zwar die äußeren Rahmenbedingungen der Gegenreformation wieder rückgängig gemacht, die bereits entstandene Mentalität konnte es aber nicht mehr grundlegend ändern. Vielmehr war der Grundstein für die österreichische Neurose und den sich ausweitenden Minderwertigkeitskomplex bereits gelegt und durch den Umgang mit der Gegenreformation (oder besser gesagt mit der Verdrängung der Gegenreformation) wurde es eher noch verstärkt.[465]

In Kapitel 4 werde ich mich, neben anderem, mit der Überwindung der österreichischen Neurose beschäftigen.

2.4 Aktuelle Veränderungen in der Gesellschaft

2.4.1 Niedergang der Großkirchen

Während die Mitgliederzahlen der Evangelischen Kirche derzeit stabil bis leicht rückläufig sind,[466] kommt es innerhalb der römisch-katholischen

[464] Peter Pawlowsky. „Altes Elend – Neue Chancen: Gibt es Wege aus der Kirchenkrise?“ S. 70-89 in: Angela Ringel (Hg.). Österreichs verwundete Seele. A.a.O. S. 74.

[465] Erwin Ringel. „Friedrich Heer als Therapeut der österreichischen Neurose“ S. 841-863 in: Wolfgang Mantl (Hg.). Politik in Österreich. A.a.O. S. 852.

[466] Dies trifft allerdings auch erst auf die letzten Jahre zu. Waren etwa 1971 noch 447.070 Menschen Evangelisch (damals 6% der Bevölkerung), so waren es Ende

Kirche zu einer massiven Austrittswelle, die nun schon seit Jahren anhält. Die Gründe dafür sind zahlreich: 1995 wird dem damaligen Kardinal Groer sexueller Missbrauch an Schülern vorgeworfen. Zu der Zeit kommt es auch zu einem Kirchen-Volksbegehren, in dem u.a. das Zölibat in Frage gestellt wird. Die Kirche schlittert in eine Krise. 2004 tauchen Pornobilder im Priesterseminar St. Pölten auf, u.a. auch von sexuellem Kontakt zwischen Seminaristen und Lehrenden. Bischof Krenn, der als Hardliner gilt, spricht von „Bubendummheiten“[467]. Das Seminar wird geschlossen, Krenn wurde in den Ruhestand versetzt.

2010 wird die Kirche mit massiven Missbrauchsvorwürfen konfrontiert. Viele der Fälle sind bereits verjährt, weshalb es zu keiner strafrechtlichen Verfolgung kommt. Allerdings erschüttern die Vorwürfe das Vertrauen der Menschen in die Kirche massiv, weshalb es zur größten Austrittswelle in der Geschichte der Zweiten Republik kommt. 87.393 Personen treten im Jahre 2010 aus der römisch-katholischen Kirche aus.[468]

Waren 1951 noch fast 90% aller Österreicher römisch-katholisch,[469] so beläuft sich die Zahl der Katholiken per 31.12.2010 auf 5,45 Millionen,[470] also rund 65% der Bevölkerung.[471] Nichtsdestotrotz ist der Einfluss der katholischen Kirche nach wie vor massiv. Schließlich beträgt der Abstand zur

---

2008 nur mehr 328.346 (und damit rund 4,1% der Bevölkerung). Vgl. Statistik Austria. „Bevölkerung nach dem Religionsbekenntnis und Bundesländern 1951 bis 2001“. http://www.statistik.at/web_de/statistiken/bevoelkerung/volkszaehlungen_register zaehlungen/bevoelkerung_nach_demographischen_merkmalen/022885.html (1.10.2010). Die Presse. Mitgliederzahl bei evangelischer Kirche bleibt stabil. 21.1.2009. http://diepresse.com/home/panorama/religion/445693/index.do (1.10.2010).

Paul Zulehner u. Regina Polak. Religion – Kirche – Spiritualität in Österreich nach 1945. A.a.O. S. 14.

467 Josef Dirnbeck. Reibebaum Krenn: vom Papstfrühstück zu den „Bubendummheiten“. Edition Va Bene: Wien – Klosterneuburg, 2004. S. 137.

468 kath.net – Katholischer Nachrichtendienst. Fast 90.000 Kirchenaustritte in Österreich. http://www.kath.net/detail.php?id=29672 (24.2.2011).

469 Statistik Austria. „Bevölkerung nach dem Religionsbekenntnis und Bundesländern 1951 bis 2001“. http://www.statistik.at/web_de/statistiken/bevoelkerung/volkszaehlungen_register zaehlungen/bevoelkerung_nach_demographischen_merkmalen/022885.html (1.10.2010).

470 kath.net – Katholischer Nachrichtendienst. Fast 90.000 Kirchenaustritte in Österreich. http://www.kath.net/detail.php?id=29672 (24.2.2011).

471 Laut Pressemitteilung der Statistik Austria lebten am 1. Januar 2011 8,402 Millionen Menschen in Österreich. Statistik Austria. „Bevölkerungszahl stieg 2010 um 27.600 Personen“. http://www.statistik.at/web_de/presse/055278 (24.2.2011).

zweitstärksten religiösen Gruppe, dem Islam (die Evangelischen kommen erst an dritter Stelle), noch über 5 Millionen Menschen.[472] Allerdings tut sich die Kirche immer schwerer, geschlossen nach außen aufzutreten. *Laien* nehmen eine zunehmend wichtigere Rolle in der Kirche ein. Ihr Verständnis von Kirche ist aber vor allem von der Gesellschaft geprägt und nicht, wie bei den Klerikern, von der Kirche selbst.[473] Dies hat bereits jetzt große Auswirkungen auf die Kirche, wodurch sie einem starken Wandel vollzieht. Es ist damit zu rechnen, dass zwar die Mitgliederzahl weiter sinken wird, sich aber mehr und mehr ein engagierter harter Kern bildet.[474] Zunehmend werden die Evangelikalen als Verbündete gesehen,[475] die sich für dieselben Anliegen und ethischen Werte einsetzen. Selbst aus Sicht der römisch-katholischen Kirche wünscht man sich eine „Transformation der Kirche",[476] denn längst ist Österreich auch aus katholischer Sicht zum Missionsgebiet geworden.[477]

Schneider sieht die Chance der Kirche auf dem Weg ins dritte Jahrtausend darin, *Sauerteig* in der Gesellschaft zu sein, da sie „damit auch dem staatlichen Gemeinwesen einen unersetzbaren Dienst leistet."[478] Dem ist

---

472 Statistik Austria. „Bevölkerung 2001 nach Religionsbekenntnis und Staatsangehörigkeit". http://www.statistik.at/web_de/statistiken/bevoelkerung/volkszaehlungen_registerzaehlungen/bevoelkerung_nach_demographischen_merkmalen/022894.html (26.5.2010).

473 Heinrich Schneider. „Kirche-Staat-Gesellschaft: ihre Beziehungen im Wandel" S. 523-570 in: Wolfgang Mantl (Hg.). Politik in Österreich. A.a.O. S. 525.

474 Reinhold Eichinger. „Der Niedergang der Großkirchen" S. 85-92 in: Reinhold Eichinger u.a. (Hg). Handbuch für Missionare in Österreich. A.a.O. S. 91.

475 Pawlowsky stellt etwa fest, dass Pfingstler und charismatische Gruppen „die abhanden gekommene Begeisterung christlichen Glaubens wiederbeleben wollen und der Amtskirche dadurch sympathisch sind, dass sie keinerlei kirchenpolitische Ambitionen haben. Ihre Bekehrungen sind innerlich und daher mit rigiden politischen oder kirchenpolitischen Systemen durchaus kompatibel." Peter Pawlowsky. „Altes Elend – Neue Chancen: Gibt es Wege aus der Kirchenkrise?" S. 70-89 in: Angela Ringel (Hg.). Österreichs verwundete Seele. A.a.O. S. 79.

476 Pastoralamt der Erzdiözese Wien. Apostelgeschichte 2010. „Auswertung der Berichte aus den Gesprächsgruppen der 1. Diözesanversammlung des Pastoralamtes der Erzdiözese Wien". http://www.apg2010.at/aktuelles/0/articles/2010/03/13/a3578/ (1.10.2010).

477 Josef Höchtl. Missionsland Österreich oder Wie katholisch ist Österreich? S. 8. http://www.clunia.at/archiv/archiv.doc.0910/Hoechtl_Missionsland_Oesterreich09.pdf (27.5.2010)

478 Heinrich Schneider. „Kirche-Staat-Gesellschaft: ihre Beziehungen im Wandel" S. 523-570 in: Wolfgang Mantl (Hg.). Politik in Österreich. Die zweite Republik: Bestand und Wandel. Böhlau Verlag: Wien, Köln, Graz, 1992. S. 570.

inhaltlich voll zuzustimmen und trifft nicht nur auf die Großkirchen, sondern auch auf Freikirchen zu. Mehr dazu in Kapitel 4.

2.4.2 Aufleben der Religiösität

Gleichzeitig ist die religiöse Vielfalt in den letzten Jahren gestiegen. Auch wenn die Gruppe der Menschen ohne Bekenntnis mittlerweile die zweitgrößte Gruppe bildet (bei der Volkszählung 2001 waren bereits 12% der Bevölkerung ohne Bekenntnis),[479] so bedeutet das nicht, dass diese Menschen areligiös sind. Vielmehr nehmen religionssoziologische Studien seit mehreren Jahren eine neue spirituelle Suchbewegung wahr.[480]

> Während bei einer Studie, die unter Jugendlichen im Alter von 14 bis 24 Jahren durchgeführt wurde, im Jahre 2000 nur 50% der Befragten angaben, dass sie an Gott glauben, waren es im Jahre 2006 bereits 69%.[481]

Die Religion mit dem zahlenmäßig stärksten Zuwachs ist die des Islam. Durch die höhere Geburtenrate, wie auch Migration geht man davon aus, dass der Islam mittlerweile zur zweitstärksten Religionsgruppe aufgestiegen ist.[482] „Der muslimische Bevölkerungsanteil kann bis 2051 auf 14-26% ansteigen; innerhalb der Unterfünfzehnjährigen kann der Islam bis dahin die Mehrheitsreligion sein."[483] Ein Grund dafür ist die höhere Geburtenrate der Muslime. Fraglich ist allerdings, ob der Islam tatsächlich Mehrheitsreligion wird. So stellt Lutz etwa fest: „Katholiken haben im Schnitt 1,3 Kinder, Protestanten 1,2, Muslime 2,3. [...] Allerdings passt sich in der Regel die Geburtenrate bei Migranten spätestens in der dritten Generation an

---

479 Statistik Austria. „Bevölkerung nach dem Religionsbekenntnis und Bundesländern 1951 bis 2001". http://www.statistik.at/web_de/statistiken/bevoelkerung/volkszaehlungen_register zaehlungen/bevoelkerung_nach_demographischen_merkmalen/022885.html (24.6.2010).

480 Paul Zulehner u. Regina Polak. Religion – Kirche – Spiritualität in Österreich nach 1945. A.a.O. S. 15.

481 Josef Höchtl. Missionsland Österreich oder Wie katholisch ist Österreich? S. 8. http://www.clunia.at/archiv/archiv.doc.0910/Hoechtl_Missionsland_Oesterreich09 .pdf (27.5.2010).

482 Vgl. ORF.at. „Bis zu 400.000 Muslime in Österreich". http://religion.orf.at/projekt03/news/0605/ne060515_islam_oesterreich_fr.htm (24.6.2010).

483 Paul Zulehner u. Regina Polak. Religion – Kirche – Spiritualität in Österreich nach 1945. A.a.O. S. 15.

die heimische an."[484] Und weil es nur wenige Konversionen von einer christlichen Religion zum Islam gibt, wird nicht die Geburtenrate darüber entscheiden, ob der Islam Mehrheitsreligion wird, sondern der mögliche Zuzug. Durch die aktuelle Verschärfung des Fremdenrechts[485] ist es eher zu bezweifeln, dass die Prognosen tatsächlich eintreffen.

Aber auch andere Gruppen, wie etwa die Buddhisten, nehmen stark zu.[486] Selbst der Dalai Lama war bereits mehrfach zu Besuch in Österreich. 1983 wurde der Buddhismus vom Staat offiziell als Religion anerkannt.[487]

Dass es zu einem Aufleben der Religiosität kommt, hat unter anderem mit der Orientierungslosigkeit der Menschen zu tun. Strauch schreibt: „Angesichts der Orientierungslosigkeit in ethischen Fragen wollen immer mehr Menschen wissen, woran man sich orientieren kann."[488] Strauch sieht darin eine große Chance für die Kirchen und Freikirchen. „Was für eine Chance! Kirchen und Gemeinden können Seminare über ethische Grundfragen anbieten, z.B. über Ehe und Familie oder den Umgang mit Geld. Dabei haben sie die Möglichkeit, auf den hinzuweisen, der uns ein solches Leben ermöglicht. Das macht allerdings nur Sinn, wenn wir selbst nach dem Maßstab Gottes leben – positiv, als erstrebenswertes Modell."[489]

2.4.3 Von der Prämoderne in die Postmoderne[490]

Durch die Prägung der Habsburger hat Österreich den Anschluss an die Moderne verpasst und war lange Zeit das Land des Konservativismus. Die Folge ist, dass auch das Ende der Moderne in Österreich bei weitem nicht so stark zu tragen kam, wie in anderen westeuropäischen Ländern. So waren die 1968er mehr eine Modeerscheinung als eine Revolution und

484 Oberösterreichische Nachrichten. „Islam ist nicht gleich Islam". Interview mit Wolfgang Lutz, Direktor des ÖAW-Instituts für Demografie. http://www.nachrichten.at/nachrichten/reportage/art57,79960 (1.10.2010).

485 Vgl. http://oe1.orf.at/artikel/270259 (24.2.2011).

486 Paul Zulehner u. Regina Polak. Religion – Kirche – Spiritualität in Österreich nach 1945. A.a.O. S. 22.

487 Bundesministerium für Unterricht, Kunst und Kultur. Anerkannte Kirchen und Religionsgesellschaften in Österreich. http http://www.bmukk.gv.at/ministerium/kultusamt/ges_anerk_krg.xml (1.10.2010).

488 Peter Strauch. „Beobachtungen eines Mitspielers" S. 78-95 in: Ulrich Eggers u. Markus Spieker (Hg.). Der E-Faktor. Evangelikale und die Kirche der Zukunft. R.Brockhaus: Wuppertal, 2005. S. 93.

489 Ebd.

490 Der Begriff *Postmoderne* bezeichnet die Zeit *nach* der Moderne. Vgl. Wikipedia-„Postmoderne". http://de.wikipedia.org/wiki/Postmoderne (26.5.2010).

gleichzeitig auch die letzte intellektuelle Bewegung der Moderne.[491] Dies brachte Österreich den Ruf als *Insel der Seligen* ein.[492] Heute setzt sich die Postmoderne durch, die durch folgende Merkmale gekennzeichnet ist:

- **Pluralität**

Sowohl in religiöser wie auch in gesellschaftlicher Hinsicht herrscht Pluralismus vor. „Galten bislang Religiosität und Christsein als fast deckungsgleich, kann davon heute nicht mehr die Rede sein."[493] Viele Menschen, die religiös sind, gehören keiner Kirche mehr an. Auch in der Gesellschaft hat ein Wandel zum Pluralismus stattgefunden. So spricht man heute kaum mehr vom Ehemann, sondern vom Partner oder Freund, mit dem man nicht zwangsläufig auch verheiratet ist.

> Während die Scheidungsrate in den 50er Jahren weit unter 10% lag, liegt sie heute beinahe bei 50%.[494] Wurden 1947 noch 10,8 Ehen pro 1000 Personen geschlossen, sind es 2009 nur mehr 4,2.[495] Auf der Strecke bleiben oft die Kinder, die vielfach nur mit einem Elternteil aufwachsen. So gab es 2009 etwa 250.000 alleinerziehende Mütter.[496]

---

491 „Verglichen mit den Studierendenprotesten in Frankreich, Italien oder Deutschland war das österreichische 1968 ‚zahm'". Bernadette Ralser. „1968 ? nichts passiert in Österreich?" http://www.dieuniversitaet-online.at/dossiers/beitrag/news/1968-nichts-passiert-in-osterreich/594.html (7.3.2010).

492 Der Ausspruch stammt von Papst Paul VI., der am 18. November 1971 gegenüber Bundespräsident Franz Jonas meinte, dass ihm Österreich wie eine Insel der Seligen vorkomme. Vgl. Hannes Androsch. Warum Österreich so ist, wie es ist. A.a.O. S. 121.

493 Ralph Pechmann u. Martin Reppenhagen (Hg.). Mission im Widerspruch. Religionstheologische Fragen heute und Mission morgen. Aussaat u. Neunkirchner Verlag: Neunkirchen-Vluyn, 1999. S. 9.

494 Statistik Austria. „Eheschließungen und Gesamtscheidungsrate seit 1951". http://www.statistik.at/web_de/statistiken/bevoelkerung/scheidungen/022171.html (26.5.2010).

495 Statistik Austria. „Eheschließungen, Gesamtersttheiratsrate und mittleres Erstheiratsalter seit 1946". http://www.statistik.at/web_de/static/eheschliessungen_gesamterstheiratsrate_und_mittleres_erstheiratsalter_seit_023297.pdf (26.5.2010).

496 Statistik Austria. „Lebensformen 1971 – 2009" http://www.statistik.at/web_de/statistiken/bevoelkerung/haushalte_familien_lebensformen/lebensformen/036550.html (26.5.2010).

Auch in den Großkirchen macht sich der Pluralismus breit. Heute will jeder mitreden, wie Kirche zu sein hat.

- **Wahrheit ist subjektiv**

Kaum ein Begriff hat durch die Postmoderne eine derart radikale Veränderung durchgemacht, wie der Begriff *Wahrheit.* War es das Streben nach Wahrheit und Erkenntnis, dass die Aufklärung und die Moderne ganz wesentlich vorantrieben, so ist es die Erkenntnis, dass man nicht alles erklären kann, die den Umbruch zur Postmoderne verdeutlicht. Wahrheit wird heute vielfach als subjektiv verstanden.

Da in der Moderne ein hierarchisch geordnetes Autoritätsdenken vorherrschte, wurde die allgemeingültige Wahrheit von der Obrigkeit definiert.[497] Als Folge der 68er Bewegung wurde jedoch jegliche Autorität in Frage gestellt; die *antiautoritäre Erziehung*[498] war eine Folge, die eine ganze Generation prägte. Auch wenn „sich die Ansicht der Eltern zur Frage, ob Lenkung in der Erziehung nötig sei, geändert hat, so bedeutet dies nicht, dass Eltern entsprechend handeln."[499] Mehr denn je haben Eltern Schwierigkeiten, ihren Kindern Grenzen zu setzen bzw. ihnen Wegweisung zu geben. Dass diese Prägung weitreichende Folgen hat, ist offensichtlich. Heute wird der Wahrheitsanspruch, den viele Religionen, besonders das Christentum, stellen, vielfach abgelehnt. Gleichzeitig bietet die Subjektivität der Wahrheit auch neue Chancen. „Es geht den Menschen nicht nur darum Wahrheit zu wissen, als sie vielmehr in einem ‚ganzheitlichen' Sinn zu erfahren."[500] Wenn Wahrheit erlebbar ist, ist sie wahr. Dies

---

497 Wilhelm Faix. „Gesellschaftsanalyse Europa: postmoderne Ansatzpunkte für das Evangelium" S. 10-45 in: Klaus W. Müller (Hg.). Mission im postmodernen Europa. Referate der Jahrestagung 2008 des AfeM. edition afem – mission reports 16. Verlag für Theologie und Religionswissenschaft: Nürnberg & Verlag für Kultur und Wissenschaft: Bonn, 2008. S. 13.

498 Die antiautoritäre Erziehung ist bemüht den Kindern größtmögliche Freiräume zur Entfaltung ihrer Fähigkeiten zu gewähren. Vgl. Michael Schnabel. „Ist die ‚Antiautoritäre Erziehung' out?" vom 27.6.2006. Webseite des Familienhandbuches des Staatsinstituts für Frühpädagogik (IFP). http://www.familienhandbuch.de/cmain/f_aktuelles/a_erziehungsfragen/s_1720.html (19.10.2010).

499 Ebd.

500 Wilhelm Faix. „Gesellschaftsanalyse Europa: postmoderne Ansatzpunkte für das Evangelium" S. 10-45 in: Klaus W. Müller (Hg.). Mission im postmodernen Europa. A.a.O. S. 13.

eröffnet uns, wie ich bereits an mehreren Stellen angedeutet habe, neue Möglichkeiten, das Evangelium zu verkündigen.

- **Moralrevolution**

War jahrhundertelang das Begriffspaar *Kirche und Staat* gebräuchlich, so wird heute die Gesellschaft als dritte Größe wahrgenommen. Manche Sozialwissenschaftler gehen sogar davon aus, dass die ersten beiden Subsysteme der Gesellschaft sind.[501] Folglich wird die Moral nicht mehr von Kirche und Staat festgelegt, sondern von Teilen der Gesellschaft.

> Wie sehr Interessensgruppen das Moralverständnis heute prägen, lässt sich am Beispiel der *Homosexuellen* gut erkennen. War Homosexualität in den achtziger Jahren des letzten Jahrhunderts noch verpönt, so ist sie mittlerweile salonfähig gemacht worden. Nicht einmal die Kirche darf es sich heute erlauben, gegen Homosexualität aufzutreten.[502]

Folglich setzten sich nur die Werte durch, die auch gesellschaftsrelevant erscheinen. Der alleinige Verweis auf die Bibel reicht heute längst nicht mehr aus. Vielmehr muss der Nutzen für die Gesellschaft in den Vordergrund gestellt werden.

> Gerade in und nach der Wirtschaftskrise 2008 trat der Wunsch nach Moral und Werten wieder neu auf. Dass die Politik diesen Wunsch nach Werten zu nutzen wusste, soll folgendes Beispiel verdeutlichen: Im Präsidentschaftswahlkampf 2010 warb der bekennende Agnostiker Heinz Fischer[503] mit dem Slogan „Unser Handeln braucht Werte“[504]. Auf meine Anfrage, woher er seine Werte beziehe, erhielt ich jedoch keine Antwort. Aber auch dessen schärfste Konkurrentin, Barbara Rosenkranz, warb mit der Aussage „Ohne Mut keine Werte.“[505] Um sie in einem besseren Licht stehen zu lassen, be-

---

501 Heinrich Schneider. „Kirche-Staat-Gesellschaft: ihre Beziehungen im Wandel“ S. 523-570 in: Wolfgang Mantl (Hg.). Politik in Österreich. A.a.O. S. 523-524.

502 So hat etwa die Aussage, dass Homosexualität eine Krankheit sei, die geheilt werden könne, dem Windischgarstner Pfarrer Gerhard Maria Wagner derart viel Kritik eingebracht, dass er letztendlich die Ernennung zum Weihbischof von Linz ablehnte. Vgl. ORF.at. „Weihbischof Wagner: Homosexualität ist heilbar“. http://religion.orf.at/projekt03/news/0902/ne090209_wagner.htm (27.5.2010).

503 Vgl. Wiener Zeitung. „Heinz Fischer: Der österreichische Bundespräsident“. http://www.wienerzeitung.at/linkmap/personen/fischer.htm (27.5.2010).

504 Offizielle Webseite des Bundespräsidenten Dr. Heinz Fischer. http://www.heinzfischer.at/ (27.5.2010).

505 Vgl. Der Standard. „Bundespräsidenten-Wahl ‚Ohne Mut keine Werte‘: Rosenkranz wirbt mit Strache“.

zeichnete Hans-Christian Strache sie als „heilige Barbara“.[506] Doch auch sie ist Agnostikerin, und schon vor Jahren aus der Kirche ausgetreten.[507]

- **Kommunikation**

Das 21. Jahrhundert kann als Kommunikationszeitalter bezeichnet werden. Noch nie war es so einfach, so rasch an so viele Informationen zu gelangen. Der Mensch heute ist mit Informationen übersättigt. Gleichzeitig gibt es aber eine große Kluft zwischen Wissen und Handeln.

> Ein typisches Beispiel dafür ist die Kindererziehung. Beinahe jeder Fernsehsender hat seine eigene Nanny, täglich erscheinen zig Bücher zum Thema Erziehung, und doch fühlen sich zahlreiche Eltern mit der Erziehung völlig überfordert oder entscheiden sich gar gegen Kinder.[508] Mit dem Erreichen der Ideale ist der Einzelne jedoch völlig überfordert, weshalb er dann gar nichts umsetzt.

Eine zunehmende Orientierungslosigkeit macht sich breit, weshalb sich die Menschen heute mehr denn je nach Halt und Orientierung sehnen. Deshalb muss Kirche heute, wie Höchtl richtig schreibt „als Sinnstifter, als Helfer in Lebens- und Glaubensangelegenheiten, als Solidaritätserleben in einer egoistischer und individualisierter werdenden Welt“[509] agieren.

- **Politische Veränderungen**

Die Politik steht vor großen Veränderungen. So hat das politische Interesse in der Gesellschaft stark abgenommen. Viele Menschen sind enttäuscht

---

http://derstandard.at/1269045598596/Bundespraesidenten-Wahl-Ohne-Mut-keine-Werte-Rosenkranz-wirbt-mit-Strache (1.10.2010).

506 oe24.at. „Rosenkranz aus Kirche ausgetreten“. http://www.oe24.at/oesterreich/politik/Rosenkranz-aus-Kirche-ausgetreten/765697 (1.10.2010).

507 Ebd.

508 Vgl. Der Tagesspiegel. „Eltern fühlen sich überfordert“. http://www.tagesspiegel.de/zeitung/eltern-fuehlen-sich-ueberfordert/1176252.html (27.5.2010) bzw. ORF Wien. „Expertin: Eltern mit Erziehung oft überfordert“. http://wien.orf.at/stories/438877/ (27.5.2010).

509 Höchtl bezieht die Aussage zwar v.a. auf die katholische Kirche, was der Richtigkeit der Aussage jedoch keinen Abbruch tut. Josef Höchtl. Missionsland Österreich oder Wie katholisch ist Österreich? S.8. http://www.clunia.at/archiv/archiv.doc.0910/Hoechtl_Missionsland_Oesterreich09.pdf (27.5.2010).

von der Politik. Ähnlich wie den Kirchen laufen auch Parteien die Mitglieder davon. Die Stammwähler werden immer weniger. Selbst die Großparteien müssen bei jeder Wahl zittern, ob sie ihren Stimmenanteil halten können. Gleichzeitig nehmen sogenannte *Erdrutschsiege* zu und so kommt es, dass eine Partei den Stimmenanteil von einer Nationalratswahl zur nächsten um 50% erhöht, während eine andere Partei weniger als die Hälfte der bisherigen Stimmen erhält.[510] Die Politik reagiert insofern darauf, dass vielfach kurzsichtige Entscheidungen getroffen werden, nur um die Zustimmung der Wähler zu erhalten. Dass das allerdings u.a. auf Kosten der nachfolgenden Generation, aber auch auf Kosten der Randgruppen geht, liegt auf der Hand. So ist Österreich heute nicht mehr das Asylland, das es einmal war. Durch die Herabsetzung der Quoten für Ausländer ist es ausländischen Konzernen, aber auch Missionswerken, nicht möglich, ausreichende Bewilligungen für deren Beschäftigte zu erhalten. Gleichzeitig wurden die Regelungen zur Genehmigung von Asyl derart verschärft, dass selbst gut integrierte Flüchtlinge nach einem mehrjährigen Aufenthalt in Österreich das Land wieder verlassen müssen. Rechtsbeistand erhalten diese aufgrund der gekürzten Finanzen kaum. Durch die niedrige Geburtenrate, wie auch die hohe Lebenserwartung, sind wir als Land jedoch auf Asylwerber angewiesen, wenn wir unseren Lebensstandard halten wollen. Sollte es keine Korrektur seitens der Politik geben, werden wir die Folgen in einigen Jahren radikal zu spüren bekommen.

2.5 Konsequenzen

Auch wenn viele Menschen der Kirche den Rücken kehren, so ist das Interesse an Religion größer als noch vor einigen Jahren. Doch warum haben es weder Kirchen noch Freikirchen geschafft, die Menschen für das Evangelium zu begeistern? Warum steht die Evangelikale Bewegung in Österreich in den letzten Jahren?

Nach einem ausführlichen Überblick über die Geschichte Österreichs und einem Einblick in die Mentalität der Menschen, wende ich mich nun den evangelikalen Freikirchen in Österreich zu. Im Vordergrund steht die Frage, nach welchem Missionsverständnis gehandelt wurde und wird, und inwiefern es die kulturelle Prägung Österreichs widerspiegelt.

---

[510] So geschehen bei der Nationalratswahl 2002, wo die ÖVP ihren Anteil von 26,9 auf 42,3% ausbauen konnte, während die FPÖ von 26,9 auf 10% abstürzte. Vgl. Magistrat Linz. „Amtliches Wahlergebnis der Nationalratswahlen 2002". http://www.linz.at/wahl2002/ergebnisse.htm (27.5.2010).

3 Evangelikale in Österreich

Das Spektrum der Evangelikalen in Österreich ist sehr weit. Es würde den Rahmen der Arbeit bei weitem sprengen, auf jede Gruppe oder Gemeinde einzugehen.[511] Deshalb werde ich mich auf vier Bünde innerhalb der Evangelikalen Bewegung beschränken: *den Bund Evangelikaler Gemeinden in Österreich* (kurz BEG), den *Bund der Baptistengemeinden in Österreich* (kurz Baptisten), den *Bund der Mennonitischen Freikirche in Österreich* (kurz MFÖ) und den *Bund der Freien Christengemeinde – Pfingstgemeinde in Österreich* (kurz FCG). Dies hat v.a. zwei Gründe:

1. Durch meine bisherige Tätigkeit habe ich teilweise sehr gut und intensiv mit diesen Bünden und deren Gemeinden zusammengearbeitet und dadurch einen guten Einblick in die Arbeit erhalten.
2. Von den aktuell sieben staatlich anerkannten Religionsgemeinschaften, die dem protestantischen Lager zuzurechnen sind, haben diese vier Bünde den stärksten Bezug zur Österreichischen Evangelischen Allianz (kurz ÖEA), die sehr häufig mit der Evangelikalen Bewegung in Verbindung gebracht wird. Dies, obwohl es der Evangelischen Allianz „in erster Linie nicht um eine institutionelle Vereinigung, sondern um ein Zusammenwirken von Christen als einer organischen und personalen Gemeinschaft“[512] geht. Der Grund für den Bezug zur ÖEA ist die Basis des gemeinsamen Glaubens,[513] die u.a. von den oben angeführten Bünden uneingeschränkt akzeptiert wird.[514]

---

511 Einen sehr guten Überblick über die verschiedenen Bünde, Gruppierungen und teilweise auch Gemeinden bietet: Frank Hinkelmann. Konfessionskunde. A.a.O.

512 Ebd. S. 218.

513 Vgl. Österreichische Evangelische Allianz. „Die gemeinsame Basis des Glaubens der Evangelischen Allianz“. http://www.evangelischeallianz.at/ueber-die-allianz/glaubensbasis.html (23.11.2010).

514 Zahlreiche einzelne Freikirchen dieser Bünde wie auch der Bund der Baptisten, der BEG und der Bund der FCG sind bereits Partner der ÖEA. Lediglich die Mennoniten sind noch keine Partner, wobei die Gründe dafür hier nicht weiter ausgeführt werden können. Vgl. Österreichische Evangelische Allianz. „Die Partner der ÖEA“. http://www.evangelischeallianz.at/partner.html (23.11.2010).

3.1 Geschichte der Freikirchen

3.1.1 Bund der Baptistengemeinden in Österreich

3.1.1.1 Geschichtliche Entwicklung

1869 kam es zur Gründung der ersten Freikirche, einer Baptistengemeinde, in Wien.[515] Die Gründung und Entwicklung der Arbeit war von stetigen Schwierigkeiten begleitet. So wurden etwa die Versammlungen der Baptisten zuerst völlig untersagt. Erst nach einem Bittgesuch an das hohe Kultusministerium wurde ihnen unter Beachtung der gesetzlichen Bestimmungen erlaubt, häusliche Gottesdienste durchzuführen.[516] Die Gemeinde stand anfangs unter ständiger Beobachtung der Polizei und doch wuchs die Arbeit kontinuierlich, sodass die Gemeinde bis zum Jahre 1899 auf 237 getaufte Mitglieder angewachsen war.[517]

1877 kam es zur Gründung einer ersten Tochtergemeinde in Graz, die bereits 1882 in die Selbstständigkeit entlassen wurde. Ab 1887 traf sich die Gemeinde in einem eigenen Versammlungslokal. Danach verschwindet sie allerdings von der Bildfläche. Die letzte Information, die uns noch überliefert ist, ist das Protokoll einer Gemeindestunde vom 8. Juli 1894, wo u.a. erwähnt wird, dass der Gemeindeleiter Thomas Keil zur Bundeskonferenz nach Berlin entsandt wurde.[518]

Ab 1881 fanden in Ternitz (NÖ) *häusliche Gottesdienste* statt. Das Versammlungslokal, dass man 1885 gemietet hatte, wurde auf behördliche Anordnung 1887 wieder geschlossen. Selbstständig wurde die Gemeinde aber erst 1927, um vier Jahre später wieder eine Station von Wien-Mollardgasse zu werden.[519]

---

[515] Frank Hinkelmann. Konfessionskunde. A.a.O. S. 119.

[516] Johannes Fleischer. „Frühgeschichte des Baptismus in Österreich." S. 14-24 in: Franz Graf-Stuhlhofer (Hg.). Frisches Wasser auf dürres Land. Festschrift zum 50-jährigen Bestehendes Bundes der Baptistengemeinden in Österreich. Oncken Verlag: Kassel, 2005. S. 22f.

[517] Gottfried Rabenau. „Wien als Missionszentrum für die Monarchie: 1888-1924." S. 25-33 in: Franz Graf-Stuhlhofer (Hg.). Frisches Wasser auf dürres Land. Ebd. S. 28.

[518] Richard Matschinger, Martin Wellacher. „Graz" S. 81-87 in: Franz Graf-Stuhlhofer (Hg.). Frisches Wasser auf dürres Land. A.a.O. S. 81.

[519] Gottfried Rabenau. „Wien als Missionszentrum für die Monarchie: 1888-1924." S. 25-33 in: Franz Graf-Stuhlhofer (Hg.). Frisches Wasser auf dürres Land. Ebd. S. 31.

Um den behördlichen Kontrollen der Versammlungen zu entgehen, wurde 1906 der *Christliche Jünglings- und Männer-Verein* und 1910 der *Erste Österreichische Blaukreuz-Verein* gegründet.[520] „Damit wurden die Zusammenkünfte der Gemeinde unter Vereinsrecht gestellt und entkamen so der Kontrolle der Behörde."[521]

Der Zerfall der Donaumonarchie schwächte auch den Einfluss der katholischen Kirche und brachte vor allem für die Freikirchen neue Rechte und die Religionsfreiheit. Nun gab es keine Versammlungsverbote oder Behinderungen bei der Religionsausübung mehr, was sich für die Arbeit positiv auswirkte.[522] „In der Zeit vom Ausbruch des ersten Weltkrieges bis etwa ein Jahrzehnt nach Ende des zweiten Weltkrieges fand der österreichische Baptismus ungefähr zu der Form, die er heute (1981) noch hat. In diesem Zeitraum entstanden fast alle übrigen Baptistengemeinden, in denen heute Gottesdienste gefeiert werden. Als Schlusspunkt dieser Entfaltung sehe ich die Gründung des ‚Bundes der Baptistengemeinden in Österreich' 1953."[523]

Die Nachkriegsjahre bildeten eine Phase der Stagnation, ehe es in den 1980er und 1990er Jahren zu neuen Initiativen v.a. unter Studenten und Ausländern kam. Zahlreiche rumänische Gemeinden schlossen sich dem Bund an, sodass sich die Zahl der Gemeinden binnen 10 Jahren verdoppelte. Auch ein wesentlicher Anstieg der Mitgliederzahlen konnte in dieser Zeit verzeichnet werden, wobei der Großteil des Zuwachses von 700 auf 1150 Mitglieder auch hier auf das Konto der rumänischen Geschwister ging. Im Jahre 2000 stellten sie nahezu 25% aller Mitglieder des Bundes.[524]

Die Zahl der Mitglieder hatte sich von 1150 im Jahre 2000 bis Ende 2007 auf 1335 Mitglieder erhöht.[525] Das angestrebte Ziel, die Mitgliederzahl von 2000 bis 2007 zu verdoppeln, hat sich jedoch nicht erfüllt.[526]

---

520 Ebd. S. 28.

521 Fritz Börner. Freikirchlicher Gemeindebau in Österreich. A.a.O. S. 47.

522 Franz Graf-Stuhlhofer. „Ternitz" S. 46-50 in: Franz Graf-Stuhlhofer (Hg.). Frisches Wasser auf dürres Land. A.a.O. S. 46.

523 Gottfried Rabenau. „Wien als Missionszentrum für die Monarchie: 1888-1924." S. 25-33 in: Franz Graf-Stuhlhofer (Hg.). Frisches Wasser auf dürres Land. Ebd. S. 33.

524 Franz Graf-Stuhlhofer, Walter Klimt. „Heimatmission" S. 156-167 in: Franz Graf-Stuhlhofer (Hg.). Frisches Wasser auf dürres Land. Ebd. S. 163-166.

525 Frank Hinkelmann. Konfessionskunde. A.a.O. S. 118.

526 Franz Graf-Stuhlhofer, Walter Klimt. „Heimatmission" S. 156-167 in: Franz Graf-Stuhlhofer (Hg.). Frisches Wasser auf dürres Land. A.a.O. S. 166.

3.1.1.2 Sozialdiakonische Tätigkeiten

Soziales und politisches Engagement, „insbesondere für Menschenrechte, welches unteilbar zum historischen Baptismus gehört“[527], war und ist dem Bund der Baptisten sehr wichtig. Dies zeigt sich an folgenden Beispielen:

- Die Sonntagsschularbeit war v.a. im 19. Jahrhundert eine diakonische Arbeit. In manchen Teilen der Monarchie war es (trotz Schulpflicht) der Ort, wo auch Kinder aus Arbeiterfamilien Schreiben und Lesen lernen konnten.[528]
- Die intensive und riskante Arbeit für die Juden im Dritten Reich. Hier sei vor allem die Arbeit von Pastor Arnold Köster und dessen Gemeinde Wien-Mollardgasse besonders hervorgehoben.[529]

  > Adolf Böcker berichtete 1984 von seinen Erinnerungen an Köster: „Ich gehörte 1941/42 dieser Gemeinde an und erlebte dort, daß sich A.K[öster] besonders der Juden annahm, so auch Bruder Friedrich Füllbrand, aus Rumänien kommend. Die Gemeinde wurde ein Sammelpunkt vieler flüchtiger Juden und Christen aus Südosteuropa. Die Juden hatten den Judenstern zu tragen. Es war verboten, daß sie an öffentlichen Veranstaltungen, auch an Gottesdiensten, teilnahmen. Trotzdem sah man sie in jedem Gottesdienst unserer Gemeinde. A.K[öster] sowie auch F.F[üllbrandt] [sic!] kümmerten sich um sie. Am Schluß der Versammlung kamen sie nach vorn in einen Nebenraum und brachten ihre Nöte und Wünsche vor. Ich weiß, daß viele Wiener Geschwister sie mit in ihre Häuser nahmen und sie beköstigten, obwohl man selbst wenig zum Leben hatte.“[530]

- Die Beherbergung von Flüchtlingen während des Ungarn-Aufstandes in den 1950ern.[531]
- Die Flüchtlingsbetreuung der Rumänen in den 1970ern und der darauffolgenden Hilfe zur Integration. Als Folge daraus sind sechs rumänischsprachige Gemeinden entstanden.[532]

---

[527] Walter Klimt. „Diakonie“ S. 176-186 in: Franz Graf-Stuhlhofer (Hg.). Frisches Wasser auf dürres Land. A.a.O. S. 176f.

[528] Ebd. S. 177.

[529] Ebd.

[530] Ebd. S. 178.

[531] Sowohl in der Gemeinde Mollardgasse als auch in einem Haus in Purkersdorf wurden während des Ungarn-Aufstandes 1956 über 150 Ungar(inne)n untergebracht, versorgt und betreut. Walter Klimt. „Diakonie“ Ebd. S. 177 u. 181.

[532] Der baptistische Missionar John David Hopper öffnete in den 1980er Jahren zunächst seine Wohnung für rumänische Immigranten. Schon bald wurde daraus eine Gemeinde mit bis zu 200 Gottesdienstbesuchern. Walter Klimt. „Diakonie“. Ebd. S. 181.

- Das bis heute anhaltende Engagement in der Betreuung von Flüchtlingen und Asylwerbern aus aller Welt.[533]
- Die Gründung des Arbeitskreises *Diakonie* im Jahre 2003, der die diakonischen Arbeiten koordiniert und Hilfestellung anbietet.[534]
- Das Studentenwohnheim im *Haus Bethel* in Wien.[535]
- Die Seniorenwohngemeinschaft *Miteinander leben e. V.* in Graz.[536]
- Die Mitgliedschaft in der *Diakonie Österreich.*[537]

3.1.2 Bund Evangelikaler Gemeinden in Österreich (BEG)

3.1.2.1 Geschichtliche Entwicklung

Der BEG selbst wurde erst 1992 gegründet. Dem geht allerdings eine lange Geschichte verschiedener Gruppierungen voraus. Die Wichtigsten sollen im Folgenden dargestellt werden.

3.1.2.1.1. Volksmissionsgemeinden

Die Arbeit der Volksmissionsgemeinden geht im Wesentlichen auf den in Ostpreussen geborenen Max Monsky zurück. Aufgrund des Pfarrermangels in der Evangelischen Kirche kam er 1901 nach Österreich. Nachdem er zuerst einige Jahre als Vikar in St. Pölten und später als Pfarrer in Krems gearbeitet hatte, begann 1912 seine evangelistische Arbeit bei der Evangelischen Gesellschaft in Graz.[538] Diese war eine Art Erneuerungsbewegung innerhalb der evangelischen Kirche. Durch seine österreichweite Tätigkeit entwickelten sich daraus die Volksmissionsgemeinden.[539]

Bereits 1923 stellte Monsky fest: „Neue Wege müssen gesucht werden, um mit dem Evangelium an die Volksmassen zu gelangen. Diese sind derart der Religion entfremdet, die äußere Kultur der Technik und des wirtschaftlich nationalen Aufschwunges hat ihre Sinne so in Anspruch ge-

---

533 Hier sei vor allem die Flüchtlingsarbeit der Baptistengemeinde Salzburg erwähnt. Walter Klimt. „Diakonie". Ebd. S. 182.

534 Ebd. S. 184.

535 Ebd. S. 185. Vgl. Projekt: Gemeinde. http://www.projekt-gemeinde.at/wiki/projekte (1.7.2010).

536 Dieses Projekt wurde in einem separaten Verein unter dem Dach der Diakonie Österreich realisiert. Walter Klimt. „Diakonie" Ebd. S. 184. Vgl. Diakonie Miteinander leben. http://www.miteinander-leben.at/ (1.7.2010).

537 Walter Klimt. „Diakonie" A.a.O. S. 177.

538 Fritz Börner. Freikirchlicher Gemeindebau in Österreich. A.a.O. S. 108f.

539 Anna Steinböck. Die Evangelikale Bewegung. A.a.O. S. 67.

nommen, daß für die innere Kultur des unmittelbaren Gotteserlebens kein Raum mehr bleibt.“[540]

Für die damalige Zeit (bedenken wir, dass wir hier von den Jahren 1919-1923 sprechen!) zog er die richtigen Schlüsse, indem er „[ö]ffentliche, zunächst allgemein bewegende Vorträge in möglichst neutralen Sälen“[541] an zahlreichen Orten in Österreich abhielt. Themen waren z.B. *Erneuerung, das Gebot der Stunde für unser Volk*, *Körperliche Ertüchtigung*, *Soziale Betätigung* usw.[542] Anschließend gab es die Möglichkeit der Aussprache. Denn schon damals stellt er fest, dass bei fast allen *klassischen Evangelisationen* „die Hauptmasse der Besucher sich immer wieder doch aus den kirchlichen und gläubigen Leuten zusammensetzt.“[543] Mit diesem Konzept zog er durch ganz Österreich, um Vorträge abzuhalten: In Linz im kaufmännischen Vereinshaus, in Salzburg im Kurhaussaal, in Villach im Stadttheater, in Wels im Kasinosaal, in Mödling im Brauereihaus, usw.[544]

Monsky hatte die Zeichen der Zeit richtig erkannt und legte damit den Grundstein für die Volksmissionsgemeinden. Doch nach dem Zweiten Weltkrieg stellte Monsky fest, dass der damals neuartige Weg der Volksmissionen nun nicht mehr zog.

> „‚Neue Wege müssen gesucht werden‘, 1918 ff. war es ein neuer Weg: Neutrale Säle, Plakate, Handzettel, Presse. Ob das alles heute noch in gleicher Weise ziehen wird, ich weiß es nicht und glaube es kaum. Vielleicht muss auch heute wieder etwas anderes, etwas ganz Neues gesucht und gefunden werden. Liebe macht erfinderisch.“[545]

1949 las er im Wiener Blatt, dass ein katholischer Franziskaner-Pater im Resselpark in Wien predigte. Er besuchte ihn und suchte danach um eine Erlaubnis für Straßenpredigten bei der Polizeidirektion an. Fünf Minuten später hatte er eine generelle Erlaubnis zum Predigen.[546] Allerdings bezog sich die Genehmigung nur auf Wien, weshalb er in Mödling, seinem Wohnort, ebenfalls um Genehmigung ansuchte. Der kommunistische Be-

---

540 Max Monsky. Im Dienst am eigenen Volk. Denkschrift. Evangelische Gesellschaft in Österreich: Wien, 1923. S. 37.
541 Ebd. S. 38.
542 Ebd.
543 Ebd.
544 Ebd. S. 48.
545 Max Monsky. Im Kampf um Christus. Erlebnisse und Erfahrungen eines Achtzigjährigen aus sechsfachem Jubiläum. Wien: Selbstverlag, o. J. (1956). S. 90.
546 Ebd. S. 93f.

zirksleiter der Polizei erteilte sie ihm ohne Probleme und das hatte seinen guten Grund. Monsky schreibt:

> „Er kannte mich von der Austeilung der Quäkerhilfe[547] her, bei der ohne Unterschied von Konfessionen und Politik vorgegangen worden war. Ich hatte sie durch Hilfe der mir von meiner Wiener Seelsorge an Israel her befreundeten Leiterin derselben, der Schwedenschwester M a l a G r a n a t, nach Mödling bringen können. Und dadurch war die Volksmission dort im besten Sinne stadtbekannt geworden. Das kam mir jetzt zugute."[548]

So führte der damals bereits über 70-jährige Monsky zahlreiche Straßeneinsätze durch.

Der Grund für Monskys *Erfolg* war, dass er mit seiner Art der Evangelisation den Nerv der Zeit traf. Keine Art oder Methode war für ihn die allein gültige. Selbst im hohen Alter von 85 gab er einem jungen Studenten folgenden Rat mit auf den Weg: „Ihr müsst die Fragen und Lebensherausforderungen ansprechen, die die Menschen heute betreffen und nicht was vor 60 Jahren gut ankam."[549]

Die Geschichte der Volksmissionsgemeinden geht sehr unterschiedlich weiter. Während etwa die Volksmission Graz und Wien wie auch das Missionswerk Salzburg und dessen Abspaltung, die Gemeinde Unterwegs in Salzburg, sich nach wie vor zur Evangelischen Kirche gehörig zählen, schlugen etwa die Volksmission Linz, Innsbruck und deren Tochtergemeinden den freikirchlichen Weg ein und sind heute Mitgliedsgemeinden des Bundes Evangelikaler Gemeinden in Österreich.[550] Andere, wie etwa die Volksmission Wels und Mödling lösten sich auf.

---

547 An anderer Stelle berichtete Monsky, wie die Quäkerhilfe aussah. Etwa jedes Viertel Jahr verteilte er in Mödling hundert Zweikilopäckchen mit Zucker, Mehl, Gries, Reis, Kondensmilch und anderem. Dies geschah in einem öffentlichen Akt, bei dem meist der Bezirkshauptmann, der Bürgermeister, der katholische Dechant und Vertreter der Presse anwesend waren. Aufgrund der Presseberichte war er im guten Sinne weithin bekannt geworden. Vgl. Max Monsky. Im Kampf um Christus. Ebd. S. 168.

548 Ebd. S. 96.

549 Wilhelm Faix. „Gesellschaftsanalyse Europa: postmoderne Ansatzpunkte für das Evangelium" S. 10-45 in: Klaus W. Müller (Hg.). Mission im postmodernen Europa. A.a.O. S. 10.

550 Frank Hinkelmann. Konfessionskunde. A.a.O. S. 182.

3.1.2.1.2. Evangelikale Gemeinde Tulpengasse

Es gibt wohl kaum eine Gemeinde, deren Geschichte den BEG stärker geprägt hat wie die Geschichte der Evangelikalen Gemeinde Tulpengasse. Gegründet wurde die Gemeinde von Abe und Irene Neufeld. Die beiden hatten durch ihre Mitarbeit in der Mennonitengemeinde Linz bereits 5 Jahre Missionserfahrung in Österreich.[551] Aus gesundheitlichen Gründen waren sie gezwungen 1959 die Arbeit in Linz zu beenden.[552] 1969 kamen sie zurück nach Österreich und ließen sich in Wien nieder. Durch die finanziellen Schwierigkeiten der mennonitischen *Missionsbehörde* (BOMAS) entschlossen sie sich, finanziell unabhängig zu sein, wenngleich sie trotzdem engen Kontakt zu den anderen mennonitischen Gemeinden hielten.[553]

Nach der Fernsehevangelisation *Euro 70* bekamen sie acht Adressen zur Nacharbeit. Mit sechs davon begannen die Neufelds eine Bibelstunde. Gleichzeitig bildeten sie den Kern der Gemeinde, die in der Fasangasse begann. Kurze Zeit darauf bezog man neue Räume in der Tulpengasse, wodurch die Gemeinde zur *Gemeinde Tulpengasse*, meist Tuga genannt, wurde.[554]

Ein wesentliches Prinzip der Neufelds war es, von Anbeginn auf die Einheimischen zu hören. Die Gemeinde sollte frei sein, selbst zu bestimmen, zu welcher Denomination sie gehören wollen.[555]

Bereits am 1. November 1970 begann man auf Wunsch etlicher Christen mit dem Gottesdienst, während die Bibelstunde binnen eines Jahres auf 45-50 Personen angewachsen war. Im Februar 1973 fand die offizielle Einweihung der Räumlichkeiten in der Tulpengasse statt und im Sommer 1973 wurden 14 Männer in den Bruderrat gewählt. Zu dieser Zeit nahmen bereits durchschnittlich 110 bis 140 Personen an einer Bibelwoche in der Tulpengasse teil.[556]

Bei der Großevangelisation des Janz-Teams 1976 trafen an die 500 Personen eine Entscheidung für Christus, wobei viele den Weg in die Tuga fanden.[557] 1977 wurde mit Willi Giefing der erste Österreicher als vollzeit-

---

551 Fritz Börner. Freikirchlicher Gemeindebau in Österreich. A.a.O. S. 133.

552 Franz Rathmair. Die Mennonitische Brüdergemeinde in Österreich. Unveröffentlichte Diplomarbeit. Steyr, 1987. S. 12.

553 Fritz Börner. Freikirchlicher Gemeindebau in Österreich. A.a.O. S. 133.

554 Franz Rathmair. Die Mennonitische Brüdergemeinde in Österreich. A.a.O. S. 82.

555 Margaret Epp. 8., Tulpengasse. A Church Blossoms in Vienna. Canadian Conference of Mennonite Brethren Churches: Winnipeg, 1978. S. 137.

556 Franz Rathmair. Die Mennonitische Brüdergemeinde in Österreich. A.a.O. S. 83.

557 Fritz Börner. Freikirchlicher Gemeindebau in Österreich. A.a.O. S. 135.

licher Koordinator angestellt. Im Sommer 1978 führte die Gemeinde einen Sommereinsatz mit OM im 21. und 22. Bezirk durch. Mehr als 50 Glieder der Gemeinde wohnten bereits in diesen Stadtteilen. Der Sommereinsatz war gleichzeitig auch der Startschuss für die im Entstehen begriffene Tochtergemeinde Floridsdorf.[558]

Interessant dabei ist, dass die evangelistischen Veranstaltungen mit Graham, Schulte und dem Janz-Team in den 1960er und 1970er Jahren teilweise oder ganz von der Wiener Evangelischen Allianz (kurz WEA) getragen wurden. Dies bewirkte „zu dieser Zeit einen wesentlichen Vorwärts-Schub in vieler Hinsicht".[559] Die Zusammenarbeit ermutigte die Freikirchen couragierter fürs Evangelium einzutreten, was sehr positive Auswirkungen auf die Arbeit der Tuga hatte. Als es jedoch in Folge dessen zur Gründung der *ARGE für Missionarische Tätigkeiten*, die sich als Jugendallianz der Wiener Evangelischen Allianz im Norden der Stadt verstand, kam, blieb dies nicht ohne Folgen. „[I]n dem Maße wie diese jungen Leiter in den späten 70er Jahren und den 80ern ihre Kraft in die Bildung von Strukturen und der Stärkung des eigenen Selbstverständnisses steckten, verlor das Gemeinsame in der WEA an Einfluss und die konstruktive Mitarbeit dieser Erneuerungskräfte, was in der Allianz schmerzhaft empfunden wurde."[560] Auch innerhalb der Gemeinde kam es zu erheblichen Turbulenzen, aus denen letztendlich zwei eigenständige Gemeinden hervorgingen. Gleichzeitig war es auch das Ende der Aufbruchsbewegung in der Tuga. Aus den Tochtergemeinden heraus entstanden zwar weitere neue Gemeinden, doch auch dies verebbte im Laufe der nächsten Jahre.[561]

„Aus der Gemeinde Tulpengasse wuchsen innerhalb von 20 Jahren die Gemeinden Floridsdorf, Kagran, Strasshof, Wien-Hietzing, Wien-Südost, Tulln, Wien-Währing, und Wien-Lichtental heraus."[562] Zahlreiche Tochtergemeinden der „Tuga" (die Gemeinde Tulpengasse selbst jedoch nicht!)[563] gehören heute zum BEG.[564]

Umstritten ist bis heute, worin der Grund für den rasanten Wachstum der Gemeinde liegt. D. Wiens etwa bezweifelte, dass es daran lag, dass

---

558 Franz Rathmair. Die Mennonitische Brüdergemeinde in Österreich. A.a.O. S. 84.

559 Walter Bösch. Damit sie alle eins seien. A.a.O. S. 19.

560 Ebd.

561 Vgl. Bericht von Willi Giefing beim 1. Gemeindegründungstreffen der ARGEGÖ 1995. Christoph Windler (Hg.). Dokumentation des 1. Gemeindegründungstreffens der Arbeitsgemeinschaft Evangelikaler Gemeinden in Österreich. S. 52.

562 Fritz Börner. Freikirchlicher Gemeindebau in Österreich. A.a.O. S. 137.

563 Frank Hinkelmann. Konfessionskunde. A.a.O. S. 157.

564 Vgl. Webseite des Bundes evangelikaler Gemeinden in Österreich. http://www.beg.or.at/index.php/content/view/18/38/ (1.7.2010).

sich die Gemeinde von der Missionsbehörde der Mennoniten (BOMAS) getrennt hatte. Vielmehr meinte er: „Bruder Neufeld hat eine Art, die Menschen an sich zieht, und die Deutschen und Österreicher verfallen sehr leicht einer effektiven Leiterschaft."[565] Biber führt es darauf zurück, dass die Missionsstrategie hauptsächlich über Hauskreise geführt hat.[566] Giefing, selbst eine *Frucht* der Tuga, führt es u.a. darauf zurück, dass die Hauptevangelisationsmethode *persönliche Evangelisation* war und dass die Kleingruppenarbeit zur Methode gemacht wurde.[567] Ähnlich formuliert es auch Nigisch, ebenfalls zur Tuga gehörig. Er erlebte Neufeld als „warmherzigen Evangelisten".[568]

Für Neufelds waren zwei Grundsätze wichtig:

> „To reckon with the presence of the Holy Spirit in every believer, and to expect each Christian to function one hundred percent at the level of his maturity."[569]

Letztendlich haben sicherlich noch mehr Faktoren dazu beigetragen, dass es zu diesem raschen Gemeindewachstum kam.

3.1.2.1.3. Evangelikale Gemeinde Wien-Quellenstraße/ TEAM Mission

1968 begann die missionarische Arbeit der TEAM-Mission mit der Ankunft von zwei Missionsehepaaren in Wien. Nach einer Evangelisation mit einem Missionszelt startete man mit einem Hausbibelkreis und noch im selben Jahr fand der erste Gottesdienst statt. Nachdem der erste Versammlungsraum bald zu klein wurde, mietete man 1973 Lagerräume in der Quellenstraße an und renovierte sie, ehe es im Mai 1974 zur feierlichen Eröffnung kam. Durch die bis zu 50 Gottesdienstbesucher wurden die Raumverhältnisse bald wieder knapp und so war man froh, dass man das an den Raum anschließende Kino anmieten konnte. 1978 wurde das Zentrum mit einer Evangelisation, bei der Wilhelm Pahls predigte, eröffnet.

---

565 D.B. Wiens zitiert in: Franz Rathmair. Die Mennonitische Brüdergemeinde in Österreich. A.a.O. S. 84.

566 Peter Biber. Österreichische Gemeinden in den Teenagerjahren. A.a.O. S. 38.

567 Vgl. Bericht von Willi Giefing beim 1. Gemeindegründungstreffen der ARGEGÖ 1995. Christoph Windler (Hg.). Dokumentation des 1. Gemeindegründungstreffens. A.a.O. S. 52.

568 Information basierend auf einem Gespräch mit Johann Nigisch am 25.10.2010 in Spital am Pyhrn.

569 Margaret Epp. 8., Tulpengasse. A.a.O. S. 138.

1981 kam es zur ersten Einsetzung von Ältesten in der Gemeinde, die nun die Gemeinde führten.[570]

Neben den diversen Veranstaltungen wie dem Gemeindebibelkreis, dem Frauenkreis und vor allem auch der Kinderarbeit war man sehr stark in der Telefonmission tätig. „In der Zeit von 1978 bis 1984 riefen im Durchschnitt 34 Personen [täglich, Anm.] an."[571] Im Durchschnitt nannte jeder 87. Anrufer seine Adresse, sodass in weiterer Folge Kontakt mit ihm aufgenommen werden konnte.[572]

„Zu den missionarischen Aktivitäten der Gemeinde gehörte eine ‚Mann zu Mann' Evangelisation, der Büchertisch in der Fußgängerzone an jedem Samstag und Freiversammlungen, die mit den anderen zwei Teamgemeinschaften, Döbling und Mödling, viermal jährlich durchgeführt wurden."[573] Bis heute konzentriert sich die TEAM-Mission (und die aus deren Arbeit entstandenen Gemeinden) vor allem auf den südlichen Großraum von Wien. So entstand 1978 eine Gemeinde in Mödling und 1982 eine in Döbling. Als ein Mitglied der Gemeinde Mödling berufsbedingt nach Micheldorf (OÖ) zog, kam es dort ebenfalls zu einer Gemeindeaufbauarbeit.

3.1.2.1.4. Brüdergemeinden

Die Gründung der ersten Brüdergemeinde in Wien fällt in die Zwischenkriegszeit. Die Evangelisch-Freikirchliche Gemeinde (wie deren offizielle Bezeichnungen lautete) wurden vor allem aus England, Deutschland und der Schweiz unterstützt, sodass sie bis 1940 bereits auf 100 Mitglieder angewachsen war.[574] Missionarisch aktiv wurden die „Brüder" aber erst, als um 1950 die ersten Wiedenester Missionare nach Österreich kamen und in der Steiermark, in Kärnten und in Tirol begannen, Gemeinden zu gründen.[575] „Den jungen, unerfahrenen Missionaren [...] war es von Anfang an klar, daß sie ihrem Auftrag an Österreich nur gemeinsam nachkommen könnten."[576] Die jährliche *Glaubenskonferenz*, wie auch die Zeitschrift *Weckruf* (später in *Christsein heute* umbenannt), förderte den Zusammenhalt.

---

570 Fritz Börner. Freikirchlicher Gemeindebau in Österreich. A.a.O. S. 146.
571 Ebd. S. 147.
572 Ebd.
573 Fritz Börner. Freikirchlicher Gemeindebau in Österreich. A.a.O. S. 147.
574 Peter Biber. Österreichische Gemeinden in den Teenagerjahren. A.a.O. S. 36.
575 Fritz Börner. Freikirchlicher Gemeindebau in Österreich. A.a.O. S. 81.
576 Ebd. S. 79.

Die Arbeit entwickelte sich regional unterschiedlich. Der Schwerpunkt der Mission war, möglichst rasch, viele (auch kleine) Gemeinden, vor allem in bevölkerungsreichen Gebieten (Industriegebiete), zu gründen. Evangelisation geschah dabei durch OM-Teams, Jugendgruppen, Zeltmission, Haus-zu-Haus-Einsätze am Ort, aber auch in unmittelbar angrenzenden Gebieten, um dort weitere Gemeinden zu gründen.[577]

Da der Antrag der Evangelisch-Freikirchlichen Gemeinden auf Zuerkennung als staatlich eingetragene religiöse Bekenntnisgemeinschaft abgelehnt wurde, schloss sich ein großer Teil der Gemeinden dem BEG an.[578]

3.1.2.1.5. Gründung des BEG

Die Baptistengemeinden, die Mennonitengemeinden und eine Reihe der oben genannten evangelikalen Gemeinden trafen sich seit Ende der 1960er Jahre zu einer jährlichen Schulungswoche. Dies führte zu einer vertieften Zusammenarbeit in der *Arbeitsgemeinschaft Evangelikaler Gemeinden in Österreich* (ARGEGÖ) im Jahre 1981.[579] Gemeinsam führte man eine jährliche Schulungswoche, regionale missionarische Einsätze und Jugendtage durch. Das Hauptanliegen dabei war von Anfang an die regionale Zusammenarbeit.[580] Doch für eine Reihe freier Gemeinden erschien die Zusammenarbeit zu lose, weshalb es Ende der 1980er Jahre sowohl im Westen wie auch im Osten Österreichs zu Überlegungen über die Gründung eines Bundes kam. Nachdem man sich im Jahre 1990 dazu entschlossen hatte, eine Glaubensgrundlage, als auch Grundsätze einer Zusammenarbeit zu entwerfen, kam es im Juni 1991 zu einem Treffen von 28 Einzelgemeinden, die ihr Interesse an dem zu gründenden Bund äußerten. Durch den Einspruch der Evangelischen Kirche wurde die Gründung in erster Instanz abgelehnt. Da dem Einspruch des Proponenten-Komitees bei der Vereinsbehörde stattgegeben wurde, kam es am 21. März 1992 zur vereinsrechtlichen Gründung des *Bundes Evangelikaler Gemeinden in Österreich* (BEG) durch 17 Gemeinden in Traun.[581] 1998 kam es zur Anerkennung als staatlich eingetragene religiöse Bekenntnisgemeinschaft.[582]

---

577 Ebd. S. 166.

578 Die Ablehnung wurde u.a. damit begründet, dass kein entscheidender Unterschied zum BEG erkennbar sei.

579 Frank Hinkelmann. Konfessionskunde. A.a.O. S. 223.

580 Fritz Börner. Freikirchlicher Gemeindebau in Österreich. A.a.O. S. 193.

581 Frank Hinkelmann. Konfessionskunde. A.a.O. S. 114.

582 Ebd.

Aktuell gehören dem BEG 45 Gemeinden an; 4 weitere Gemeinden haben den Status einer *Beobachtergemeinde*.[583]

3.1.2.2 Sozialdiakonische Tätigkeiten

Der BEG hat seit 2006 einen Arbeitskreis *Diakonie*. Folgende Schwerpunkte werden dabei gesetzt:

- „Unterstützung; Beratung und Coaching für Gemeinden zur Durchführung diakonischer Projekte“[584]
- „Predigtreihen zum Thema Diakonie in der Schrift“[585]
- „Diakonietag in der örtlichen Gemeinde mit Workshop“.[586] So fanden 2009 neun Diakonie-Sonntage in verschiedenen Gemeinden statt.[587] 2010 fand erstmals ein Diakonie-Tag mit „14 Geschwister aus immerhin sieben verschiedenen Gemeinden“[588] statt.
- „Seminare und Workshops zu sozialdiakonischen Themen“[589]

Das Anliegen des Arbeitskreises ist, aufzuzeigen, dass Diakonie bereits stattfindet. Die ursprünglich angedachte Bezeichnung als *Team – Diakonie + Evangelisation*[590] wurde allerdings von der Leiterin des Teams strikt abgelehnt. Ihrer Ansicht nach hat Diakonie nichts mit Evangelisation zu tun.[591]
Unabhängig davon gibt es noch einzelne sozialdiakonische Initiativen:

---

583 Diese Zahlen wurden mir vom BEG direkt übermittelt. Stand März 2011. Vgl. Webseite des BEG. http://www.beg.or.at/index.php/content/view/18/38/ (2.7.2010).

584 Bund evangelikaler Gemeinden in Österreich. „Gemeindeverzeichnis“. http://www.beg.or.at/index.php/content/view/18/38/ (7.3.2011). In der Statistik wird zwar angegeben, dass 36 Gemeinden dem BEG angehören. Aufgeführt sind jedoch 45 Gemeinden mit Adresse, weshalb ich diese Zahl übernommen habe.

585 Bund evangelikaler Gemeinden in Österreich. „Team Diakonie“. http://www.beg.or.at/index.php/content/view/66/95/ (7.3.2011).

586 Ebd.

587 Vgl. Andrea Weiß. „Diakonie: Es war ein umtriebiges Jahr!“ S. 10 in: BEG Aktiv. Nr. 58/ November 2009. S. 10.

588 Andrea Weiß. „Diakonietag des BEG“. BEG Aktiv. Nr. 62/ Februar 2011. S. 16.

589 Bund evangelikaler Gemeinden in Österreich. „Team Diakonie“. http://www.beg.or.at/index.php/content/view/66/95/ (1.7.2010).

590 So die Information, die Rudolf Regez, Mitglied der Bundesleitung des BEG, mir am 14.7.2006 per Mail übermittelte.

591 Dies wurde mir bei einer Sitzung des Teams am 23.6.2009 in Wien von der Leiterin des Arbeitskreises mitgeteilt.

Um besser diakonisch helfen zu können, wurde etwa am 7.9.2010 der Verein *Hilfe die ankommt* mit Sitz in Wien gegründet.[592]

Seit einigen Jahren gibt es in Enns das Projekt *Oase*. „Die OASE will Menschen ein Stück Zuhause anbieten, einen Ort, wo sie willkommen sind, wo sie ein offenes Ohr finden, wo jemand Zeit für sie hat und wo sinnvolle Gemeinschaft gepflegt wird."[593]

Seit kurzem gibt es in Villach die *Mosaik-Arbeit*. Da die sozialdiakonische Aktivität für die Gemeindegründung hinderlich war, wurden die beiden Bereiche getrennt.[594]

3.1.3 Mennonitische Freikirche Österreich (MFÖ)

3.1.3.1 Geschichtliche Entwicklung

Die Anfänge der Mennonitischen Freikirchen (ehemals Mennonitische Brüdergemeinden) gehen auf die Nachkriegszeit zurück. Um vor allem den mennonitischen Flüchtlingen, die aus Polen und Galizien nach Wien gekommen waren, zu helfen, war das *Mennonitische Zentralkomitee* (kurz MCC) bereits ab 1945 in Österreich aktiv.[595] 1950 und 1952 reiste H.K. Warkentin mit seiner Frau durch Österreich. Obwohl es ein privates Unternehmen war, diente es gleichzeitig als Erkundungsreise für die nordamerikanische *Missionsbehörde* (BOMAS). Nachdem diese merkte, dass auch die geistliche Not sehr groß war, beschloss die Generalkonferenz der nordamerikanischen Mennoniten, dass sie mit der Missionsarbeit in Deutschland und Österreich beginnen wollen. Da die meisten Hilfsorganisationen in Wien und Salzburg stationiert waren, begann man mit der Arbeit in Linz.[596]

1953 wurden zwei Familien in Linz stationiert, um unter den 30.000 Flüchtlingen, die in den etwa 20 Flüchtlingslagern lebten, zu arbeiten. Da rein religiöse Dienste aus Vorsicht vor verschiedenen um Anhänger werbende Sekten nicht erlaubt waren, meldeten sich die Missionare bei den amerikanischen Besatzungstruppen und bei der österreichischen Regierung

592 Vgl. Bundesministerium f. Inneres. Abt. IV/2 IT-MS. Vereinsregisterauszug mit ZVR-Zahl 860764403. http://zvr.bmi.gv.at/Start (29.10.2010).

593 Rudi u. Christine Regez. „OASE in Enns – ein sozial-diakonisches Projekt". BEG Aktiv. Nr. 55/ September 2008. S. 9.

594 Dies teilte mir Reinhold Eichinger im persönlichen Gespräch am 23.10.2010 in Spital am Pyhrn mit.

595 Fritz Börner. Freikirchlicher Gemeindebau in Österreich. A.a.O. S. 93.

596 Franz Rathmair. Die Mennonitische Brüdergemeinde in Österreich. A.a.O. S. 5.

als Hilfswerk an. Noch im selben Monat, im Oktober 1953, erteilte die amerikanische Besatzungsbehörde der mennonitischen Missionsarbeit in Österreich die offizielle Anerkennung als Missionswerk und Kirche. Die Missionare begannen, mitgebrachte Kleidung zu verteilen und evangelistische Filme zu zeigen. Im Allgemeinen wurde in jedem Lager drei oder vier Abende hintereinander evangelisiert und am Ende bekannt gegeben, dass eine wöchentliche Bibelstunde beginnen würde. Mit der Zeit wurde das Verteilen von Kleidung, Decken, Kohle usw. jedoch zugunsten der missionarischen Arbeit immer mehr eingeschränkt.[597]

Bereits 1954 gab es einen Rückgang in der Arbeit in Linz. Während ein Ehepaar aus gesundheitlichen Gründen zurück nach Amerika musste, wurde das zweite Ehepaar nach Neuwied (Deutschland) gesandt. Als Ersatz kam im Jänner 1955 die Familie Abe und Irene Neufeld nach Linz. Und obwohl sie praktisch mit der Arbeit von vorne beginnen mussten, wurde das Wohnzimmer als Gottesdienstraum bald zu klein. Ein Saal im Gasthaus Seimayr, das sich in unmittelbarer Nähe zum Flüchtlingslager befand, wurde angemietet. Dies war allerdings nur eine Notlösung, da sie meist die Spuren der davorliegenden Wirtshausnacht beseitigen mussten, ehe sie den Gottesdienst abhalten konnten.[598]

Die Mischung aus sozialem Dienst und der evangelistischen Arbeit trug Früchte. Bereits 1955, also zwei Jahre nach Beginn der Arbeit, wurden die ersten 5 Personen getauft. Obwohl Ende 1956 erst 12 getaufte Mitglieder zur Gemeinde gehörten, wurden die Gottesdienste von 100-120 Personen besucht. Aufgrund des massiven Platzmangels und den Zuständen im Gasthaus Seimayr wurde mit Hilfe der Missionsbehörde 1957 mit dem Bau eines Versammlungshauses begonnen. Die Einweihung im Februar 1958 erfolgte im Beisein von 300 Personen, und auch in den folgenden Monaten nahm der Gottesdienstbesuch ständig zu. Gleichzeitig legte man mit dem Bau des Hauses auch den Grundstein für die Ausweitung der Arbeit in Österreich.[599]

Zu dieser Zeit hatte sich die wirtschaftliche Kraft Österreichs erholt und als auch die Flüchtlingslager nach und nach aufgelassen wurden, beendete das Mennonitische Zentralkomitee den sozialen Dienst. Der darauf folgende häufige Mitarbeiterwechsel, wie auch der Wegzug vieler Flüchtlinge, führte dazu, dass zwar die Mitgliederzahl weiter zunahm, nicht aber die Zahl der Gottesdienstbesucher.[600]

---

[597] Ebd. S. 6.

[598] Ebd. S. 8.

[599] Franz Rathmair. Die Mennonitische Brüdergemeinde in Österreich. A.a.O. S. 8.

[600] Fritz Börner. Freikirchlicher Gemeindebau in Österreich. A.a.O. S. 94f.

Von Linz ausgehend breitete sich die Arbeit nach Wels, Steyr, Gmunden und Wien aus, wo heute noch mennonitische Freikirchen bestehen. Andere Gemeindegründungsprojekte wie etwa in Amstetten und Liezen, aber auch die Gemeindearbeit in Salzburg,[601] mussten im Laufe der Jahre eingestellt werden.[602] Auch die zahlreichen Bestrebungen, im Umfeld von Linz (Enns, Ansfelden, Traun, Kematen, Gallneukirchen usw.) Tochtergemeinden zu gründen, blieben wenig erfolgreich und wurden oft bereits in der Aufbauphase wieder eingestellt.[603] Lediglich die Christliche Gemeinde Urfahr kann als Folge dieser Missionsarbeit bezeichnet werden.[604] Dem Bund der Mennoniten Freikirche Österreich gehört sie jedoch nicht mehr an.[605]

3.1.3.2 Sozialdiakonische Tätigkeiten

Wie wir bei der Geschichte der Mennonitischen Freikirche Österreich gesehen haben, entstanden die ersten Gemeinden aus einem sozialen und missionarischen Engagement heraus. Das Anliegen des Mennonitischen Missionswerkes *MB Mission* ist „holistic church planting that transforms communities among the least reached";[606] in der Arbeit in Österreich schlägt sich das allerdings nur sehr bedingt nieder. Der Grund ist sicherlich, dass der Bund der Mennoniten mit fünf Gemeinden zu den kleinsten Bünden in Österreich gehört und die Ressourcen dementsprechend beschränkt sind.

Dass das Anliegen der Transformation vorhanden ist, zeigt u.a. folgender Auszug aus dem derzeitigen Glaubensbekenntnis:

> „Wir streben danach in allen Beziehungen Gottes Werkzeuge der Versöhnung und Friedensstifter zu sein. Dies schließt Situationen, in denen wir per-

---

601 Die Mennonitengemeinde Salzburg wurde am 10.10.2010 aufgelöst.

602 Frank Hinkelmann. Konfessionskunde. A.a.O. S. 132.

603 Franz Rathmair. Die Mennonitische Brüdergemeinde in Österreich. A.a.O. S. 15.

604 Vgl. Bericht von Franz Rathmair beim 1. Gemeindegründungstreffen der ARGEGÖ 1995. Christoph Windler (Hg.). Dokumentation des 1. Gemeindegründungstreffens. A.a.O. S. 8.

605 Frank Hinkelmann. Konfessionskunde. Konfessionskunde. A.a.O. S. 157.

606 MB Mission. „Vision and Values". http://www.mbmission.org/discover/vision-and-values/ (16.5.2011).

sönlich Unrecht erleiden, ein, als auch Situationen gesellschaftlicher Umwälzungen und internationaler Spannungen."[607]

Das Verständnis als *Friedenskirche* hat sich in den Gemeinden meist auf die Debatte *Bundesheer oder Zivildienst* beschränkt. Hatte sich ein junger Mann für das Bundesheer entschieden, gab das oft heftige Proteste in der Gemeinde.

Einzelne Gemeindemitglieder sind durchaus diakonisch aktiv. Von einer sozialdiakonischen Tätigkeit einer Gemeinde oder gar des Bundes kann in dem Zusammenhang jedoch nicht gesprochen werden.

3.1.4 Freie Christengemeinde – Pfingstgemeinde in Österreich (FCG)

Die Gründung der ersten Freien Christengemeinden (Pfingstgemeinden) durch schwedische, schweizerische und deutsche Missionare fiel in die Zwischenkriegszeit.[608] Während des Ständestaats kam es jedoch zu sehr starker Einschränkung der missionarischen Arbeit oder gar zum Versammlungsverbot. „Öffentliche Gottesdienste von staatlich nicht anerkannten Religionsgemeinschaften durften nicht mehr stattfinden, die Gemeindelokale wurden behördlich versiegelt und ausländische Missionare mußten das Land verlassen."[609] Nach dem Anschluss Österreichs an das Deutsche Reich wurde zwar das Versammlungsverbot etwas gelockert, doch trug nun der Zweite Weltkrieg das seine dazu bei, sodass man 1945 von einem Neubeginn sprechen kann.[610]

Oberösterreich wird dabei, bedingt durch die vielen Flüchtlinge, die bereits gläubig waren oder auch hier in Österreich zum Glauben gekommen waren, sehr schnell zum Schwerpunkt. Dabei hatte ein Mann ganz wesentlich dazu beigetragen, dass sich die Bewegung der Freien Christengemeinden im Land etablierte und gut entwickelte. Über ihn wird berichtet:

> „Durch den Dienst von Bruder M. Baumgärtner entstand in Oberösterreich eine Gemeinde nach der anderen und der Herr gab herrliche Erweckungen in verschiedenen Ortschaften. Als Sekretär nahm er rasch Verbindung mit den

[607] Mennonitische Freikirche Österreich. „Glaubensbekenntnis". http://www.mennoniten.at/index.php?option=com_content&task=view&id=35&Itemid=74#a14 (16.5.2011).

[608] Eine Bewegung stellt sich vor. 50 Jahre Freie Christengemeinden in Österreich. Eigenverlag: Salzburg, 1997. S. 16f.

[609] Ebd. S. 17.

[610] Ebd. S. 19.

> Brüdern im Ausland auf, vor allem mit USA und Schweden. Bald darauf traf eine Hilfslieferung nach der anderen für die hungernden und frierenden Geschwister ein. Aber nicht nur für das materielle Wohl war er bedacht und vermittelte die für die junge Bewegung so dringend benötigten Liederbüchlein, Bibeln, Traktate, Schriften und Lektionshefte."[611]

In vielen Orten und Dörfern entstanden Gemeinden. Ähnlich wie bei den Mennoniten, gab es auch unter den Freien Christen eine große Auswanderungswelle u.a. nach Kanada, USA, Deutschland und Australien. Die verbleibenden *Volksdeutschen* integrierten sich zusehends in der Bevölkerung und so kam es zur eigentlichen Arbeit unter den Österreichern.[612] Doch auch hier sehen wir eine zunehmende Verlagerung des missionarischen Auftrages in Richtung Verkündigung, wenngleich der soziale Auftrag nie aus den Augen verloren wurde. So ist man seit vielen Jahren auf dem Gebiet der Betreuung von Gefangenen und Haftentlassenen tätig.[613] Darüber hinaus betreibt der Bund seit 35 Jahren ein Altenheim in Bürmoos.[614]

3.1.4.1 Sozialdiakonische Tätigkeiten

Im Gegensatz zum Bund der Baptisten oder dem BEG existiert im Bund der Freien Christengemeinden – Pfingstgemeinden kein eigener Arbeitskreis *Diakonie*. Vielmehr steht der Wunsch, Jesus Christus in Wort und Tat zu verkündigen, im Vordergrund.[615] Dies zeigt sich u.a. in ihrem Verständnis von Gemeinde und Mission. So verstehen sie sich als *missionale Gemeinde*.[616]

---

611 Bericht aus der Zeitschrift „Die letzte Stunde", zitiert in: Eine Bewegung stellt sich vor. 50 Jahre Freie Christengemeinden in Österreich. A.a.O. S. 20.

612 Ebd.

613 Eine Bewegung stellt sich vor. 50 Jahre Freie Christengemeinden in Österreich. A.a.O. S. 22. Vgl. Johannes Sinabell. „Freie Christengemeinde/Pfingstgemeinde" S. 43-56 in: Referat für Weltanschauungsfragen (Hg.). Freikirchen, Evangelikale, Pfingstkirchen. Bekenntnisgemeinschaften in Österreich. Freikirchen, Evangelikale, Pfingstkirchen. Bekenntnisgemeinschaften in Österreich. Werkmappe 94/2 „Sekten, religiöse Sondergemeinschaften, Weltanschauungen". 2008. S. 53.

614 Freie Christengemeinde Bürmoos. „Glaubensheim / Altenheim". http://www.fcg-buermoos.at/seite.php?F,0,a,fcg/altenheim (12.10.2010).

615 Vgl. Freie Christengemeinde/ Pfingstgemeinde in Österreich. http://www.fcgoe.at/ (19.5.2011).

616 Freie Christengemeinde/ Pfingstgemeinde in Österreich. „Die Vision der Freien Christengemeinde – Pfingstgemeinde in Österreich". http://www.fcgoe.at/deutsch/bewegung/vision.htm (19.5.2011).

> „Unser Ziel, den großen Missionsauftrag Jesu zu erfüllen, durchdringt unser ganzes Gemeindeleben. Die Vision Gottes, der gesamten Menschheit das heilbringende Evangelium zu verkünden, ist die ‚DNA' der Gemeinde und erstreckt sich vom geografischen Umfeld der Lokalgemeinde bis hin zur kulturübergreifenden Mission weltweit."[617]

Beachtenswert ist auch ihr Verständnis von sozialem Engagement, das sie als *gesellschaftsrelevantes Dienen* bezeichnen:

> „Unter gesellschaftsrelevantem Dienen verstehen wir unseren Beitrag für eine Durchdringung und Prägung des gesellschaftlichen und kulturellen Lebens in unserem Land mit christlichen Werten. In einer positiven Haltung gegenüber dem Staat und einem respektvollen Umgang allen Menschen gegenüber wollen wir zu gesellschaftspolitischen Themen Stellung nehmen, den Nöten unserer Zeit begegnen und Hilfestellung anbieten. Karitative Unterstützung soll in einer aufrichtigen Haltung des Dienstes am Nächsten erfolgen. Alle Bereiche unserer Gesellschaft sollen vom Evangelium und biblischen Werten durchdrungen sein und für Gottes Reich eingesetzt werden."[618]

Die FCG Linz praktiziert Diakonie in der Art, dass sie jeden Freitag Brot an Hilfsbedürftige und Sozialeinrichtungen (B37, Mutter-Kind-Zentrum,...) verteilt. Zusätzlich gibt es alljährlich ein *Parkfest*, bei dem die Gemeinde gemeinsam mit Freunden feiert, ein buntes Programm gestaltet, aber auch Lebensmittel und Geschenke an Hilfsbedürftige verteilt.[619]

3.1.5 Fazit und kritische Würdigung

Die Geschichte der evangelikalen Freikirchen[620] in Österreich ist relativ kurz. Erst die letzten 65 Jahre waren von intensiver missionarischer Arbeit gekennzeichnet. Vor allem nach dem Zweiten Weltkrieg kam es zu einer in der österreichischen Geschichte beispiellosen Gemeindegründungsinitiative. Auslöser dafür war u.a. die vorherrschende soziale Not nach dem Zusammenbruch des nationalsozialistischen Reiches und der darauf folgende

---

617 Waltraud Berger. „Verbunden durch eine starke Vision". impuls – Das Bewegungsmagazin der FCGÖ. Nr. 10 (Oktober 2009): 3-5, hier S. 4.

618 Ebd. S. 5.

619 Information basierend auf einem Gespräch mit Martin Griesfelder am 12.11.2010 in Linz.

620 An dieser Stelle sei angemerkt, dass sich die Baptisten nur bedingt als Teil der Evangelikalen Bewegung sehen. Vgl. Walter Klimt. „Diakonie" S. 176-186 in: Franz Graf-Stuhlhofer (Hg.). Frisches Wasser auf dürres Land. A.a.O. S. 176.

Flüchtlingsstrom nach Österreich. Darüber hinaus hat sich auch eine Reihe evangelikaler Missionsgesellschaften dafür eingesetzt, unabhängige freie Gemeinden zu gründen.

Trotz all dieses Einsatzes muss jedoch festgestellt werden, dass der Erfolg doch recht bescheiden ist. Natürlich ist es schwer, in diesem Zusammenhang von Erfolg oder Misserfolg zu sprechen. Schließlich ist oft davon die Rede, dass Österreich ein harter Boden, ja dass es sogar der *Friedhof der Missionare* sei.[621] Und doch wirft es einige Fragen auf.

Hinkelmann etwa stellt die Frage: „Könnte es sein, dass die Frage der Kontextualisierung des Evangeliums in einem zutiefst römisch-katholisch geprägten Land wie Österreich von den überwiegend dem protestantischen Ausland entstammenden Missionaren zu wenig bedacht wurde? Könnte es sein, dass eine im evangelikalen Raum oftmals stark vorhandene antikatholische Grundhaltung sich hier als ein Hindernis erwies?“[622]

Ähnliches stellte Janzen im Zusammenhang der Arbeit der Mennoniten fest:

„[D]as amerikanische Konzept für Gemeindegründung war kulturell zu sehr amerikanisch, ebenso die Organisation und Ethik; es war zu steif für die sozialen und religiösen Gegebenheiten in Europa: [...] die Missionare kamen meist mit unzureichenden Kenntnissen der europäischen Kultur und mit zu wenig Erfahrung im Dienst.“[623]

Auch wenn manche Fehler in der Missionsarbeit erkannt wurden, so wurden doch die Gemeinden von der Arbeit geprägt und diese Auswirkungen sind bis heute spürbar.

Erfreulich ist, dass es praktisch in fast allen Gemeindebewegungen zumindest Ansätze für einen Bereich Diakonie gibt. Lediglich die Mennoniten hinken da noch etwas hinterher. Teilweise kam es in den letzten Jahren zur Gründung eines Arbeitskreises Diakonie, wobei das Verständnis dieses Arbeitskreises sich teilweise doch erheblich unterscheidet.

Aber nur bei den Freien Christengemeinden ist ein ganzheitlicher Missionsansatz, der eben auch die Diakonie beinhaltet, zu erkennen.

---

621 In der Vergangenheit hat eine beträchtliche Anzahl freikirchlicher Missionare Österreich frühzeitig verlassen, wobei die Gründe dafür vielfältig waren. Vgl. Frank Hinkelmann. „Österreich – ‚Felix Austria‘ oder ‚Friedhof der Missionare‘?“ Evangelikale Missiologie 25 (3/09): 128-135.

622 Ebd. hier S. 131f.

623 H.H. Janzen zitiert in Franz Rathmair. Die Mennonitische Brüdergemeinde in Österreich. A.a.O. S. 118.

3.2 Mögliche Strategien für die Zukunft

Noch nie hat es der Evangelikalen Bewegung an neuen Ideen gemangelt, um Menschen mit dem Evangelium zu erreichen. So berichtet etwa Bösch von einer Evangelisation mit Billy Graham, dem wohl bekanntesten evangelikalen Verkündiger des 20. Jahrhunderts:

> „1970 evangelisierte Billy Graham in Dortmund, wobei diese Veranstaltung live in mehrere Städte übertragen wurde, so auch nach Wien. Das war ein Paukenschlag des Evangeliums für die Stadt und verschlug vielen Wienern die Sprache, denn was diese ‚Amerikaner' hier an technischem Aufwand betrieben haben um evangelistische Botschaften zu übermitteln, hatten sie noch nie erlebt."[624]

Daraus entstand, wie wir bereits gesehen haben, u.a. die evangelikale Gemeinde Tulpengasse. Doch was sind die Rezepte für die Zukunft, um Menschen mit dem Evangelium zu erreichen?

3.2.1 Die Wiederentdeckung der Freundschaftsevangelisation

Vor allem in den 90er Jahren bis heute wurde die *Freundschaftsevangelisation* (oft auch *persönliche Evangelisation* genannt) als neue Missionsmethode entdeckt. So schreibt etwa Schädler: „Ich bin zutiefst überzeugt, daß in unserem individualistischen postmodernen Europa die Zukunft ganz im Zeichen der Wiederentdeckung der Freundschaftsevangelisation stehen muß!"[625] In eine ähnliche Richtung geht etwa Biber. Er schreibt: „Die Nr. 1 für alle Gemeinden – was Ausbreitungsstrategie betrifft – ist die persönliche Evangelisation."[626] Ziska stellt in seiner Untersuchung fest, dass die Freundschaftsevangelisation als „die evangelistische Methode schlechthin"[627] gesehen wird. Bei seinen Untersuchungen hat er die neun größten Gemeinden, die an der Untersuchung teilgenommen haben, und die auch starkes Bekehrungswachstum erlebt haben, noch genauer untersucht. Dabei kommt Ziska zu dem für ihn offensichtlich ernüchternden Ergebnis: „Lei-

---

[624] Walter Bösch. Damit sie alle eins seien. A.a.O. S. 19.

[625] Peter Schädler. Wie christlich ist das Bundesland Vorarlberg? Eine Studie zur Situation des Christentums in unserer Zeit. Eigenverlag, 1996. S. 53.

[626] Peter Biber. Österreichische Gemeinden in den Teenagerjahren. A.a.O. S. 85.

[627] Joseph R. Ziska. Auswertung der Umfrage an den ARGEGÖ Gemeinden in Österreich (Herbst 2006). Wien, 2008. S. 17.

der, bis auf drei oder vier Nennungen von Freundschaftsevangelisation und ProChrist, gab es aber dabei keine klare Formel des Erfolgs."[628]

An Seminaren und Hilfen zum Thema *persönliche Evangelisation* mangelt es nicht. Gerade im Vorfeld von Evangelisationen, aber auch anderen missionarischen Aktivitäten, werden diese gerne durchgeführt.[629] Bevor ich im Weiteren die zwei wesentlichen Zugänge aufzeige, zuerst eine Definition des Wortes.

3.2.1.1 Definition Freundschaftsevangelisation

Bei der Freundschaftsevangelisation handelt es sich um einer Art der Evangelisation (ἐυαγγελίζω euangelizo die gute Nachricht verkündigen). Als Zielgruppe werden dabei Freunde definiert, weshalb es bei dieser Art der Evangelisation nicht um die öffentliche Verkündigung geht, sondern meist um das private Gespräch. Dies ist auch der Grund, weshalb die Freundschaftsevangelisation oft mit der *persönlichen Evangelisation* gleichgestellt wird. Der entscheidende Unterschied dabei ist jedoch, dass bei der Freundschaftsevangelisation, wie ich in den nächsten Kapiteln zeigen werde, die Freundschaft im Mittelpunkt steht, ja sogar Voraussetzung ist. Bei der persönlichen Evangelisation steht das persönliche Gespräch im Vordergrund, unabhängig davon, ob eine Freundschaft besteht oder nicht.

3.2.1.2 „Evangelisiere deine Freunde"

Bei einer Umfrage in Kalifornien unter „14.000 nichtordinierten Christen, was oder wer für ihre Bekehrung und ihre Gemeindezugehörigkeit verantwortlich sei"[630], gaben 75-95% der Befragten „Freund/Verwandter"[631] als Antwort an. Folglich werden Christen sehr ermutigt, ihre Freunde zu evangelisieren. Leider ist es jedoch so, dass nach der Bekehrung die Zahl der *nichtchristlichen* Freunde rapide abnimmt. Darum werden Neubekehrte oft als die besten Missionare bezeichnet. Schließlich haben sie noch viele Freunde, die sie evangelisieren können. Jemand, der zehn Jahre gläubig ist, hat, wenn überhaupt, oft nur einen nichtchristlichen Freund und tut sich dementsprechend schwerer, diese Methode anzuwenden.

---

628 Ebd.

629 Als Beispiel sei hier „ProChrist" aufgeführt.

630 Paul Miller. Hier bin ich, Herr, sende meinen Bruder! Für Christen, denen das Evangelisieren etwas schwerer fällt. Verlag Jugend mit einer Mission: Biel, 1992. S 65.

631 Ebd. S 66.

Die Schwierigkeit bei dieser Art der Umsetzung ist, dass, wenn der Freund keine Entscheidung für Christus trifft und man deshalb versucht, den Freund weiterhin zu einer Entscheidung für Christus zu bewegen, die Freundschaft darunter sehr leiden oder gar zerbrechen wird. Nur wenn die Freundschaft im Vordergrund steht, wird sie bestehen bleiben, doch dann ist das Ziel der Evangelisation nicht erreicht und somit beginnt das Dilemma von vorne.

3.2.1.3 „Gewinne Freunde, um sie dann zu evangelisieren"

Da aber die Zahl der nichtchristlichen Freunde im Laufe der Jahre abnimmt, versucht man bewusst dem gegenzusteuern, indem man neue Freundschaften schließt. Den idealen Ablauf dabei verdeutlicht folgende Geschichte:

> „Tom war noch nicht lange an Bord, als allen deutlich wurde, daß er erstens ein erstklassiger Segelexperte war, daß er zweitens immer und unbedingt um jeden Preis gewinnen wollte, und daß er drittens ein echter Abenteurertyp war. [...] Ich kannte Tom kaum, als ich in fragte, ob er mit uns segeln wollte. Als eine Freundschaft zwischen uns entstand, entdeckte ich, daß er ein Alles-oder-nichts-Typ war. Wenn er von etwas überzeugt war und sich dafür begeisterte, dann gab es kein Halten mehr. War er aber nicht interessiert an einer Sache, dann konnten ihn keine zehn Pferde dazu bringen, auch nur einen Gedanken zu verschwenden. Und genau hier lag das Problem. Sie müssen nämlich wissen, daß Tom für Glaubensdinge nicht das geringste Interesse hatte. Dann tauchte Tom eines Abends mit dem Arm in einer Schlinge zu unserer Regatta auf. Als ich ihn fragte, was mit ihm los sei, erzählte er, er habe am Abend zuvor beim Go-Kart-Rennen mitgemacht; er habe zuviel getrunken und eine Prügelei vom Zaun gebrochen. Weil er inzwischen wußte, daß ich Pastor bin, fragte er mich halb im Scherz, ob ich ihm nicht durch ein Gebet helfen könne."[632]

Wichtig dabei ist dieses Wort *inzwischen*. Als die Freundschaft begann, wusste er es nicht. In der Regel ist es sogar so, dass der neue Freund nicht wissen soll, dass man Christ ist. Dies kommt erst dann zur Sprache, wenn eine Freundschaft besteht. So auch in der Geschichte von Tom.

---

[632] Bill Hybels. Bekehre nicht – lebe! So wird Ihr Christsein ansteckend. Willow Creek Edition. Projektion J: Wiesbaden, 1995. S. 13.

„,Später vielleicht', antwortete ich, ‚aber zuerst habe ich einen Bibelvers für dich'"[633]

Bei den nächsten Begegnungen sprachen Tom und Bill Hybels öfters über geistliche Themen, bis Tom Bill eines Tages fragte, wo er eine Bibel her bekommt.

„,Weißt du, ich könnte dir vielleicht eine besorgen', sagte ich möglichst cool angesichts der Tatsache, daß er endlich anfing, echtes Interesse zu zeigen. Schließlich haben wir eine großartige Freundschaft, und ich habe immerhin zwei Jahre für ihn gebetet."[634]

Einige Monate später kam es zu einem Gespräch darüber, „was es bedeutet, ein Leben als Christ zu führen"[635] Dies endete wie folgt:

„Er [Tom, Anm.] bewegte sich auf das Ziel zu, aber er war nicht bereit Nägel mit Köpfen zu machen. Jedenfalls jetzt noch nicht."[636]

Die darauf folgende Aussage soll dem Leser vermutlich vermitteln, dass Tom eines Tages doch eine Entscheidung für Christus getroffen hat.

> „Ich werde diese Gespräche mit Tom nie vergessen. Sie paßten in kein Schema; sie waren riskant, voller Lebhaftigkeit, aufrichtig und ausgiebig. Und sie erinnerten mich an etwas, was ich schon seit langem wußte: Es gibt nichts Schöneres, als einen Ungläubigen zum Freund zu gewinnen, ihn mit echter Liebe zu begegnen und ihn zum Glauben an Jesus Christus zu führen. – Nichts."[637]

Dass er tatsächlich eine Entscheidung getroffen hat, wird allerdings nicht gesagt.

Diese Art der Freundschaftsevangelisation, wie Bill Hybels und zahlreiche andere sie propagieren, birgt jedoch zwei Probleme in sich. Erstens besteht die große Gefahr, dass die Freundschaft, ähnlich wie die soziale Aktion (vgl. Kap. 1.5.4), als Vorwand zum Erreichen evangelistischer Ziele missbraucht wird. Da es sich dabei in letzter Konsequenz um eine bewusste Täuschung handeln kann, ist dies klar abzulehnen. Zweitens stellt sich die Frage, was geschieht, wenn der neu gewonnene Freund keine Entscheidung für Christus trifft? Leider erhält man auf diese Frage nie eine Antwort, sodass es im Ermessen jedes einzelnen liegt, wie er nun handelt. Hält er an der Freundschaft fest (was dringend zu empfehlen ist), wird es zeitlich schwierig, neue Freundschaften aufzubauen. Denn neben dem Be-

---

633 Ebd.
634 Ebd. S. 14.
635 Ebd.
636 Ebd. S. 15.
637 Ebd.

ruf, der Familie und dem privaten Engagement in einer Kirche oder Freikirche, kann man höchstens zwei bis drei derartige Freundschaften pflegen. Spätestens dann muss sich jeder entscheiden, was ihm wichtiger ist: Die bestehenden Freundschaften, oder aber neue Freundschaften, die er wiederum evangelisieren kann. Selbst wenn im positiven Fall der Freund eine Entscheidung für Christus trifft, bedeutet das nicht das Ende der Freundschaft. Im Gegenteil, dann beginnt die Nacharbeit, die zeitlich noch wesentlich aufwendiger ist als das Pflegen der Freundschaft.

Die andere Option ist, dass die Freundschaft mit der Ablehnung des Evangeliums ebenfalls endet. Der Freund wird sich darin bestätigt sehen, dass es richtig war, das Evangelium abzulehnen. Und er wird enttäuscht sein. Bei zukünftigen Begegnungen mit Christen wird er dementsprechend kritischer und ablehnender sein, ja oft sogar bewusste Opposition betreiben.

3.2.1.4 Fazit

Es ist zu begrüßen, wenn Christen Freundschaften pflegen, auch zu Menschen, die dem Glauben fern stehen. Durch ihre ethischen Überzeugungen werden Christen direkt oder indirekt Einfluss auf andere Menschen haben. Wenn sie dies bewusst und aktiv tun, tragen sie ganz wesentlich zur Transformation der Gesellschaft bei. Doch kann und darf die Freundschaft nicht als Vorwand zum Erreichen evangelistischer Ziele missbraucht oder gar mit dem Ziel der Evangelisation begonnen werden, weshalb ich die Art und Weise, wie Bill Hybles u.a. sie propagieren, ablehne. .Es unser Auftrag, Zeuge zu sein, bzw. Jesus zu bekennen (in weiterer Folge nenne ich es deshalb das *gelebte Bekenntnis*), unabhängig davon, ob eine Freundschaft besteht oder nicht. Ich bin überzeugt und habe vielfach erlebt, dass trotz, oder sogar aufgrund meines Bekenntnisses zu Jesus eine Freundschaft entsteht. Aufgrund des Bekenntnisses gibt es viele Möglichkeiten u.a. den Volksglauben dieser Menschen mitzuprägen, Frieden zu stiften, Jüngerschaft zu betreiben und vieles mehr. Mehr zum gelebten Bekenntnis in Kapitel 4.6.

3.2.2 Gemeindegründungsinitiativen

Gemeindegründung wird vielfach als das Gebot der Stunde gesehen.[638] Auch die oben genannten Bünde sehen Gemeindegründung vielfach als

---

[638] Peter Schädler. Wie christlich ist das Bundesland Vorarlberg? A.a.O. S. 58.

Schwerpunkt ihrer Arbeit. Die Art und Weise unterscheidet sich jedoch zum Teil sehr erheblich.

3.2.2.1 Baptisten

Die Zahl der Baptistengemeinden hat sich, wie ich in Kap. 3.1.1.1 bereits dargelegt habe, seit 1990 mehr als verdoppelt.[639] Aktuell gehören 25 Gemeinden mit rund 1400 Mitgliedern zum Bund der Baptisten.[640] Das Ziel sei ein Wachstum bis 2025 auf 3.500 Mitglieder in 45 Gemeinden. Klimt betont: „Dabei geht es uns um ein qualitatives Wachstum und um kein schnelles und nur kurzes Aufblühen".[641] Der Grund für das Wachstum ist aber nicht, dass die Gemeindegründungsinitiativen der letzten Jahre so erfolgreich waren. Es gab durchaus Gemeindeneugründungen. Das Wachstum hat aber im Wesentlichen damit zu tun, dass sich in den letzten Jahren zahlreiche Migranten-Gemeinden dem Bund angeschlossen haben.

3.2.2.2 BEG

Der Arbeitszweig *Inlandsmission* des BEG hat seit seiner Gründung 1992 das Ziel vor Augen, dass es in jedem Bezirk in Österreich eine evangelikale Gemeinde geben sollte. Vereinzelt wird sogar davon gesprochen, dass es in allen Städten und Orten über 5.000 oder 10.000 Einwohnern ein evangelikales Zeugnis geben soll.[642]

Der Start für ein Gemeindegründungsprojekt geschieht unterschiedlich. Gerade in der neueren Zeit ist es die Folge von strategischen Überlegungen und Studien, die man bereits über Jahre verfolgt. Teilweise wird aber auch mit einem Projekt begonnen, weil ein Missionar oder ein Missionswerk anfragt bzw. konkret mit der Arbeit beginnt.[643]

So wurden seit 1995 folgende Gemeindegründungsprojekte neu gestartet bzw. *adoptiert*: Enns, Telfs, Lavanttal, Schwechat, Klosterneuburg,

---

[639] Franz Graf-Stuhlhofer, Walter Klimt. „Heimatmission" S. 156-167 in: Franz Graf-Stuhlhofer (Hg.). Frisches Wasser auf dürres Land. A.a.O. S. 165-166.

[640] Klaus Rösler. „Baptisten engagieren sich für eine Erweckung". Allianz Spiegel Nr. 91 (Sept. 2010): S. 25.

[641] Walter Klimt zitiert in: Klaus Rösler. „Baptisten engagieren sich für eine Erweckung". Allianz Spiegel Nr. 91 (Sept. 2010). S. 25.

[642] Vgl. Reinhold Eichtinger. „Gemeindebau und geistliche Landschaft heute". S. 137-158 in: Reinhold Eichinger u.a. (Hg). Handbuch für Missionare in Österreich. A.a.O. S. 158.

[643] Information basiert auf einem Gespräch mit Reinhold Eichinger am 23.10.2010 in Spital am Pyhrn.

Hollabrunn und Wien-Simmering. In Deutschlandsberg und Wien-Aspern befindet man sich zurzeit in der Planungs- oder Startphase. Darüber hinaus gibt es noch weitere Visionen und Überlegungen. Eine Vision des Arbeitsteams wäre etwa, innerhalb des Gürtels in Wien mit einer Gemeindegründung zu beginnen.[644]

Der BEG selbst ist in den letzten 10 Jahren sehr gewachsen. Dies ist vor allem dem Wachstum der bestehenden Gemeinden zu verdanken und der Tatsache, dass sich bereits bestehende Gemeinden dem BEG angeschlossen haben. Nur die Projekte Wien-Simmering und Schwechat sind heute eigenständige Gemeinden. Darüber hinaus haben zahlreiche BEG-Mitarbeiter bei der Gründung des *Forums Eisenstadt* mitgewirkt, welches allerdings aktuell nicht dem BEG angehört.

Beim ersten Gemeindegründungsprojekt in Klosterneuburg (Start 1995) kam es aus diversen Gründen öfter zum Wechsel des Teamleiters. Der Mangel an ortsansässigen und bodenständigen Familien hat darüber hinaus das Wachstum erschwert.

Die Herausforderungen der Gemeindegründung sieht Eichinger darin, dass Gemeindegründungsprojekte heute wesentlich länger bis zur Selbstständigkeit brauchen (durchschnittlich etwa 10 Jahre). Dies hat damit zu tun, dass die ehrenamtlichen Mitarbeiter (Älteste usw.) heute beruflich wesentlich stärker gefordert sind als vor etwa 20 oder 30 Jahren. Auch kommt es v.a. in den Städten zu einem Abbau gesunder gesellschaftlicher Strukturen, weshalb sich v.a. Menschen aus sozialen Randgebieten bekehren. Es bedarf einer wesentlich längeren Betreuung, bevor diese zu eigenständigen und stabilen Mitarbeitern werden. Dies wiederum hemmt die Wirkungskraft der Gemeindegründer.[645]

> Traurig an dieser Feststellung ist, dass es Freikirchen nicht gelingt, *normale* Menschen mit dem Evangelium zu erreichen.

Bei den zunehmend fremdsprachigen Gruppierungen in der Gesellschaft sieht Eichinger die Herausforderung der Zukunft. Denn dies hat viele Folgen für die Arbeitsweise der Gemeinden. Noch sind die Gemeinden nicht darauf vorbereitet.[646]

---

[644] Ebd.

[645] Ebd.

[646] Information basiert auf einem Gespräch mit Reinhold Eichinger am 23.10.2010 in Spital am Pyhrn.

3.2.2.3 FCG

Die Innenmission der FCG nennt sich Impuls. „Impuls will sowohl bestehende Gemeinden in ihrer Entwicklung unterstützen, als auch neue Gemeindegründungen fördern und begleiten“[647]

Die Gründung neuer Gemeinden obliegt jedoch nicht dem Arbeitszweig Impuls, sondern der Gemeinde vor Ort. Um einen Überblick zu geben, wie Gemeindegründung bei den Freien Christen umgesetzt wird, folgt ein Einblick in zwei Gemeindegründungsprojekte der Freien Christengemeinde Linz.[648]

> 1998 wurde die Freie Christengemeinde Pucking gegründet. Begonnen hat es zuvor mit einem Hauskreis in Pucking, dem u.a. zwei Älteste der Gemeinde Linz angehörten. Der bewusste Entschluss zur Gemeindegründung in Pucking fiel jedoch in der Gemeindeleitung in Linz. Daraufhin übersiedelten sogar einige Personen nach Pucking, um das Gemeindegründungsprojekt zu unterstützen. Insgesamt 60 Personen verließen mit den beiden Ältesten die Linzer Gemeinde, um in Pucking mit der neuen Gemeinde zu beginnen.
>
> Die Freie Christengemeinde Pucking exisitert nach wie vor, gehört heute jedoch nicht zum Bund der Freien Christengemeinden.
>
> Aktuell gibt es in der FCG Linz Überlegungen in Mauthausen mit der Gemeindegründung zu beginnen. Der Start wird durch einen missionarischen Einsatz und einen Hauskreis vor Ort forciert.

Gemeindegründung wird als Folge von Jüngerschaft, die in den Hauskreisen gelebt wird, gesehen. Gemeindegründungsprojekte werden darüber hinaus durch das Hinzuziehen anderer Christen unterstützt. Eine Gemeindegründung, die vor allem durch einen Missionar forciert oder begonnen wird, wird abgelehnt. Zu groß ist die Gefahr der Abhängigkeit von dem Missionar. Vielmehr sei es wichtig, dass Christen vor Ort leben und Menschen zu Jüngern machen.[649]

3.2.2.4 Fazit

Ziska stellt in seiner Umfrage unter den ARGEGÖ-Gemeinden u.a. die Frage, wann die Gemeinden gegründet wurden. Er schreibt:

---

647 Webseite von Impuls. http://www.crossnet.at/members/impuls/ueberuns.html (2.7.2010).

648 Information basiert auf einem Gespräch mit Martin Griesfelder am 12.11.2010 in Linz.

649 Ebd.

> „Es möge so erscheinen, dass seit 2001 fast keine neuen Gemeindegründungen stattgefunden hatten. Dieser Schluss lässt sich aus dieser Datenerhebung aber nicht ziehen.“[650]

Möglicherweise lässt sich dieser Schluss aus seiner Datenerhebung nicht ziehen, von der Sachlage trifft es aber trotzdem zu. Wenn man bedenkt, dass es in den letzten zwanzig Jahren zahlreiche Initiativen zur Gemeindegründung gab und es vielfach als vorrangiges missionarisches Ziel gesehen wurde, gibt einem das zu denken. Von daher muss die bisher gewählte Praxis hinterfragt werden!

Doch entspricht Gemeindegründung und Gemeindebau dem missionarischen Auftrag Gottes? Im Missionsbefehl kommt der Auftrag dazu, wie wir in Kapitel 1.2.1.4 gesehen haben, nicht vor. Auch an keiner anderen Stelle im Neuen Testament finden wir die Aufforderung zur Gemeindegründung. Ist es von daher Gottes Auftrag an uns, Gemeinden zu gründen? Für Reimer ist Gott „an der Rettung, der Transformation der Welt in das von ihm ursprünglich gedachte Bild interessiert. Deshalb kann Gemeindegründung und Gemeindebau niemals ein Ziel an sich sein. Die Gemeinde ist Gottes missionarischer Arm und nicht das Ziel der Heilsökonomie Gottes.“[651]

3.3 Missionarische Herausforderungen

Die Geschichte der Freikirchen in Österreich, wie auch deren Strategien für die Zukunft haben gezeigt, dass es nur sehr bedingt Antworten auf die missionarische Herausforderung Österreichs im 21. Jahrhundert gibt. Bevor ich in Kapitel 4 darlege, welche Konsequenzen dies für das missionarische Wirken hat, möchte ich mit der folgenden Darstellung unseren Horizont etwas weiten.

---

650 Joseph R. Ziska. Auswertung der Umfrage an den ARGEGÖ Gemeinden in Österreich (Herbst 2006). A.a.O. S.6.

651 Johannes Reimer. Die Welt umarmen. A.a.O. S. 141.

3.3.1 Das missionarische Wirken der Täufer

3.3.1.1 Vorgeschichte

Bereits in der Zeit der Reformation gab es zahlreiche Täufergemeinden[652] in Österreich.[653] In der Zeit der Gegenreformation, aber auch danach, wurde das Wirken der Täufer in Österreich tot geschwiegen. Erst in den letzten Jahren beschäftigt sich die Wissenschaft mehr und mehr mit der Thematik der Täufer. Dabei entdeckt man viele positive Elemente, die die Grundlage für das missionarische Wirken der Täufer bildeten.

3.3.1.2 Kontextualisierte Botschaft

Der Missionswissenschaftler Wilbert Shenk schreibt:

> „Die täuferische Botschaft breitete sich nicht einfach wegen redegewandter und effektiver Prediger aus, sondern weil es eine höchst kontextuelle Botschaft war. Das heißt, die täuferische Botschaft richtete sich an die Situation der Menschen im Europa jener Zeit, bot eine Diagnose der Krankheiten der Kirche und Gesellschaft an, schlug eine zwingende Alternative vor und vermittelte ein Gefühl von Hoffnung. Dies ist der Beweis einer effektiv kontextualisierten Botschaft."[654]

Den Täufern ging die Reformation nicht weit genug, „weil sie es versäumte, sich auf die Wurzelprobleme der Kirche und Gesellschaft zu richten. Anstatt ihre gottgegebene Rolle, Beschützer des Volkes zu sein, zu erfüllen, war die Regierung, mit dem Segen und der Unterstützung der Kirche, der leitende Unterdrücker."[655] In ihren Predigten prangerten sie dieses Unrecht an, das ihnen u.a. Verfolgung einbrachte. „Der Pazifismus der Täufer in Österreich wurde dabei anfangs kaum wahrgenommen, man interpretierte das Auftauchen der Taufgesinnten als Ausdruck einer sich unterschwel-

---

652 In der reformationsgeschichtlichen Forschung nach 1945 spricht man von *Täufern* und nicht mehr von *Wiedertäufern*, so auch in der vorliegenden Arbeit. Vgl. Fritz Börner. Freikirchlicher Gemeindebau in Österreich. A.a.O. S. 27.

653 Vgl. Kapitel 2.2.3.4.

654 Wilbert R. Shenk. „Zu den Quellen. Die täuferischen Wurzeln." S. 7-29 in: Heinrich Klassen (Hg.) u. Johannes Reimer (Hg.). Mission im Zeichen des Friedens. Beiträge zur Geschichte täuferisch-mennonitischer Mission. edition afem. mission academics 14. VTR: Nürnberg, 2003. S. 20.

655 Ebd. S. 21.

lig zusammenbrauenden Empörung."[656] In den Augen der Regierung überschritten ihre Predigten aber die Grenzen dessen, was die Gesellschaft verkraften konnte.[657]

Das Verständnis des Evangeliums äußerte sich bei den Täufern darin, dass es sich mit der Not der Menschen auseinandersetzte. Ausgangspunkt war und blieb das Wort Gottes, das allerdings in der Verkündigung, kontextualisiert wurde.[658]

3.3.1.3 Rolle der Frau

Was leider bisher bei der Erforschung der Ausbreitung des Täufertums kaum Beachtung fand, ist die Rolle der Frau. Leeb stellt zwar fest: „Frauen spielten eine nicht unbedeutende Rolle",[659] führt dies aber nicht weiter aus. Schäufele, der sich sehr intensiv mit den Täufern auseinandergesetzt hat, schreibt:

> „Zwar war es den Frauen in der Gemeinde grundsätzlich verboten, zu predigen und die Taufe zu spenden. Auch durften sie nicht an der Wahl der Vorsteher teilnehmen. Dafür bieten die Quellen aber aufschlußreiche Angaben über die sonstige religiöse Aktivität taufgesinnter Frauen, die – ihres Glaubens aufgrund persönlicher Entscheidung und Einwilligung in der Taufe absolut gewiß – ihre religiöse Überzeugung nicht nur gegenüber dem ‚heidnischen' Ehemann geltend machen und behaupten, sondern ihn auch im Kreis der Verwandten und Nachbarn tatkräftig verbreiten. Während die zeitgenössische Literatur das Weib meist geringschätzig als Repräsentantin aller Untugenden abtut, erscheint die Frau im Täufertum in religiöser Hinsicht vollkommen emanzipiert und als selbstständige Trägerin christlicher Überzeugung."[660]

---

[656] Rudolf Leeb. „Der Streit um den wahren Glauben – Reformation und Gegenreformation in Österreich" S. 145-279 in: Herwig Wolfram (Hg.). Geschichte Österreichs. A.a.O. S. 188.

[657] Ebd.

[658] Wilbert R. Shenk. „Zu den Quellen. Die täuferischen Wurzeln." S. 7-29 in: Heinrich Klassen (Hg.) u. Johannes Reimer (Hg.). Mission im Zeichen des Friedens. A.a.O. S. 21.

[659] Rudolf Leeb. „Der Streit um den wahren Glauben – Reformation und Gegenreformation in Österreich" S. 145-279 in: Herwig Wolfram (Hg.). Geschichte Österreichs. A.a.O. S. 188.

[660] Wolfgang Schäufele. Das missionarische Bewußtsein und Wirken der Täufer. A.a.O. S. 298.

Somit war das Bild der Frau im Täufertum ein fortschrittliches und kein veraltetes, rückständiges. Durch den missionarischen Eifer der Frauen waren allerdings beide Geschlechter der Verfolgung ausgesetzt, weshalb die Vertreibung stärker vorangetrieben wurde, wie etwa bei den Evangelischen. Dort, wo man die Frauen nicht vertreiben konnte (weil sie etwa kleine Kinder hatten), ging man sogar soweit, die Frauen in ihren Häusern an die Kette zu legen (!), damit sie nicht weiter missionierten.[661]

Der missionarische Eifer der Frauen trug somit ganz wesentlich dazu bei, dass sich das Evangelium im Ort ausbreitete, während die Männer vielfach dazu beitrugen, dass das Evangelium in die verschiedenen Orte und Täler kam.[662] Diese Ergänzung bewirkte eine rasche Durchdringung der Gesellschaft mit dem Evangelium und legte damit die Basis für die Transformation der Gesellschaft.

3.3.1.4 Vorbildlicher Lebenswandel

Das missionarische Wirken wurde durch den vorbildlichen Lebenswandel der Taufgesinnten begünstigt. Täuferische Ärzte etwa standen in hohem Ansehen. 1581 wurde der in Mähren lebende Arzt Georg Zobel an den kaiserlichen Hof gerufen, um Rudolf II. zu behandeln.[663]

Von der Gesellschaft wurde den Täufern bescheinigt, dass sie ein feines Leben führten. Oft waren es angesehene und geachtete Personen. Gleichzeitig brachte man ihnen viel Bewun-derung entgegen, weil sie trotz Verfolgung den Mut zur Verkündigung des Evangeliums aufbrachten.[664] Vielen Teilen der Bevölkerung missfielen die Hinrichtungen, sodass es dabei zu Solidaritätskundgebungen kam. „Ab 1532 begann man deshalb in Tirol die Öffentlichkeit bei Verhandlungen auszuschließen.“[665]

3.3.1.5 Paradigmenwechsel des Kirchenverständnisses

Die Täufer beurteilten die Reformation u.a. auch deshalb als Versagen, weil das schlussendliche Ziel darin bestand, die ursprüngliche kirchliche

---

661 Dies wurde u.a. in Württemberg so praktiziert. Vgl. Wolfgang Schäufele. Ebd. S. 299.

662 Ebd. S. 305.

663 Ebd. S. 301.

664 Ebd. S. 300.

665 Rudolf Leeb. „Der Streit um den wahren Glauben – Reformation und Gegenreformation in Österreich“ S. 145-279 in: Herwig Wolfram (Hg.). Geschichte Österreichs. A.a.O. S. 190.

Verfassung wiederherzustellen. Doch sie waren überzeugt, dass es zu einem Paradigmenwechsel[666] kommen musste, nämlich durch die Rückkehr zum apostolischen Maßstab. „Nur eine Rückkehr zum apostolischen Maßstab würde die Art von Gemeinde Jesu zur Folge haben, die er als seinen Leib beabsichtigt hat."[667]

Folglich legten sie fest, dass solch eine Kirche sechs Markenzeichen haben würde:

> „(1) eine unverfälschte, reine Lehre, (2) den schriftgemäßen Gebrauch der sakramentalen Zeichen, (3) den Gehorsam gegen das Wort, (4) eine unverstellte brüderliche Liebe, (5) ein unerschrockenes Bekenntnis von Gott und Jesus Christus und (6) Unterdrückung und Leid um des Herrn Wortes willen."[668]

„Die Art von Kirche mit diesen sechs vorbehaltlos definierten Merkmalen hob sich deutlich und mutig von den Hintergrund der existierenden Kirchen ab. Das klang authentisch und glaubwürdig. Ungeachtet der fortgesetzten offiziellen Verfolgung wählten es Tausende, Teil dieser Art von Gemeinde zu sein."[669]

3.3.1.6 *Schlussfolgerungen*

Das missionarische Wirken der Täufer und deren Erfolg kann nicht nur damit begründet werden, dass es zu der Zeit einen geistlichen Aufbruch gab. Der missionarische Eifer, wie auch die kontextualisierte Botschaft trugen ebenfalls ganz wesentlich dazu bei. Darüber hinaus zeichnete sich die Gemeinde dadurch aus, dass das Wort Gottes im Zentrum stand und dass sich die Überzeugung der Täufer in ihrem Leben widerspiegelte. Auch wenn sie vieles kritisierten, so zeigten sie doch Alternativen auf.[670]

---

666 Als Paradigmenwechsel bezeichne ich die Änderung des Blickwinkels bzw. der Überzeugung. Vgl. Wikipedia. „Paradigmenwechsel". http://de.wikipedia.org/wiki/Paradigmenwechsel (19.5.2011).

667 Wilbert R. Shenk. „Zu den Quellen. Die täuferischen Wurzeln." S. 7-29 in: Heinrich Klassen (Hg.) u. Johannes Reimer (Hg.). Mission im Zeichen des Friedens. A.a.O. S. 23.

668 Ebd. S. 22f. Diese Kennzeichen sind aus den Schriften von Menno Simons entnommen.

669 Ebd. S. 23.

670 Die Unterschiede zwischen den Reformatoren und den Täufern werden u.a. in folgendem Buch aufgezeigt: Peter Hoover. Feuertaufe. Das radikale Leben der Täufer – eine Provokation. A.a.O. Der Autor zeigt die geschichtliche Entwicklung der

Schließen möchte ich mit dem Schlusswort Schäufeles, der schreibt: „Vielleicht aber – und hierauf weisen moderne Erforscher des Täufertums hin – gewinnt die täuferische Missions- und Gemeindetheologie in der Zeit, in der das Ende des ‚konstantinischen Zeitalters' herangerückt ist, neue Bedeutung."[671]

Eine ermutigende Aussage!

3.3.2 Veränderungen des Begriffes *evangelikal*

Dass sich in der Gesellschaft in den letzten Jahren vieles verändert hat, haben wir in Kap. 2.4 gesehen. Darüber hinaus veränderte sich das Verhältnis zwischen Großkirchen und Evangelikalen in den letzten Jahren wesentlich. So schrieb Mayr 1981:

> „Die Evangelikalen sind aus Sicht der etablierten Kirchen eine Herausforderung oder ein Ärgernis. Vom Standpunkt der Evangelikalen her sind die etablierten Kirchen eher ein Ärgernis als eine Herausforderung."[672]

Das Verhältnis zwischen etablierten Kirchen und Freikirchen war, wie sich leicht erkennen lässt, teilweise sehr angespannt. Dies hatte mehrere Gründe. Zum Einen, weil in Freikirchen eine starke antikatholische Grundhaltung vorherrschte. Dies hatte zum Teil geschichtliche Gründe, zum Teil hatte es aber auch damit zu tun, dass man vor allem von Seiten der Großkirchen massiven Widerstand erfuhr. So war es etwa 1960 einer evangelikalen Gemeinde nicht möglich, eine einfache Zeitungsannonce zu schalten, weil man fürchtete, die römisch-katholische Kirche als Kunden zu verlieren.[673] Zum Anderen wurde Großkirchen der persönliche Glaube generell abgesprochen. Stattdessen wurde den Großkirchen vielfach vermittelt, dass Freikirchen die Einzigen seien, die den wahren Glauben haben. Auch die starke Betonung der Autonomie jeder Gemeinde war sicherlich nicht för-

---

Täufer im 16. Jahrhundert, wie auch deren Lehren und Überzeugungen, auf und vermittelt dem Leser die menschlichen Schicksale, die damit zusammenhingen.

671 Wolfgang Schäufele. Das missionarische Bewußtsein und Wirken der Täufer. A.a.O. S. 328.

672 Hugo Mayr. „Die Evangelikalen. Entwicklung und Theologische Prägung". S. 2-18. in: Referat für Weltanschauungsfragen, Sekten und religiöse Gemeinschaften (Hg.). Die Evangelikalen. A.a.O. S. 2.

673 Lorenz Warkentin, der Gründer der Mennonitischen Freikirche in Wels, wollte 1960 ein Zeitungsinserat aufgeben, was allerdings trotz aller Bestrebung nicht möglich war. Information basierend auf einem Gespräch mit Lorenz Warkentin am 23. Mai 2010 in Lemgo/ Deutschland.

derlich im Aufbau einer Beziehung. Letztendlich hat auch die Umsetzung des Missionsverständnisses Unmut hervorgerufen. So schreibt etwa Mayr weiter:

> „Die Evangelikalen finden sich im Grunde nur bei solchen Aktivitäten zusammen, die darauf ausgerichtet sind, Ungläubige zu bekehren."[674]
>
> „Das Wort ‚persönlich' ist eines der Hauptworte in der Verkündigung der Evangelikalen. Es findet sich als ständiges Vokabel wieder und zeigt, wie stark hier die Ausrichtung der gesamten Tätigkeit, des gesamten Denkens und die Anwendung dessen, was man aus der Bibel schöpft, auf den einzelnen Menschen bezogen ist."[675]
>
> Tatsächlich ist dies eine der Schwächen der Evangelikalen. Es wird eine sehr starke Betonung auf die persönliche Entscheidung gelegt. Zu wenig wird beachtet, dass es sich hierbei um ein neuzeitliches und vor allem westliches Denken handelt, das der Bibel nur bedingt gerecht wird. Sowohl im AT, wie auch im NT, sehen wir an zahlreichen Stellen, dass das Sippenoberhaupt oder der Familienvater entschied, was der Rest der Familie, oder gar die ganze Sippe, glaubte. Beispiele hierfür sind etwa die Entscheidung des königlichen Beamten (Joh 4,53) oder des Gefängniswärters (Apg 18,8). Ähnliches sehen wir bei Josua (Jos 24,15) David (2Sam 7,18), aber auch beim ganzen Volk Israel, das oft an Gott glaubte (2M 4,31; Jos 24,31) oder aber auch abfiel (Ri 2,12; 3,12; 4,1;...).

Dass sich dieses angespannte Verhältnis vielfach zum Positiven verändert hat, zeigt die Tatsache, dass es in der Vorbereitung zur Fußballeuropameisterschaft 2008 erstmals eine gemeinsame Pressekonferenz des *Ökumenischen Rates der Kirchen Österreichs* und dessen Arbeitszweig *Kirche08*, sowie der *Österreichischen Evangelischen Allianz* und dessen Arbeitszweig *Kickoff 2008 – Anstoß für den Glauben*, gab.[676] Bei der Aktion *Christen am Ball* in Wien waren genauso römisch-katholische und evangelische Kirchen beteiligt, wie evangelikale Freikirchen und freie Werke. „Dies war ein Novum, dass bei einem evangelistischen Projekt traditionelle Kirchen und Freikirchen zusammen arbeiteten."[677]

---

674 Hugo Mayr. „Die Evangelikalen. Entwicklung und Theologische Prägung". S. 2-18. in: Referat für Weltanschauungsfragen, Sekten und religiöse Gemeinschaften (Hg.). Die Evangelikalen. A.a.O. S. 15.

675 Ebd. S. 8f.

676 Vgl. Martin Podobri. „Abschlussbericht Kickoff2008". S. 4.

677 Martina Schäffl. Freikirchen in Österreich und ihre Beziehung zur Katholischen Kirche – am Beispiel des Bundes der Baptistengemeinden, des Bundes evangelikaler Gemeinden und der Freien Christengemeinde-Pfingstgemeinde. Unveröffentlichte Diplomarbeit. Wien, 2010. S. 94.

Ein Zeitungsinserat zu schalten, ist heute jederzeit möglich. Die Evangelische Allianz Linz wurde 2009 sogar eingeladen, die freikirchlichen Gemeinden kostenlos in einer Zeitung vorzustellen.[678]

Die positive Veränderung spiegelt sich auch in der Darstellung der Evangelikalen durch das Referat für Weltanschauungsfragen, Sekten und religiöse Gemeinschaften wider. Lag 1981 der Schwerpunkt noch darauf, die theologische Prägung, wie auch die Praxis der Verkündigung aufzuzeigen,[679] so ging man 1994 bereits dazu über, neben mancher Kritik[680] auch das Positive[681] hervorzuheben.[682] Im Jahr 2000 bzw. in der völlig überarbeiteten Ausgabe 2008 war man bereits dazu übergegangen, die verschiedenen Bünde differenziert darzustellen, sodass nicht mehr pauschal von *den Evangelikalen* die Rede war, sondern vom Bund der Baptisten, der Mennonitischen Freikirche, dem Bund Evangelikaler Gemeinden usw. Das Gesetz der Bekenntnisgemeinschaften, das im Jahr 1998 verabschiedet wurde, hat hierbei sicherlich mit dazu beigetragen. Fein säuberlich wurden ab dem Jahr 2000 die Geschichte, die Lehre und die Praxis jedes Bundes

---

678 Die Wochenzeitung *Tips* wurde u.a. durch die Teilnahme am Linz-Marathon auf die Evangelische Allianz aufmerksam. Als Folge daraus entstand das Angebot, die verschiedenen, zur Evangelischen Allianz Linz gehörigen, Gemeinden in der Zeitung vorzustellen.

679 Vgl. Hugo Mayr. „Die Evangelikalen. Entwicklung und Theologische Prägung". S. 2-18. in: Referat für Weltanschauungsfragen, Sekten und religiöse Gemeinschaften (Hg.). Die Evangelikalen. A.a.O.

680 Hier sei besonders die Stellungnahme aus katholischer Sicht zum Text „Der römische Katholizismus aus heutiger evangelikaler Perspektive" der Weltweiten Evangelischen Allianz hervorgehoben. Markus Schmidt. „Stellungnahme aus katholischer Sicht". S. 50-64 in: Referat für Weltanschauungsfragen (Hg.). Evangelikale. Entwicklungen – Schwerpunkte – Praxis. Stellungnahmen. Werkmappe „Sekten, religiöse Gemeinschaften, Weltanschauungen" Nr. 71/1994.

681 So wird, neben manch anderem positiv erwähnt, dass Evangelikale die Bibel als Gottes Wort ernst nehmen, wie „auch ihre Sorge und ihr Engagement zur Mission". Markus Schmidt. „Die evangelikale Herausforderung". S. 65-67 in: Referat für Weltanschauungsfragen (Hg.). Evangelikale. Entwicklungen – Schwerpunkte – Praxis. Stellungnahmen. Werkmappe „Sekten, religiöse Gemeinschaften, Weltanschauungen" Nr. 71/1994. S. 65.

682 Positiv muss dabei hervorgehoben werden, dass man bei der Darstellung im Wesentlichen der Arbeit eines evangelikalen Pastors folgt. Bei Endnote 31 ist vermerkt: „Da für den österreichischen Raum eine gute Studie von Fritz Börner vorliegt, beschränkt sich dieser Abschnitt darauf, die Situation in Österreich zu skizzieren." Markus Schmidt. „Praxis". S. 23-35 in: Referat für Weltanschauungsfragen (Hg.). Evangelikale. Entwicklungen – Schwerpunkte – Praxis. Stellungnahmen. Werkmappe „Sekten, religiöse Gemeinschaften, Weltanschauungen" Nr. 71/1994. S. 24.

dargelegt. Dass es dabei auch zu kritischen Anfragen kam, versteht sich von selbst. So stellt etwa Eva Maria Schmolly-Melk bei der Auseinandersetzung mit dem BEG die Frage:

> „Wird Gott in der Theologie und Frömmigkeit groß genug gedacht? [...] Die evangelikale Prägung der protestantischen Rechtfertigkeitslehre macht aus dem Glauben selbst ein leist- und machbares Werk, wodurch gerade das radikale Vertrauen in die bedingungslose und gewinnende Liebe Gottes – seine Gnade – verloren geht. Erlösung rückt daher mehr auf die Seite des Menschen und seiner Möglichkeiten, und es besteht die Gefahr, dass christlicher Glaube und Moral gleichgesetzt werden."[683]

Auch wenn die theologischen Unterschiede in gewissen Bereichen zu Recht bestehen bleiben, so haben Freikirchen nicht das Recht, Christen in den Großkirchen generell den Glauben abzusprechen. Vielmehr überschreitet die Evangelikale Bewegung, wie ich in Kap. 1.1.3 dargelegt habe, konfessionelle Grenzen. Nun kommt es darauf an, dass wir dies auch leben!

3.3.3 Antworten auf den Volksglauben

Bis heute ist es der Evangelikalen Bewegung in Österreich nicht gelungen, eine zufriedenstellende Antwort auf den Volksglauben, der durchaus auch als Teil der Kultur bezeichnet werden kann, zu finden. Vielmehr gilt auch hier, dass wir vom *Makel der ausgeschlossenen Mitte* sprechen müssen.

> „Der jüngst verstorbene amerikanische Missionswissenschaftler Paul Hiebert hat auf dem Hintergrund seiner eigenen Erfahrungen als Missionar in Indien bezüglich der westlichen Weltanschauung von einem ‚Makel der ausgeschlossenen Mitte (*flaw of the excluded middle*)' gesprochen. Er verweist damit auf eine Wirklichkeitsdimension, die zwischen einer empirischen Welt und einem transzendenten Jenseits liegt."[684]

---

[683] Eva Maria Schmolly-Melk. „Bund Evangelikaler Gemeinden". S. 32-42 in: Referat für Weltanschauungsfragen (Hg.). Freikirchen, Evangelikale, Pfingstkirchen. Bekenntnisgemeinschaften in Österreich. Werkmappe 94/2 „Sekten, religiöse Sondergemeinschaften, Weltanschauungen". 2008. S. 39f.

[684] Jochen Teuffel. „Einladung zum heiligen Spiel. Über die Unterschiede zwischen asiatischem und europäischem Christentum." http://jochenteuffel.wordpress.com/2008/03/09/effektives-christentum-und-das-heilige-spiel/ (19.5.2010).

Dass die Aufklärung und in weiterer Folge die Moderne in Österreich bei weitem nicht so gegriffen hat, hat sicherlich mit dem bereits erwähnten Konservativismus zu tun, sehr wohl aber auch mit dem starken Volksglauben. Der Volksglaube ist daran interessiert, durch richtiges Tun und Verhalten in eine wohlgefällige Beziehung zu Gott zu kommen. Die Anfänge dabei waren religiös geprägt. Heute ist vieles davon in die Kultur übergegangen. So gehört es sich für einen Österreicher nicht, am Freitag oder gar am Karfreitag Fleisch zu essen. Schließlich ist Jesus am Freitag gestorben. Genauso wird am Gründonnerstag Spinat gegessen. Die Firma Iglo und andere freut´s. Sie machen einen Großteil ihres Jahresumsatzes an diesem Tag. Der Hintergrund ist auch hier religiös und hat mit dem *greinen*, dem Trauern zu tun.[685]

Dies sind nur einige Beispiele, die aufzeigen sollen, dass der Volksglaube im Alltag verwurzelt ist. Teuffel stellt fest:

> „Wenn man in einem postchristlichen Europa an den Erfolg des Christentums in der südlichen Hemisphäre anknüpfen wollte, müsste sich der christliche Glaube für die Menschen nicht nur als sinnstiftend sondern vor allem als ‚lebens*wirklich*' erweisen."[686]

In eine ähnliche Richtung geht auch Faix:

> „Die Gemeinde muss darum so beschaffen sein, dass die Zusammenkünfte nicht mehr kognitiv ablaufen, sondern auch zum Erlebnis werden und im Erleben Gott erfahren wird."[687]

Bei der Umsetzung des Missionsauftrages hat man sich bisher jedoch in erster Linie auf das transzendente Jenseits konzentriert. Eine Antwort auf den Volksglauben wurde kaum gegeben oder bestenfalls als *Unfug* oder *unbiblisch* abgetan. Doch ist das wirklich die einzige Antwort auf den Volksglauben? Wenn es das Anliegen ist, Mission im Kontext zu betreiben (siehe Kap. 1.7), so kann diese Handhabung keine befriedigende Antwort

---

685 Vgl. Kirchenweb. „Gründonnerstag". http://www.kirchenweb.at/feiertage/00ostern/gruendonnerstag.htm (23.11.2010).

686 Jochen Teuffel. „Einladung zum heiligen Spiel. Über die Unterschiede zwischen asiatischem und europäischem Christentum." http://jochenteuffel.wordpress.com/2008/03/09/effektives-christentum-und-das-heilige-spiel/ (19.5.2010).

687 Wilhelm Faix. „Gesellschaftsanalyse Europa: postmoderne Ansatzpunkte für das Evangelium". S. 10-45 in: Klaus W. Müller (Hg.). Mission im postmodernen Europa. A.a.O. S. 30.

sein. Es ist an der Zeit anzuerkennen, dass sich im Volksglauben der Wunsch des Österreichers nach einem gottgefälligen Leben äußert.

Weil die Transformation Österreichs das Ziel ist, reicht es auch nicht aus, nur Antworten auf den Volksglauben zu geben. Der Volksglaube ist vielmehr eine missionarische Chance, die Gesellschaft positiv zu beeinflussen. Um zu verdeutlichen, wie dies geschehen kann, führe ich in Kapitel 4.5.1.6 einige konkrete Beispiele auf.

3.4 Auswirkungen eines sozialdiakonischen Engagements

Alisch untersuchte in ihrer Lebensweltstudie evangelikale Freikirchen in Wien aus dem Blickpunkt der Sozialarbeit. Dabei machte sie einige interessante Beobachtungen.

3.4.1 Religiös orientierte Gemeinden

Ein Viertel der untersuchten Gemeinden[688] sahen ihre Aufgabe rein in der Ausübung ihres Glaubens. „Alles wird reduziert auf den religiösen Bereich“.[689] Dabei handelte es sich ausschließlich um kleinere Freikirchen bis maximal 60, bzw. bei einer mit 70 Mitgliedern.

Bei ihren Untersuchungen stellte Alisch fest, dass der Umgang in diesen Freikirchen eher oberflächlich distanziert war. Zu einigen wenigen Freunden pflegte man den Kontakt auch nach dem Gottesdienst, während Außenseiter alleine im Raum sitzen gelassen wurden.[690]

> „Fremde bzw. ‚Neue‘ werden nicht angesprochen, nur kurz aus dem Augenwinkel beobachtet, vielleicht noch ein Nicken und Lächeln. Erst nach längerer Zeit kommt jemand, um mit der verdeckten Beobachterin zu sprechen, sie zu begrüßen. [...] Gemeinden dieses nicht lebensweltlich orientierten Segments sind nicht darauf ausgerichtet, dass Besucher in den Gottesdienst kommen.“[691]

---

[688] Alisch entdeckte im Laufe ihrer Recherchen 67 Gemeinden in Wien, untersuchte jedoch nur die 40 deutschsprachigen Gemeinden. Vgl. Christine Alisch. Der Beitrag evangelikal freikirchlichen Gemeindelebens in Wien im Vorfeld von Sozialarbeit und Freizeitpädagogik. Unveröffentlichte Diplomarbeit, 2008. S. 51.

[689] Christine Alisch. Ebd. S. 64.

[690] Ebd. S. 65.

[691] Ebd.

Doch ist dies nicht das einzige Kennzeichen dieser Freikirchen. Schon alleine dadurch, wie die Gemeinden nach außen auftraten bzw. wie der Gottesdienstsaal gestaltet wurde, ließ die Schwerpunktsetzung der Gemeinde erkennen.

> „Die Räume sind unzureichend als Gottesdiensträume gekennzeichnet, nicht leicht zu finden, manchmal im Hinterhof und keine Hinweisschilder. [...] Die Innengestaltung ist meist schlicht gehalten, man versucht mit Dekoration und Pflanzen, Bildern und Vorhängen den Raum heimeliger zu gestalten. Keine oder nur eine sehr primitive Webseite, keine Telefonnummer oder Name woher man Informationen beziehen kann über Gottesdienstzeiten oder andere Fragen."[692]

Christian Schwarz, der Gründer und Leiter des Instituts für natürliche Gemeindeentwicklung, untersuchte 40.000 Gemeinden, wobei 41% davon evangelikale Gemeinden, 42% charismatische Gemeinden und 17% liberale Gemeinden waren. Dabei stellt er fest: „In evangelikalen Gemeinden ist es schwerer als in anderen, einen freundschaftlichen Zugang zu Christen zu finden."[693]

3.4.2 Sozial orientierte Gemeinden

75% der untersuchten Gemeinden hatten ein reiches soziales Gemeindeleben. „Das Selbstverständnis dieser Gemeinden beinhaltet, dass der von ihnen gelebte Glaube sich in sozialen Strukturen und einer lebensweltlichen Orientierung zeigen muss, um eine Berechtigung für seine Existenz zu bieten."[694]

Diese Gemeinden hatten meist zwischen 70 und 500 Mitglieder. Lediglich bei drei Gemeinden lag die Mitgliederzahl zwischen 30 und 70.[695]

In diesen Gemeinden stellte sie fest, dass die Besucher der Gottesdienste viel enger und herzlicher miteinander umgingen und dass auch die Gesprächspartner häufig gewechselt wurden, wodurch kaum jemand lange alleine dort sitzen bliebt.[696] Besonders positiv fiel Alisch dabei auf, dass

---

692 Ebd. S. 66.

693 Christian A. Schwarz. „Die vier wichtigsten Schritte." S. 41-54 in: Ulrich Eggers, Markus Spieker (Hg.). Der E-Faktor. Evangelikale und die Kirche der Zukunft. R.Brockhaus: Wuppertal, 2005. S. 45

694 Christine Alisch. Der Beitrag evangelikal freikirchlichen Gemeindelebens in Wien im Vorfeld von Sozialarbeit und Freizeitpädagogik. A.a.O. S. 64.

695 Ebd.

696 Ebd. S. 67.

man als Gast bereits beim Eintritt sehr freundlich willkommen geheißen wurde. Sehr häufig kam es sogar vor, dass sie ein Startgeschenk oder Info-Package erhielt.

> „Diese Packages sind sehr umfangreich. Sie enthalten Gutscheine für ein Getränk, ein Peppermint oder Kaugummi, Kugelschreiber, InfoMaterial, Einladungen zu gemeinsamen Freizeitangeboten. Oft liegt eine Kontaktkarte bei, manchmal noch ein Buch. [...] Oft folgte für die verdeckte Beobachterin eine Einladung zum einem Mittagessen direkt nach dem Gottesdienst oder zumindest zu Kaffee und Kuchen.“[697]

Es ist klar, dass so etwas bei einem Gast einen positiven Eindruck hinterlässt. Überrascht war Alisch, welche kulturelle und auch sprachliche Vielfalt in den Gemeinden zu finden war. Hier zeigt sich, dass Integration meist im Mittelpunkt steht und so die Gemeinden ganz wesentlich zum Integrationsfaktor werden.[698]

Auch von den Räumlichkeiten weiß Alisch Positives zu berichten.

> „Die Räumlichkeiten der lebensweltlich orientierten sozial engagierten Gemeinden sind meist freundlich, hell und kindergerecht. Wickeltisch, Babyraum, Kinderbereiche und manchmal Garten sind vorhanden. [...] Die Räumlichkeiten werden meist von einem Dekorationsteam betreut, um alles hell und freundlich zu gestalten. Gemeinden mit vielen Künstlern haben auch Originalwerke im Gottesdienst hängen. Zu den großen Festen wird dann die Dekoration besonders eindrucksvoll gestaltet.“[699]

Zusammenfassend kam Alisch zu dem Ergebnis, dass in zahlreichen Freikirchen auch aus dem Blickwinkel der Sozialarbeit sehr viele gute und innovative Ansätze vorhanden sind.[700]

> „In den Bereichen der Integration, Ehrenamtlichenarbeit, Partizipation und Selbstverwaltung haben evangelikal freikirchliche Gemeinden einen Erfahrungsvorsprung vor der professionellen Sozialarbeit.“[701]

Ähnliche Beobachtungen macht auch Bösch, selbst Pastor einer Freikirche in Wien.

---

697 Ebd. S. 67f.
698 Ebd. S. 70.
699 Ebd. S. 70f.
700 Ebd. S. 114.
701 Ebd. S. 115.

> „Es entstehen neue Kindergärten, Schulprojekte, soziale Hilfen, Kinderbetreuung für Alleinerziehende, ein ‚Herz Werk' für Prostituierte, Vorbereitung junger Christen/innen zu politischer Tätigkeit, usw. Bei vielen dieser gesellschaftsverantwortlichen Aktionen beginnen Christen unterschiedlicher Gemeinden/Kirchen zusammen zu arbeiten."[702]

3.4.3 Fazit

Alisch hat mit ihrer Studie völliges Neuland betreten und ihre Ergebnisse sind bahnbrechend. Der Anteil der sozialdiakonisch orientierten Gemeinden spiegelt die Situation in Wien wider, wo es zahlreiche internationale Gemeinden gibt, nicht aber den österreichischen Trend. Genauere Untersuchungen hierzu gibt es bisher nicht.

> Meine persönliche Einschätzung ist, dass mindestens 50%, möglicherweise sogar bis zu 75% der Freikirchen in Österreich religiös orientierte Gemeinden sind. Eine Trendumkehr wäre wünschenswert!

Bei der Untersuchung fällt besonders auf, dass sozialdiakonisches Engagement auch Auswirkungen auf den Gottesdienst und dessen Atmosphäre hat. Offensichtlich macht soziales Engagement eine Gemeinde attraktiv. Ein plausibler Grund dafür wäre, dass diese Gemeinden sich bewusst auf Menschen außerhalb der Gemeinde eingestellt haben, wovon auch der Gottesdienst ganz wesentlich profitiert. Gleichzeitig muss ich feststellen, dass der Gottesdienst der religiös orientierten Gemeinden im Vergleich dazu beinahe unattraktiv wirkt, was sich bei der Untersuchung auch in der Größe der Gemeinde widerspiegelt. Keinesfalls soll die Anzahl der Gottesdienstbesucher als Bewertungskriterium der *richtigen* Lehre angesehen werden. In Anbetracht der anderen Erkenntnisse, die wir bereits aus der Arbeit gezogen haben, sehe ich es aber durchaus als bestätigendes Zeichen.

Das soziale Engagement einzelner Freikirchen ist bewundernswert und wird teilweise auch in anderen Kirchen positiv wahrgenommen. So schreibt etwa Schmolly-Melk:

> „[I]n einem Klima radikaler Individualisierung und zunehmender Vereinzelung in modernen Zeiten und der damit einhergehenden Entsolidarisierung sehnen sich Menschen mehr denn je nach Beheimatung und Zwischen-

[702] Walter Bösch. Damit sie alle eins seien. A.a.O. S. 52.

menschlichkeit, und unsere Gesellschaft braucht soziales Leben und konkretes Engagement für andere."[703]

Es wäre wünschenswert, dass dieses soziale Leben noch mehr Menschen zu Teil wird. Und es wäre wünschenswert, dass der Anteil der sozialdiakonisch engagierten Gemeinden auch Österreichweit noch stark zunimmt. Zum Einen, weil es, wie ich dargelegt habe, unser Auftrag ist, und zum Anderen, weil Gott diesen Weg segnet.

4 Konsequenzen für heute

4.1 Vorbemerkung

In Kapitel 1.8 habe ich dargelegt, dass wir Christen uns bewusst für eine Umsetzung biblischer Werte und folglich für die Transformation der Gesellschaft einsetzen müssen. Wenn wir das nicht tun, wird der vorherrschende Dualismus (Trennung zwischen öffentlichem und privatem Leben) nicht überwunden. Denn spätestens ein Blick in die Geschichte lehrt uns, dass der Rückzug ins Privatleben weder der Bibel gerecht wird, noch, dass es eine zufriedenstellende Lösung für alle Beteiligten ist. Von daher muss die Transformation Österreichs die Vision sein, die uns antreibt.

Doch die Vision alleine macht es nicht aus. So habe ich etwa in Kap. 3.2 aufgezeigt, dass es zahlreiche Strategien und Visionen gibt – lediglich an der Umsetzung scheitert es häufig.

Im Folgenden möchte ich die bisher gewonnenen Erkenntnisse zusammenfassen und praktische Schritte zur Verwirklichung der Vision aufzeigen.

4.2 Die persönliche Überwindung der österreichischen Neurose

An mehreren Stellen dieser Arbeit, besonders aber in Kapitel 2.3, habe ich die Mentalität des Österreichers aufgezeigt. Dabei kam ich unter anderem auf die österreichische Neurose zu sprechen, die es zu überwinden gilt. Doch wie kann dies gelingen?

---

[703] Eva Maria Schmolly-Melk. „Bund Evangelikaler Gemeinden". S. 32-42 in: Referat für Weltanschauungsfragen (Hg.). Freikirchen, Evangelikale, Pfingstkirchen. Bekenntnisgemeinschaften in Österreich. A.a.O. 2008. S. 39.

4.2.1 Verständnis des Problems

Die Überwindung der österreichischen Neurose kann nur dann gelingen, wenn sich der Einzelne der Problematik bewusst wird. In Gesprächen habe ich festgestellt, dass es hilfreich sein kann, sich mit der religionsgeschichtlichen Entwicklung Österreichs zu befassen.[704] Denn verhältnismäßig wenige Menschen wissen einerseits um die radikalen Umwälzungen in der Zeit der Reformation und andererseits um die Radikalität der Gegenreformation und deren Auswirkungen auf die österreichische Seele.

Es ist wichtig zu erkennen, dass die Geschichte Menschen geprägt hat und dies folglich Auswirkungen auch auf ihr eigenes Verhalten hat. Denn *„[o]hne Wissensbildung gibt es keine Gewissensbildung.“*[705] Das Ziel muss es sein, die eigene Mentalität und Kultur zu verstehen, um einen bewussten Entschluss zur Veränderung zu fassen.

4.2.2 Verständnis der Ursache

Der Österreicher hat nie eine gesunde Beziehung zum eigenen Ich aufgebaut. Vielmehr bezieht er seine Identität vom Gegenüber und degradiert das Gegenüber somit zum Objekt, über das er Macht ausübt.[706] Folglich ist mangelnde Identität mitunter die Ursache der österreichischen Neurose. Bis heute hat die österreichische Seele die Spuren der Vergangenheit nicht überwunden und somit auch nie ihren Frieden gefunden. Es gibt daher nur einen Weg zur Überwindung der Neurose: Die Einkehr des göttlichen Friedens.

Friede ist jedoch mehr als nur die Abwesenheit von Krieg! „Nach Jak 4,1-2 kommt der Krieg – auch schon der dort angesprochene Streit in der christlichen Gemeinde – aus den unkontrollierten Begierden im Men-

---

704 Neben der vorliegenden Ausarbeitung und den bereits zitierten Geschichtsbüchern sei (vor allem für Laien) die CD-ROM „Bibel-Entdecker. Für Bibellese-Einsteiger von 9 – 99 Jahren“ des Bibellesebundes Österreich empfohlen. Entgegen der Aufmachung und dem Titel ist die CD-ROM nicht primär für Kinder gemacht, sondern v.a. für Menschen, die sich mit der Geschichte der Bibel in Österreich beschäftigen möchten. Sehr gut recherchiert und technisch gut aufbereitet werden die Fakten der Reformation und Gegenreformation, wie auch deren Folgen dargelegt, sodass man den Spuren der Geheimprotestanten und Täufer folgen kann.

705 Erwin Ringel. „Friedrich Heer als Therapeut der österreichischen Neurose“ S. 841-863 in: Wolfgang Mantl (Hg.). Politik in Österreich. A.a.O. S. 858.

706 Vgl. Kapitel 2.3.4.1.

schen."[707] Auch die österreichische Neurose hat hier ihren Ursprung. All der Hass, der Neid, die Diskussionsverweigerung, der Pseudo-Kompromiss, ja selbst der Minderwertigkeitskomplex haben ihren Ursprung in der Begierde des Menschen.[708] Man will mehr und besser sein, sich von der Menge abheben und seine eigene Meinung durchsetzen.

4.2.3 Überwindung der Neurose

Im Gegensatz zu Ringel sehe ich die Lösung zur Überwindung der Neurose und des Minderwertigkeitskomplexes nicht darin, dass man beginnt, ein demokratisches System in sich selbst zuzulassen.[709] Vielmehr ist es der göttliche Friede, der in jedem Menschen einkehren muss (Joh 14,27). Dies wird erst geschehen, wenn der Österreicher sich bewusst von der Begierde ab- und Gott zuwendet. Bei der Bekehrung geschieht dies erstmalig, weshalb die Bekehrung durchaus als erster Schritt zur Überwindung der Neurose gesehen werden kann. Gleichzeitig muss es der Beginn eines Wachstums- und Jüngerschaftsprozesses sein (Phil 4,9), bei dem der Österreicher Anleitung benötigt. Mehr dazu im nächsten Kapitel.

4.2.4 Neue Identität

Sehr viele Österreicher verstehen sich als Stiefkinder Gottes.[710] Selbst in Freikirchen erlebe ich viele Menschen, die zwar überzeugt sind, Gottes Kinder zu sein, sich aber nicht so verhalten. Sie versuchen sich in den Vordergrund zu drängen und wollen beweisen, dass sie besser sind als andere. Letztendlich geht es in ihrem Leben nur um sich selbst. Sie verhalten sich wie Katzen, deren Leben sich nur darum dreht, bedient zu werden.[711]

---

[707] Thomas Schirrmacher. Ethik. 6 Bände. RVB: Hamburg & VTR: Nürnberg, 2009[4]. Band 6. S. 173-174. „Jak 4,1-2" im Original fett gedruckt.

[708] Vgl. Kap. 2.3.4.2.

[709] Erwin Ringel. „Friedrich Heer als Therapeut der österreichischen Neurose" S. 841-863 in: Wolfgang Mantl (Hg.). Politik in Österreich. A.a.O. S. 855.

[710] Vgl. Kap. 2.3.4.2.

[711] Sjogren und Robison führen in ihrem Buch „Katzen, Hunde und die Herrlichkeit Gottes. Worauf es im Leben wirklich ankommt." aus: „Ein Hund sagt: ‚Du streichelst mich, Du fütterst mich, Du beschützt mich, Du liebst mich – *Du* muss Gott sein!' – Eine Katze sagt: ‚Du streichelst mich, Du fütterst mich, Du beschützt mich, Du liebst mich – *Ich* muss Gott sein!'" Bob Sjogren u. Gerald Robison. Katzen, Hunde und die Herrlichkeit Gottes. Worauf es im Leben wirklich ankommt. OM Books: Linz, 2008. Rückseite.

Die Überwindung der Neurose wird sich in erster Linie dadurch zeigen, dass es zu einer neuen Identität kommt. Eine Identität, die sich nicht mehr über Taten oder andere Menschen definiert, sondern die in Christus ruht (Hebr 4,10).

Christus muss das Vorbild unserer neuen Identität sein. Er „wusste, dass ihm der Vater alles in seine Hände gegeben hatte und dass er von Gott gekommen war und zu Gott ging.“ (Joh 13,3) Jesu Identität hing nicht von seinem Gegenüber ab, weshalb er es nicht als Demütigung sah, seinen Jüngern etwa die Füße zu waschen.

4.3 Paradigmenwechsel in den Freikirchen

Die geschichtliche Entwicklung der Evangelikalen in Österreich wurde vielfach durch Streitigkeiten und Meinungsverschiedenheiten geprägt.[712] Sehr viele Freikirchen sind nicht durch eine bewusste Gründung einer Tochtergemeinde, sondern durch persönliche Differenzen in der Leitung und der daraus folgenden Trennung entstanden. Dies zeigt, dass die österreichische Neurose auch in den Freikirchen nicht überwunden ist. Doch wie kann sie überwunden werden? Letztendlich beginnt es bei jedem einzelnen, der sich der Problematik bewusst und bereit ist, die Neurose zu überwinden. Eine wesentliche Rolle dabei nimmt der ausländische Missionar ein, wenn er bereit ist, Österreicher in einem Jüngerschaftsprozess anzuleiten und ihnen hilft, zu einer neuen Identität zu finden.

Doch reicht es nicht aus, dass Einzelne die Neurose überwinden. Auch Freikirchen bzw. ihre Mitglieder wurden durch die Geschichte geprägt. Folglich müssen auch sie das, was sie bisher praktiziert haben, hinterfragen. Unweigerlich wird es zu einem Paradigmenwechsel[713] in den Freikirchen kommen müssen.

Der Paradigmenwechsel in der Gemeinde hat folglich nur sekundär damit zu tun, welche Art von Leitungsstruktur gewählt wird und ob alle mit allen Entscheidungen einverstanden sind. Viel wichtiger ist, dass sich jeder der Neurose stellt und bewusst daran arbeitet, diese zu überwinden. Die größten Auswirkungen auf die Gemeinde wird es haben, wenn dies in und von der Leitung aus geschieht. (Mehr dazu in Kapitel 4.3.5) Doch je-

---

712 Siehe Kapitel 3.1.

713 Veränderung des Blickwinkels bzw. der Überzeugung. Ein positives Beispiel eines Paradigmenwechsels finden wir etwa bei den Täufern. Ihr Kirchenverständnis unterschied sich ganz wesentlich von dem der Katholischen Kirche oder der Reformatoren. Siehe Kapitel 3.3.1.5.

der einzelne, der die Einkehr des göttlichen Friedens erlebt, wird einen Unterschied machen, im persönlichen Umfeld, aber auch in der Gemeinde.

Wer mit offenen Augen durch den Alltag geht, wird vor allem an den ersten drei der folgenden Punkte sehr rasch erkennen, wer die österreichische Neurose und den daraus entstandenen Minderwertigkeitskomplex bereits überwunden hat.

4.3.1 Friedliches Miteinander

Entgegen der Befürchtungen mancher Bewahrer, stehen evangelikale Freikirchen nicht in der Gefahr, dem Synkretismus und Relativismus zu verfallen.[714] Vielmehr besteht die Gefahr, dass man sich durch Abgrenzung und Abwehr definiert.[715] Der österreichischen Neurose kommt das sehr gelegen. Nürnberger schreibt: „Ihr [der Evangelikalen, Anm.] Glaube ist hohl und schwach. Wäre er stark, führte er zu liebevoller Gelassenheit statt zu aggressiver Abwehr.“[716]

> In einer ähnlichen Versuchung standen die Jünger. Sie sahen jemanden, der einen Dämon in Jesu Namen austrieb, obwohl er nicht mit Jesus und seinen

---

[714] Vgl. Christian A. Schwarz. „Die vier wichtigsten Schritte.“ S. 41-54 in: Ulrich Eggers, Markus Spieker (Hg.). Der E-Faktor. A.a.O. S. 53. Die Aussage von Schwarz bezieht sich zwar auf Deutschland, trifft m.E. aber auch auf Österreich zu.

[715] In seinem Beitrag zur evangelikalen Bewegung führt Hempelmann zwei Typen der Bewegung auf: den klassischen Typ der Evangelikalen und den fundamentalistischen. Der klassische Typ, der, so Hempelmann „sich in der Evangelischen Allianz (gegründet 1846), der Gemeinschaftsbewegung und der Lausanner Bewegung konkretisiert und vor allem Landeskirchler und Freikirchler miteinander verbindet [...] stellt den Hauptstrom der evangelikalen Bewegung dar.“ Kennzeichnend für den fundamentalistischen Typ ist „sein stark auf Abwehr und Abgrenzung gerichteter Charakter im Verhältnis zur historisch-kritischen Bibelforschung, zur Evolutionslehre, in ethnischen Fragen (Abtreibung, Pornographie, Feminismus etc.).“ Reinhard Hempelmann. Evangelikale Bewegungen. Beiträge zur Resonanz des konservativen Protestantismus. EZW-Texte 206/2009. Die Unterschiede, die Hempelmann hier darstellt, sehe ich auch in Österreich. Da das Wort „Fundamentalismus“ heute jedoch sehr stark negativ belegt ist und oft als „religiös fanatisch“ verstanden wird, lehne ich die Verwendung des Wortes in diesem Zusammenhang ab. Vgl. Thomas Schirrmacher. Fundamentalismus. Wenn Religion zur Gefahr wird. SCM Hänssler: Holzgerlingen, 2010. S. 14ff.

[716] Christian Nürnberger, Theologe und Autor, zitiert in: Peter Strauch. „Beobachtungen eines Mitspielers“ S. 78-95 in: Ulrich Eggers, Markus Spieker (Hg.). Der E-Faktor. Evangelikale und die Kirche der Zukunft. R.Brockhaus: Wuppertal, 2005. S. 89.

Jüngern unterwegs war. Deshalb haben sie es ihm verboten. Doch Jesus wies sie darauf hin, dass es die falsche Entscheidung war. Er sagte: „Wehrt ihm nicht! Denn wer nicht gegen euch ist, der ist für euch.“ (Lk 9,50)

Eine neue Identität hingegen ermöglicht erst den wirklichen Dienst, der aus Liebe am Nächsten geschieht. Darüber hinaus legt sie aber auch die Basis für das Gespräch mit meinem Gegenüber, auch wenn er eine andere Meinung hat als ich. Wenn die Identität nicht mehr vom Gegenüber abhängt, kann seine Andersartigkeit akzeptiert und sogar als Bereicherung gesehen werden.

Nach dem bekannten Sprichwort „In wesentlichen Dingen[717] Einheit, in unwesentlichen Dingen[718] Freiheit, aber über allem die Liebe!“ wird eine neue Identität dazu beitragen, dass der Österreicher lernt, auch Gegensätze auszuhalten, ohne sie gleich als Verrat am Evangelium zu bezeichnen. Dies bedeutet nicht, dass Konflikte unter den Tisch gekehrt werden. Eine stabile Identität wird jedoch die eigene Meinung nicht zum Maßstab erheben.

Die Bibel fordert dazu auf, in Frieden zu leben. Es heißt sogar: „Jagt dem Frieden nach!“ (Hebr 12,14 u.a.). Von daher ist und kann Friede nichts Statisches sein, der ein für allemal Teil des Lebens wird. Um in Frieden zu leben, bedarf es einer bewussten Entscheidung, die immer wieder erneuert werden muss.

4.3.2 Bereitschaft zu Lob und Dank

Der Österreicher spricht sehr stark auf Lob, Anerkennung und Dank an. Eine Auswirkung der Neurose ist jedoch Neid und Misstrauen. Wenn jemand also etwas gut macht, wird er dafür nicht gelobt, sondern möglicherweise sogar noch gemobbt. Internationale Untersuchungen belegen, dass das Lob grundsätzlich keine Stärke evangelikaler Gemeinden ist.[719] Dabei sehen wir in Bibel an zahlreichen Stellen, dass gute Arbeit belohnt und Engagement lobend hervorgehoben wird.[720]

---

[717] *Wesentliche Dinge* sind eindeutige Gebote Gottes.

[718] Unter *unwesentliche Dinge* fällt alles, das nicht eindeutig als Gebot Gottes deklariert ist. Darunter fallen u.a. Gebräuche und Ordnungen, „die zwar sinnvoll sein mögen, nie aber für alle verpflichtend gemacht werden können.“ Thomas Schirrmacher. Ethik. A.a.O. Band 3. S. 242.

[719] Christian A. Schwarz. „Die vier wichtigsten Schritte.“ S. 41-54 in: Ulrich Eggers, Markus Spieker (Hg.). Der E-Faktor. A.a.O. S. 46.

[720] Vgl. das Gleichnis von den Talenten Mt 25,14-30; Geschichte vom ungerechten Verwalter Lk 16,1-13; bis hin zu den Sendschreiben in Offb 2 u. 3.

> Dass in evangelikalen Gemeinden grundsätzlich wenig gelobt wird, hat u.a. mit einer verdrehten Auslegung von Mt 6,1-18 zu tun. Jesus warnt an dieser Stelle davor, die Frömmigkeit zur Schau zu stellen. Wenn dies der Fall ist, brauchen die Menschen nicht erwarten, dass sie im Himmel dafür noch belohnt werden. Der Rückschluss, dass Menschen, die für gute Taten belohnt werden (indem man sie u.a. lobend hervorhebt), dafür keinen Lohn mehr im Himmel erhalten, ist nicht zulässig. Schließlich geht es in dem ganzen Absatz um das *zur Schau stellen* des Gebens, Betens und Fastens, also um die Einstellung. Wenn dies aus der richtigen Einstellung heraus geschieht, wird Lob kein Grund dafür sein, dass es keine Belohnung geben wird.

Die Überwindung der Neurose äußert sich daher in der Bereitschaft zu Lob und Anerkennung, aber auch in der Dankbarkeit dem Anderen gegenüber. Auch wenn Gott die Taten eines Tages lobend hervorheben wird, so soll und darf uns das nicht davon abhalten, ebenfalls zu loben.

4.3.3 Liebevolle Beziehungen

Die oben angeführten Untersuchungen haben auch gezeigt, dass man sich in der Gemeinde, ja sogar in der Kleingruppe schwer tut, einander zu vertrauen.[721] Doch hat genau hier die österreichische Neurose ihren Ursprung. Es fehlte das Vertrauen und das führte zum Minderwertigkeitskomplex. Vertrauen kann man jedoch nicht erzwingen, weshalb wir hier beim Knackpunkt im gesamten Prozess der Transformation sind. Denn zum Vertrauen gehören zwei: Der, der Vertrauliches weitergibt, und der, der damit vertraulich umgeht. Eine neue Identität ist daher die Voraussetzung dafür, dass liebevolle Beziehungen gelingen können. Denn nur der, dessen Identität in Christus gegründet ist, wird bereit sein, Vertrauliches von sich zu geben, bzw. vertraulich damit umzugehen. Jeder andere würde das Vertrauen missbrauchen, um sich selbst zu profilieren. Damit liebevolle Beziehungen gelingen, muss aber aus dem *ich* ein *wir* werden.

Vertrauen kann in der kleinsten Einheit der Gemeinde, in der Zweierschaft beginnen.[722] Leider gibt es nur sehr wenige Zweierschaften. Doch gerade diese kleinste Zelle der Jüngerschaft kann und wird (neben der Ehe) die größte Hilfe bei der Gestaltung des Lebens sein. Kaum etwas anderes,

---

[721] Christian A. Schwarz. „Die vier wichtigsten Schritte." S. 41-54 in: Ulrich Eggers, Markus Spieker (Hg.). Der E-Faktor. A.a.O. S. 46.

[722] Zwei Personen, die sich regelmäßig treffen, um über persönliche Dinge zu reden, die Bibel zu lesen und zu beten. Vorbild hierfür kann sowohl die Beziehung zwischen David und Jonathan sein, wie auch die des Paulus mit Timotheus und Silas, Barnabas und Johannes oder Elia und Elisa.

ja nicht einmal eine gute Predigt, wird für beide Personen derart prägend sein, wie diese Zeit.

Vertrauen kann und wird auch in der Kleingruppe (Hauskreis, Interessensgruppe, oder auch Bibelstunde) entstehen, wenn man dies bewusst fördert. Wichtig ist hierbei, dass das Vertrauen geschützt wird, indem man etwa verspricht, dass vertrauliche Dinge nicht an Personen außerhalb der Kleingruppe weitererzählt werden. Selbst die Tarnung als *Gebetsanliegen* ist ein Vertrauensbruch und wird negative Folgen haben. Der Leiter ist von daher sehr gefordert, Missbrauch zu verhindern bzw. Vertrauen aufzubauen. In einer Kleingruppe ist es oft so, dass man nicht unbedingt jedem in der Gruppe völlig vertrauen würde. Aber schon das Vertrauen in Einzelne in der Gruppe, wie auch das Vertrauen in die Gruppe als solche, wird eine Basis dafür bilden, dass Vertrauen entsteht.

Aber auch innerhalb der Gemeinde soll Vertrauen entstehen. Es muss möglich sein, dass man etwa im Gottesdienst oder in der Gebetsstunde von seinen Nöten berichten kann, ohne Angst vor einem Gesichtsverlust haben zu müssen. Menschen, die ihre Identität in Christus kennen, werden das Vertrauen zu schätzen wissen und es erwidern.

Gerade weil Vertrauen in Österreich *Mangelware* ist, werden Menschen, denen man vertrauen kann, als unheimlich anziehend wahrgenommen. Viele Menschen heute wünschen sich jemanden, dem sie vertrauen und dem sie ihr Herz ausschütten können, jemanden, der einfach da ist und sie versteht. Doch möglich ist dies nur, weil diese Menschen selbst das Vertrauen Gottes erleben und somit befreit sind von der Abhängigkeit von anderen Menschen. Daraus können und werden liebevolle Beziehungen entstehen, die für einen selbst, aber auch für viele andere Menschen prägend sein werden.

Und es wird dazu kommen, dass man beginnt, den Österreichern zu vertrauen, dass auch sie Verantwortung übernehmen können.

4.3.4 Mitarbeit der Jugend[723]

Ein guter Indikator, ob der Paradigmenwechsel in den Gemeinden wirklich stattgefunden hat, ist oftmals die Jugend. Sie prangern faule Kompromisse, unbegründete Tradition und unehrliche Beziehungen schonungslos an. Deshalb ist ihre Meinung oft nur sehr bedingt erwünscht. Vielfach gelingt es nicht, die eigene Gemeindejugend zu gewinnen, geschweige denn, dass

[723] Unter *Jugend* wird meist die Altersgruppe zwischen 14 od. 15 und 19 verstanden. Vereinzelt wird die Altersgrenze nach oben offen gehalten, wobei Ältere meist nur dann bleiben, wenn sie für die Mitarbeit gewonnen wurden.

die ältere Generation Vorbildwirkung für die Jugend einnehmen kann. Dabei könnten beide Gruppen viel voneinander lernen.

Gemeinden, denen es gelungen ist, Jugendliche als Mitarbeiter zu gewinnen, haben davon sehr profitiert. Es wäre wünschenswert, dass dies noch vielerorts gelingt.

4.3.5 Leitungsverständnis

Dass die österreichische Neurose auch in evangelikalen Gemeinden vorhanden ist, zeigt sich besonders am Verständnis von Leiterschaft. Zum Einen ist es sehr schwierig, Österreicher zu finden, die bereit sind, Leitungsverantwortung zu übernehmen. Wenn sich dann doch Österreicher gefunden haben, tun sie sich zum Anderen schwer, mit der ihnen anvertrauten Macht umzugehen oder missbrauchen diese gar. Spannungen oder gar Spaltungen sind vorprogrammiert. Wird als Folge daraus eine Person aus der Leitung abberufen (oder nicht mehr bestätigt), kommt es zum offenen Protest, unter dem folglich die gesamte Gemeinde leidet.

Gerne pickt man einzelne Bibelverse heraus,[724] um seine Autorität und Verantwortung zu unterstreichen. Doch versteht sich der betreffende Leiter tatsächlich als Diener? Er selbst wird seine Leitung durchaus als Dienst sehen. Aber spätestens, wenn ihm die Macht entzogen wird, zeigt sich sehr deutlich, ob es tatsächlich ein Dienst war. Wenn ja, wird er bereit sein, auch in anderen Bereichen zu dienen, selbst wenn dies einfache Arbeiten sind. Er wird sich ein Beispiel an Jesus nehmen, der selbst Sklavenarbeit verrichtete, indem er seinen Jüngern die Füße wusch.[725] Oder an Johannes, dem Täufer, der klarstellte: „Er muss wachsen, ich aber muss abnehmen." (Joh 3,30). Spätestens beim Blick auf Hebräer 11 sollte jedem klar sein, dass Dienst nicht primär mit Leitung und Verantwortung zu tun hat. All die Glaubenshelden dienten Gott in wunderbarer Weise. Ihr Verständnis von Dienst sollte uns ein Ansporn sein.

Damit es zu einem wirklichen und dauerhaften Paradigmenwechsel in den Gemeinden kommt, müssen die bestehenden und auch zukünftigen Leiter in einem Jüngerschaftsprozess zum Dienst angeleitet und auch begleitet werden. Wird die Begleitung, die ein Schlüssel zum dauerhaften Pa-

[724] Z.B. Hebr 13,17; 1Tim 5,19; u.a.

[725] Kent u. Barbara Hughes verweisen auf die Midrasch, wo gelehrt wird, dass kein Hebräer, nicht einmal ein Sklave, angewiesen werden durfte, jemandem die Füße zu waschen. Kent u. Barbara Hughes. Liberating Ministry from the Success Syndrome. Tyndale House Publishers: Wheaton. 2002[7]. S. 47.

radigmenwechsel ist, von jemandem abgelehnt, wird es notwendig sein, die Frage zu stellen, ob diese Person als Leiter tragbar ist.

4.3.6 Übertragung der Verantwortung an österreichische Leiter

Ziska stellte 2006 in einer Untersuchung unter 53 evangelikalen Freikirchen fest:

> „In der Gesamtgruppe der Leiter sieht man, dass Ausländer, vor allem Missionare (besonders aus den USA, Deutschland und der Schweiz), weiterhin eine sehr tragende Rolle in diesen Gemeinden spielen. Genau ein Drittel der Ältesten (56 von 168) sind Ausländer. Noch dazu, wo die ausländischen Ältesten auch Missionare sind (wenigstens 34 Missionare dienen als Älteste in dreißig Gemeinden), haben sie häufig eine bestimmende Führungsrolle in jenen Gemeinden. Nicht selten sind sie offiziell oder *de facto* die Pastoren ihrer Gemeinden.“[726]

In der Fußnote ergänzt er die Aussage mit folgendem Kommentar:

> „Genauso wichtig ist die Tatsache, dass fast alle dieser männlichen Missionare tüchtige Ehefrauen hatten, die selbst oft sehr starke Rollen in ihrer jeweiligen Gemeinden [sic!] ausgeübt haben. Darüber hinaus übten mindestens acht andere ausländischen [sic!] Missionare starken Einfluss auf diesen [sic!] Gemeinden aus, ohne konkrete Gemeindeämter zu bekleiden. Dazu kommen noch manche ‚ehrenamtliche Dienste‘ verschiedener Missionare.“[727]

Es gibt genügend fähige Österreicher! Trotzdem haben in vielen Freikirchen und Missionswerken ausländische Missionare eine bestimmende Führungsrolle. Nun mag das in gewissen Bereichen seine Berechtigung haben. Dass aber auch die Zahl der österreichischen Pastoren[728] in den letzten Jahren stark rückläufig ist, zeigt, dass es hier ein grundlegendes Problem gibt.

---

726 Joseph R. Ziska. Auswertung der Umfrage an den ARGEGÖ Gemeinden in Österreich (Herbst 2006). A.a.O. S. 26.

727 Ebd.

728 Ziska definiert *österreichische Pastoren* wie folgt: „‚Österr. Pastor‘ sind österreichische Staatsbürger, die den genannten örtlichen Gemeinde *de facto* auf Ältestenebene dienen und vorwiegend aus österreichischen Quellen entlohnt werden.“ Joseph R. Ziska. Auswertung der Umfrage an den ARGEGÖ Gemeinden in Österreich (Herbst 2006). Tabelle 6c. — Gemeindeleiter bzw. „Ältesten“, nach Art und Jahr. Wien, 2008. A.a.O. S. 33

> Ziska stellt in seiner Untersuchung der ARGEGÖ-Gemeinden fest, dass 1996 acht Gemeinden einen österreichischen Pastor hatten, und vier österreichische Frauen teilzeitlich in der Gemeinde angestellt waren. Im Jahre 2006 hatten nur mehr drei Gemeinden einen österreichischen Pastor und eine Frau war teilzeitlich angestellt. In diesem Zeitraum hat sich auch die Zahl der ausländischen Missionare[729] leicht verringert. 1996 gab es zwanzig Missionare, die der obersten Leitung der Gemeinde angehörten und zwei Missionarinnen, die teilzeitlich angestellt waren. 2006 waren es vierzehn Missionare, dafür aber sechs Frauen mit teilzeitlicher Anstellung.[730]

Keinesfalls soll den Missionaren ihre Berechtigung abgesprochen werden. Jeder von ihnen leistet eine wertvolle Arbeit. Aber es muss zu einer neuen Wertigkeit bezüglich der Rolle der Österreicher kommen. Und deshalb genügt es nicht, zu neuen Horizonten aufzubrechen,[731] oder kleine Kurskorrekturen durchzuführen, sondern es muss einen grundsätzlichen Paradigmenwechsel geben. Die Ausrichtung der Gemeinde wird, wie Malessa richtig beobachtet, „weniger von eigenem Nachdenken als vielmehr von der persönlichen Haltung des örtlichen Pastors oder ‚geistlichen Leiters' bestimmt."[732] Damit Österreicher verstärkt beginnen, auch Verantwortung für ihr eigenes Land und dessen geistliche Situation zu übernehmen, ist es notwendig, dass die Verantwortung zusehends an österreichische Leiter übertragen wird. Erst, wenn vermehrt Einheimische die Verantwortung in den Gemeinden, aber auch in den Leitungsgremien der jeweiligen Bünde und Missionswerke übernommen haben, wird der Paradigmenwechsel vollzogen. Denn dann besteht die Möglichkeit, eine eigene Identität zu entwickeln und auch zusehends zu einem sendenden Land zu werden.[733]

---

729 Ziska definiert „ausländische Missionare" wie folgt: „nicht-österreichische Staatsbürger, die vorwiegend aus ausländischen Quellen bezahlt werden, aber auch in der <u>obersten Leitung</u> der Gemeinde dabei sind <u>und</u> einen wesentlichen Teil ihres Dienstes der genannten <u>örtlichen Gemeinde</u> zugute fließt." Joseph R. Ziska. Ebd.

730 Ebd.

731 Peter Schädler. Wie christlich ist das Bundesland Vorarlberg? A.a.O. S. 64.

732 Andreas Malessa. „Herr, dein Wort, die edle Gabe..." S. 195-205 in: Ulrich Eggers, Markus Spieker (Hg.). Der E-Faktor. Evangelikale und die Kirche der Zukunft. R.Brockhaus: Wuppertal, 2005. S. 196.

733 Zurzeit ist die Anzahl der Missionare, die aus dem Ausland nach Österreich gekommen sind, um ein Vielfaches höher als die Zahl derer, die von Österreich aus in den missionarischen Dienst ins Ausland gesandt wurde. In Zukunft sollte es so sein, dass die Zahl derer, die einen missionarischen Dienst im Ausland tun, um ein Vielfaches höher sein sollte als die Zahl derer, die als Missionare nach Österreich kommen.

In weiterer Folge sollte es zu einer stärkeren Kontextualisierung in die österreichische Kultur kommen. Als Einheimische kennen die Österreicher Sprache, Kultur und Mentalität der Menschen und werden, wenn sie sich ihrer eigenen Kultur bewusst sind, der Kultur entsprechend handeln. Menschen aus einem anderen Kulturkreis (und dazu zähle ich Deutsche und Schweizer genauso) werden anders handeln, bzw. brauchen viele Jahre, bis sie ihre eigene Kultur kritisch reflektiert, die österreichische Kultur akzeptiert und zum Teil angenommen haben und so das österreichische Denken auch verstehen.

Dabei gibt es zwei Hindernisse zu überwinden.

4.3.6.1 Die der Mentalität des Österreichers entsprechende Zurückhaltung

Vielfach wären die Österreicher bereit, Verantwortung zu übernehmen. Allerdings verbietet es ihm die Kultur, sich in den Vordergrund zu drängen. Man fühlt sich geehrt, wenn andere einen empfehlen, aber sich selbst zu empfehlen, würde für einen *guten* Österreicher nie in Frage kommen. Deutsche, Schweizer oder Amerikaner (um an die oben genannten Nationen anzuknüpfen) haben damit jedoch häufig weniger Problem, weshalb Christen, die aus diesen Nationen kommen und in Österreich leben, häufig mit der Leitung der Gemeinde, der Mitarbeit im Vorstand o.ä. betraut werden. Es ist jedoch falsch daraus abzuleiten, dass es keine Österreicher gäbe, die fähig wären, diese Aufgabe zu übernehmen.

Es ist fraglich, ob die österreichische Bescheidenheit nur als Teil der Kultur oder auch als Folge der Neurose gesehen werden muss. Auf jeden Fall gilt es Wege zu finden, die Verantwortung auch an Österreicher zu übertragen. Konkret wird dies in der aktuellen Situation erst geschehen, wenn ausländische Missionare den Österreichern bewusst helfen, die Neurose zu überwinden, sodass diese fähig werden, aus einem gesunden, biblisch fundierten Verständnis von Leiterschaft heraus, Verantwortung zu übernehmen. Denn gerade als jemand, der selbst nicht in diesem Kulturkreis aufgewachsen ist, kann der ausländische Missionar eine wesentliche Hilfe bei der Überwindung sein. Voraussetzung dafür ist jedoch, dass er die österreichische Kultur sehr gut kennt und auch kulturell relevant lebt. Dies wird dann geschehen, wenn er zum Einen sowohl seine eigene, wie auch die österreichische Kultur kritisch reflektiert hat und sich zum Anderen bewusst dafür entschieden hat, der österreichischen Kultur entsprechend zu leben, ohne jedoch seine eigene Kultur zu verleugnen.[734] Gleichzeitig muss er aber mit den Folgen der Neurose vertraut sein, sodass er dem Österreicher hilft, diese durch einen Jüngerschaftsprozess zu überwinden. Nur so kann er als erfahrener Christ einen (oder mehrere) Österreicher im persönlichen Prozess der Transformation begleiten. Insofern muss der Paradigmenwechsel nicht nur bei den Österreichern stattfinden, sondern auch bei jenen, die nicht österreichischer Herkunft sind.

4.3.6.2 Die fehlenden Finanzen

In meiner Ausarbeitung „Warum weniger mehr sein kann – eine Ermutigung zum sinnvollen Einsatz des Wohlstandes“[735] habe ich dargelegt, dass die Finanzierung österreichischer Mitarbeiter grundsätzlich kein Problem sein sollte. Vielmehr liegt es an den falschen Prioritäten einerseits und andererseits am theologischen Defizit des Glaubensprinzips. Beides führe ich im Folgenden kurz aus.

Ausgangsbasis

Das Gemeindebudget wird üblicherweise von drei bzw. vier Faktoren ganz wesentlich geprägt.

1. Von den Ausgaben für das Gemeindehaus oder den Gottesdienstraum. Dazu zählen auch Ausgaben wie Strom, Telefon, Instandhaltung usw. Vor allem in kleineren Gemeinden ist dies der größte Budgetposten. Dazu kommt noch, dass sich in den letzten Jahren sehr viele Gemeinden eigene Gemeinderäumlichkeiten geleistet haben, was die Gemeinde in vielen Bereichen unflexibel macht. Sehr oft will man den Kredit so rasch als möglich abbezahlen, was die monatlichen Fixkosten (zumindest in dieser Zeit) beträchtlich erhöht.
2. Viele Gemeinden haben es sich in den letzten Jahren zur Gewohnheit gemacht, einen bestimmten Prozentsatz (oftmals werden 10% des Jahresbudgets genannt) für die (Auslands-) Mission zu geben. In den letzten Jahren sind eine Reihe Österreicher in den Missionsdienst im Ausland gegangen. Der Großteil der Finanzierung kommt hierbei jedoch nicht aus österreichischen Gemeinden und deren Budget, sondern von Einzelpersonen. Denn viele Christen geben von sich aus einen Teil ih-

---

[734] Vgl. 1Kor 9, 19-23.

[735] Martin Podobri. Warum weniger mehr sein kann – eine Ermutigung zum sinnvollen Einsatz des Wohlstandes. Unveröffentlichte Ausarbeitung im Fach „Ethik“. 2010.

res Zehnten direkt in die Auslandsmission, sodass im Gemeindebudget oft nur ein Teil des Geldes ankommt, das tatsächlich gespendet wird. Folglich fehlt der Gemeinde sowohl der Überblick, wie viel tatsächlich gespendet wird, bzw. auch die nötige Finanzkraft, sollte es Überlegungen bezüglich der Anstellung eines Mitarbeiters geben.

3. Da die Finanzkraft zahlreicher sendender Missionswerke aus dem Ausland in den letzten Jahren stark nachgelassen hat, werden die Missionare großteils von einem *Freundeskreis* finanziert. Teilweise gehören die Mitglieder der Gemeinde, in der der Missionar mitarbeitet, ebenfalls zum Freundeskreis. Dadurch tragen sie zu einem gewissen Teil zur Finanzierung ihres Pastors/Missionars bei. Der Beitrag entspricht jedoch meist nur einem Bruchteil der tatsächlichen Kosten. Die Gemeinde sieht aber keine Notwendigkeit, die Kosten für eine volle Anstellung zu übernehmen. Schwierig wird es spätestens dann, wenn der Missionar von der Mission an einen anderen Ort versetzt wird, um etwa dort eine neue Arbeit zu beginnen. Ein Großteil der Finanzen wandert in dem Fall mit und hemmt damit dementsprechend die lokale Arbeit.
4. Neben den Ausgaben wird das Budget natürlich auch sehr stark durch die Einnahmen geprägt. Dabei äußert sich die allgemeine nationale Tugend der Barmherzigkeit, die auch in den österreichischen Gemeinden vorherrscht. Während meist die Einnahmen gerade zur Deckung der oben genannten Fixkosten reichen, steigen die Einnahmen rapide, wenn sich die Gemeinde an einem sozialen Hilfsprojekt oder gar in der Katastrophenhilfe engagiert.

Nachdem die hauptberuflichen Mitarbeiter vielfach vom Ausland bezahlt wurden oder werden, ist es problemlos möglich, die vorhandenen Finanzen zum Teil in die Auslandsmission, zum Teil in die Finanzierung eigener Gemeinderäumlichkeiten zu investieren. Die logische Schlussfolgerung daraus ist, dass, sollte es zur Frage kommen, ob man sich einen einheimischen Mitarbeiter leisten kann, diese damit beantwortet wird, dass die nötigen Finanzen fehlen. Allerdings scheitert es kaum an der Finanzkraft, sondern an der nicht vorhandenen Priorität. So stellt Warkentin bereits 1969 fest: „Wir haben ein paar Gemeinden gegründet – so viele, wie wir ausländische Missionare haben. Dann bleibt es stehen. Ich denke, daß möglicherweise unser System der Entlohnung und die Weise, wie wir bezahlt wurden, uns in diese Sackgasse geführt hat. [...] Auf der gegenwärtigen Grundlage können wir nicht mehr Arbeiter anstellen, weil uns die Finanzen fehlen. Darum können wir nicht in neue Gebiete vorstossen. Das ist unsere Sackgasse... Es würde manchmal nicht schaden, wenn alle finanzielle Unterstützung abgebrochen werden würden. Opfer fordern heraus. In der größten Not erleben wir den großen Versorger."[736]

Eine Reihe Gemeinden haben den Paradigmenwechsel hier bereits vollzogen, doch bei vielen Gemeinden muss dies erst geschehen.[737]

Eine Frage der Prioritäten

Angesichts der oben genannten Fakten taucht zwangsläufig die Frage auf, ob die Prioritäten des Gemeindebudgets richtig sind.

So entdecken wir etwa beim Studium des Neuen Testaments, dass sich Gemeinden in Privathäusern (Röm 16,5) oder bestenfalls im Tempel (Apg 2,46) getroffen haben. Da in den Häusern höchstens vierzig Personen Platz hatten, gab es in vielen Städten mehrere Gemeinden.[738] Finanzen, die man heute in ein Gebäude steckt, das oft nur wenige Stunden in der Woche verwendet wird, könnten so anderweitig eingesetzt werden.

Vielfach herrscht außerdem das Verständnis vor, dass Pastoren sich durch Spenden finanzieren. Dies ist jedoch falsch. Pastoren sind zwar sehr häufig bei einem Bund oder einem Missionswerk angestellt, um einen (oder besser gesagt zahlreiche) Dienste in der Gemeinde zu tun. Letztendlich sind sie aber Dienstleister und sollten deshalb von denen bezahlt werden, die von der Leistung profitieren.

> Dienstleistung kann wie folgt definiert werden: „Arbeiten (innerhalb eines Wirtschaftssystems), die nicht der Güterproduktion dienen".[739] Der Empfänger der Leistung honoriert diese, indem er dafür bezahlt.

„Der Arbeiter ist seines Lohnes wert" hat Jesus gesagt (Lk 10,7) und Paulus bekräftigt dies (1Tim 5,18). Jesus hat befohlen, dass die, „die, das Evangelium verkündigen, sich vom Evangelium nähren sollen." (1Kor 9,14) Genau das tun Pastoren, wie auch Missionare: Das Evangelium (hier im weitesten Sinne zu verstehen) verkündigen! Im Gegensatz zu vielen anderen Ländern sind die Personen, die in Österreich als Pastor, freigestellter Ältester, Jugendleiter, Diakon, Gemeindegründer, ... arbeiten, noch dazu sehr gut ausgebildet. Entweder haben sie ein Theologiestudium oder nach

---

[736] Lorenz Warkentin zitiert in: Franz Rathmair. Die Mennonitische Brüdergemeinde in Österreich. A.a.O. S. 119f.

[737] Hier seien die Freien Christengemeinden lobend hervorzuheben, die in den letzten Jahren eine Reihe österreichischer Pastoren berufen haben und diese auch selbst finanzieren.

[738] Eckhard J. Schnabel. Urchristliche Mission. A.a.O. S. V.

[739] Karl-Dieter Bünting. Deutsches Wörterbuch. Isis Verlag: Chur, 1996. S. 247.

der Berufsausbildung zusätzlich noch eine Bibelschule o.ä. absolviert. Die Abschlüsse (B.Th., M.A., M.Div., ...) sind meist internationale Abschlüsse, die zwar vom Staat nicht anerkannt sind und darum nicht als Titel geführt werden dürfen, aber trotzdem ihre Gültigkeit haben. Als hoch qualifizierte und gut ausgebildete Fachkräfte sind sie selten bis nie arbeitslos, leisten viele unentgeltliche Überstunden, bringen einen Arbeitseinsatz, der oft seinesgleichen sucht und trotzdem liegt ihr Stundenlohn oft weit unter dem eines Hilfsarbeiters. Der Grund ist mitunter, dass es für diese Berufsgruppe weder Kollektivverträge, noch Mindestlohn oder Tarifvertrag gibt. Teilweise werden Personen unter anderen Berufsbezeichnungen angemeldet, die teilweise sogar frei erfunden werden, um vorhandene Kollektivverträge bewusst zu umgehen. Im Gegensatz zu vielen anderen Ländern dieser Welt sind viele Gemeinden in Österreich nach wie vor nicht bereit, für diese Dienstleistung aufzukommen. Müssen sich die Gemeinden als Empfänger der Leistung gar fragen, ob sie ihren Arbeitern den Lohn vorenthalten (in Anlehnung an Jak 5,4)? Denn gerade, wenn jemand bereit ist, seine ganze Arbeitskraft für das Evangelium einzusetzen, sollte er einen Lohn erhalten, von dem er auch leben kann!

Wenn es wirklich an den Finanzen scheitern würde, wie kann es dann sein, dass sich mehr Österreicher als Missionare im Ausland im Einsatz befinden als Österreicher in einem vollzeitlichen Dienst in einer Freikirche?[740] In Kapitel 2.3.3.2 habe ich bereits aufgezeigt, dass Österreich zu den zehn reichsten Ländern der Welt gehört. Die Finanzierung eines österreichischen Mitarbeiters sollte daher in vielen Freikirchen möglich sein, wenn es als entsprechende Priorität gesehen wird.

Das theologische Defizit des Glaubensprinzips[741]

In der Chicago-Erklärung zur Anwendung der Bibel heißt es in Artikel XIII: „Wir bekennen, dass Christen von ihren Finanzen Opfer zur Unter-

---

740 So Frank Hinkelmann, der sich auf eine Untersuchung von Dr. Scott Klingsmith beruft.
Frank Hinkelmann. „Österreich – ‚Felix Austria‘ oder ‚Friedhof der Missionare‘?“ A.a.O. S. 134.

741 Titel übernommen von Arndt Elmar Schnepper. Mission und Geld. Glaubensprinzipien und Spendengewinnung der deutschen Glaubensmissionen. Genese, Struktur und Legitimation. Dissertation. O.O.: 2004. S. 206.

stützung des Werkes der Kirche Gottes bringen sollten."[742] Schnepper stellt jedoch fest:

> „Es ist frappierend festzustellen, dass der neutestamentliche *locus classicus* zum Thema der Spendengewinnung, nämlich die Jerusalemkollekte des Paulus (Gal 2:10, 1. Kor 16, Röm 15:31, 2. Kor 8 und 9), in den genannten Zusammenhängen grundsätzlich nicht beachtet wird. Denn bei Paulus, dem Missionar *par excellence*, findet sich an der Stelle des ‚Glaubensprinzips' die ‚Verantwortung der Gemeinde'.... Für ihn ist das Sammeln der so dringend benötigten Gelder nicht ein *malum*, sondern ein geistliches *bonum* schlechthin. ‚Gnade' (2. Kor 8:1), ‚Ausgleich' (2. Kor 8:13) und ‚Segen' (2. Kor 9:5) sind seine Prädikate für die Geldsammlung. Die natürlich damit einhergehende Werbung für diese Sammlung wird nicht in Frage gestellt."[743]

Von daher ist die Praxis, dass das Thema Geld nicht zur Sprache kommen darf, wie es von manchen Missionaren, Missionswerken und Gemeinden praktiziert wird, falsch.[744] Dass in der Missionsarbeit (sowohl im In- wie auch im Ausland) permanent Geldmangel herrscht, hat also nicht nur damit zu tun, dass Christen nicht bereit sind, zu spenden, sondern sehr wohl auch mit einem unbiblischen Verständnis von Seiten der *Empfänger*.

Fazit

Österreich gehört zu den reichsten Ländern der EU und damit zu den reichsten Ländern der Welt.[745] Das Problem der fehlenden Finanzierung hat seine Ausgangsbasis darin, dass hauptberufliche Mitarbeiter vielfach vom Ausland bezahlt wurden oder werden. Die Folge ist, dass die vorhandenen Finanzen anderweitig eingesetzt werden. Für einheimische Mitarbeiter fehlt dann oft das Geld. Folglich greift man weiterhin hauptsächlich auf

---

742 Thomas Schirrmacher (Hg.). Bibeltreue in der Offensive. Die drei Chicagoerklärungen zur biblischen Irrtumslosigkeit, Hermeneutik und Anwendung. Verlag für Kultur und Wissenschaft: Bonn, 2004^{2}. S. 82.

743 A.E. Schnepper. Mission und Geld. A.a.O. S. 206.

744 Weitere Informationen bei: Arndt Elmar Schnepper. Mission und Geld. Ebd. Der Autor untersuchte die drei ältesten Glaubensmissionen in Deutschland: Neunkirchner Mission, Allianz-China-Mission und Liebenzeller Mission. Von diesen drei Missionswerken ist nur die Liebenzeller Mission in Österreich aktiv. Der in der Dissertation beschriebene Einstellung begegnet man jedoch in zahlreichen Gemeinden und Missionswerken.

745 So eine Statistik von Eurostat, veröffentlicht auf der Webseite der Wirtschaftskammer Österreich. Wirtschaftskammer Österreich. „BIP je Einwohner". http://wko.at/statistik/eu/europa-BIPjeEinwohner.pdf (1.2.10).

ausländische Missionare zurück, die ihre Finanzierung selbst mitbringen. Allerdings scheitert es nicht an der Finanzkraft, sondern an der nicht vorhandenen Priorität. Folgende Punkte sollten deshalb überdacht werden:

1. Viele Christen besitzen größere Häuser – was spricht dagegen, dass man sich als Gemeinde dort versammelt? Gerade wenn die Gemeinde noch so klein ist, dass man sich keinen Pastor (dafür aber einen Missionar?!) leisten kann, ist sie auch klein genug, dass sie sich in einem Privathaus treffen kann. Sollte das nicht mehr ausreichen, warum nicht ins Gasthaus, Volkshaus oder in die Kirche am Ort ausweichen? Es spricht absolut nichts gegen ein eigenes Gemeindehaus, ganz im Gegenteil! Doch kann und soll es nicht sein, dass die Finanzierung einheimischer Mitarbeiter darunter leidet oder gar unmöglich gemacht wird. Hat man bereits ein Gebäude, sollte man sich überlegen, ob und wie dieses auch für andere (*nichtchristliche*) Veranstaltungen genutzt werden kann. Dadurch lukriert man Mieteinnahmen und senkt gleichzeitig die Hemmschwelle für Gäste ganz erheblich. Als positives Beispiel sei hier das Veranstaltungszentrum in Innbruck genannt.[746]
2. Es gibt nur wenige Themen, über die die Bibel mehr sagt, als über das Thema Finanzen. Darum soll und darf man auch in der Gemeinde offen über Finanzen sprechen, damit das theologische Defizit des Glaubensprinzips überwunden wird.
3. Es ist sehr begrüßenswert, dass sich österreichische Christen und Gemeinden an der Weltmission beteiligen. Das Engagement in der Weltmission darf jedoch weder ein Hinderungsgrund zur Finanzierung lokaler Mitarbeiter sein, noch als Berechtigung zur Inanspruchnahme der Dienste ausländischer Missionare gesehen werden. Vielmehr liegt es in der Verantwortung der Gemeinden, sowohl Weltmission zu fördern, als auch für die Finanzierung lokaler Mitarbeiter zu sorgen.
4. Zu guter Letzt sei die Höhe des Gehaltes der vollzeitlichen Mitarbeiter infrage gestellt. Wie Rathmair bereits festgestellt hat, hat dies in der Vergangenheit zu zahlreichen Spannungen geführt.[747] Dies ist auch ein wesentlicher Grund, warum viele Österreicher, die eine theologische Ausbildung absolviert haben, nicht bereit sind, im pastoralen Dienst in Österreich tätig zu sein. Hier muss es zu Veränderungen kommen! Vor allem vollzeitliche Mitarbeiter müssen ein Gehalt bekommen, von dem sie und ihre Familien leben können. Bei teilzeitlichen Mitarbeitern wird das Gehalt durch die geringere Stundenanzahl zwar niedriger sein. Aber nur weil sie teilweise eine zweite Arbeitsstelle haben, gibt das

---

746 Vgl. Novum Innsbruck. http://www.novum-innsbruck.at/ (18.8.2011).

747 Franz Rathmair. Die Mennonitische Brüdergemeinde in Österreich. A.a.O. S. 121.

niemandem das Recht, ihnen einen geringeren Stundenlohn zu zahlen oder sie *proforma* für wenige Stunden anzustellen.

Wir merken also, dass es auch im Bereich Finanzen nicht ausreicht, manche kleine Kurskorrekturen durchzuführen. Auch hier ist ein Paradigmenwechsel notwendig!

4.4 Wiederentdeckung der Jüngerschaft

Beim Missionsauftrag im Matthäusevangelium steht das *Zu-Jüngern-Machen* im Mittelpunkt.[748] Auf den letzten Seiten habe ich aufgezeigt, dass gelebte Jüngerschaft darüber hinaus ein ganz wesentlicher Schlüssel zum Paradigmenwechsel in den Gemeinden ist. Doch was ist Jüngerschaft?

Eims definiert es wie folgt:

> „Jüngerschaft ist ein Prozess geistlichen Wachstums, bei dem durch intensive Begleitung qualifizierte Arbeiter in der örtlichen Gemeinde herangebildet werden. Es spannt den Bogen von dem Neubekehrten über den Jünger zum Mitarbeiter und weiter bis hin zum Leiter."[749]

Das bekannteste und beste Beispiel für Jüngerschaft ist Jesu Verhältnis zu seinen Jüngern. Während der drei Jahre seines öffentlichen Dienstes waren die zwölf Jünger beinahe immer um ihn. Sie hörten all seine Predigten, all die Geschichten wie auch deren Auslegungen, die er unterwegs erzählte, wurden ermutigt, von ihm aber auch korrigiert und erlebten, wie er sein Leben gestaltete.

Jüngerschaft in genau derselben Art und Weise wird heute schwierig sein. Doch glaube ich, dass gelebte Jüngerschaft auch heute noch möglich ist. Im Folgenden werde ich deshalb darlegen, wie gelebte Jüngerschaft auch heute noch gelingen kann.

4.4.1 Die Basis für gelebte Jüngerschaft: Kleingruppe

Kleingruppe darf hier im weitesten Sinne verstanden werden, also vom Jugendkreis über die Bibel- oder häufig auch Gebetsstunde, bis hin zum Hauskreis und zur Mütter- und Seniorenrunde. Entscheidend ist, dass gelebte Jüngerschaft meist nur dort praktiziert wird, wo die Begegnung auf

---

[748] Vgl. Kapitel 1.2.1.4.

[749] LeRoy Eims. Die verlorene Kunst des Jüngermachens. Geistliches Wachstum durch das Paulus-Timotheus-Prinzip. Betanien: Oerlinghausen, 2005. Rückseite.

persönlicher Ebene stattfindet und es auch die Möglichkeit zur persönlichen Reflexion gibt.

> Ziska stellt in seiner Untersuchung fest, dass stark wachsenden Gemeinden eine zunehmende Zahl an Kleingruppen haben, während langsam wachsende und stagnierende Gemeinden im selben Zeitraum einen Rückgang der Kleingruppen verzeichnen.[750] Dies soll auf der einen Seite nicht weiter überraschen, zeigt aber, dass die Kleingruppenarbeit einen nicht unerheblichen Einfluss auf die Gemeinde hat.

4.4.1.1 kleines Einzugsgebiet

Idealerweise setzt sich die Kleingruppe aus Personen zusammen, die am selben Ort oder zumindest in derselben Region wohnen. Dadurch erspart man sich lange Anreisewege zu gemeinsame Treffen und die Wahrscheinlichkeit, dass es neben der Kleingruppe auch natürliche Berührungspunkte gibt, ist sehr hoch. Wenn die Kinder in dieselbe Schule gehen, wenn man im selben Geschäft einkauft oder sich sonst im Ort begegnet, hat man auch ein gemeinsames Interesse am Wohl des Ortes. Der Vorteil dabei ist, dass es nicht nur künstliche Begegnungen wie etwa bei Veranstaltungen sind, sondern dass es auch natürliche Begegnungen gibt.

4.4.1.2 missional

Das Ziel der Kleingruppe soll nicht sein, möglichst schnell möglichst viele Menschen in die Kleingruppe oder in die Gemeinde zu bekommen, sondern primär Jüngerschaft zu fördern. Es kann und darf nicht sein, dass man von der Gruppe *hier drinnen* und der Welt *da draußen* spricht. Die Kleingruppe ist kein heiliger Ort, sondern Mittel zum Zweck. Deshalb soll und muss die Kleingruppe Teil der Gesellschaft sein. Mehr dazu in Kap. 4.5.2.

4.4.2 Der Auftrag der gelebten Jüngerschaft: Zurüstung

Eine Kleingruppe muss sich im Klaren sein, dass sie einen Auftrag hat. Dem Einen oder Anderen mag das „Gut, dass wir einander haben"[751] zwar reichen, doch es war definitiv nicht Jesu Motto. Binnen drei Jahren hatte er

---

[750] Joseph R. Ziska. Auswertung der Umfrage an den ARGEGÖ Gemeinden in Österreich. A.a.O. S. 20.

[751] In Anlehnung an den Titel des Liedes von Manfred Siebald „Gut, dass wir einander haben".

es geschafft, aus einfachen Fischern, wie Petrus, Johannes und Jakobus es waren, *Säulen* der Gemeinde zu machen. Vier wesentliche Elemente seiner Zurüstung möchte ich im Folgenden herausgreifen.

4.4.2.1 Biblische Lehre

„Euch ist's gegeben, die Geheimnisse des Himmelreichs zu verstehen." (Mt 13,11)

Ein wesentlicher Inhalt der gelebten Jüngerschaft ist die biblische Lehre. So wie Jesus seinen Jüngern zu einem tieferen Verständnis des Wortes Gottes verhalf, so soll die Jüngerschaft dazu beitragen, der Kleingruppe einen tieferen Einblick in das Wort Gottes zu vermitteln.

4.4.2.2 Möglichkeit zur persönlichen Reflexion

„Da fing Petrus an und sprach zu ihm: Siehe, wir haben alles verlassen und sind dir nachgefolgt; was wird uns dafür gegeben?" (Mt 19,27)

Gelebte Jüngerschaft kann sich aber nicht nur darauf beschränken, biblisches Wissen zu vermitteln. Vielmehr muss dem Einzelnen die Möglichkeit zur persönlichen Reflexion und zur Rückfrage gegeben werden.

4.4.2.3 Persönliche Begleitung

„Und es begab sich, etwa acht Tage nach diesen Reden, dass er mit sich nahm Petrus, Johannes und Jakobus und ging auf einen Berg, um zu beten." (Lk 9,28)

Nicht alle Jünger hatten dieselbe innige Beziehung zu Jesus. Petrus, Jakobus und Johannes hatten eine Sonderstellung und waren etwa bei der Verklärung oder im Garten Gethsemane dabei. Auch in der Kleingruppe ist es wünschenswert, dass einzelne eine tiefere Beziehung haben oder vielleicht gar eine Zweierschaft pflegen. Wichtig dabei ist, dass innerhalb der Gruppe keiner am Rande steht oder gar ausgegrenzt wird, weshalb im Zweifelsfall eine Dreier- oder Viererschaft immer besser ist als keine persönliche Begleitung.

4.4.2.4 Hilfestellung bei persönlichen Problemen

„Simon, Sohn des Johannes, hast du mich lieber, als mich diese haben?" (Joh 21,15)

Es gibt wohl kaum eine Zeit, in der man von gelebter Jüngerschaft mehr profitiert als in einer Zeit persönlicher Probleme. Gerade hier sollte unsere Stärke als Christen zum Vorschein kommen, indem man den Anderen in dieser Zeit beisteht. Gerade diese Zeiten sind es nämlich, in denen geistliches Wachstum oder auch Stagnation stattfindet. Viele Menschen haben am Glauben Schiffbruch erlitten, weil sie in schwierigen Zeiten niemanden hatten, der ihnen beistand. Voraussetzung dafür ist jedoch, dass bereits ein Vertrauensverhältnis besteht.[752] Gelebte Jüngerschaft beginnt deshalb mit einem bewussten Schritt des Vertrauens.

4.4.3 Die Umsetzung der gelebten Jüngerschaft: Lokal

„So steht's geschrieben, dass Christus leiden wird und auferstehen von den Toten am dritten Tage; und dass gepredigt wird in seinem Namen Buße zur Vergebung der Sünden unter allen Völkern. Fangt an in Jerusalem und seid dafür Zeugen." (Lk 24,46-48)

Gelebte Jüngerschaft beginnt an dem Ort, wo ich wohne. Damit bildet sie die Basis für das, was ich in weiterer Folge als *gelebtes Bekenntnis* bezeichne.

4.4.4 Gelebte Jüngerschaft als Teil einer lokalen Freikirche

Jüngerschaft kann nie losgelöst von jeglicher Zugehörigkeit sein. Für den Einen mag es die Zugehörigkeit zu einer Kleingruppe sein, für den Anderen die Zugehörigkeit zu einer Freikirche. Warum neben der Zugehörigkeit zu einer Kleingruppe auch die Zugehörigkeit zu einer Freikirche wichtig ist, möchte ich im Folgenden aufführen.

4.4.4.1 Unterschied Freikirche – Kleingruppe

Eine Kleingruppe ist, wie ich oben bereits dargelegt habe, meist eine homogene Gruppe, bei der die Beziehung, das Miteinander, die biblische Unterweisung und oftmals auch das Gebet im Vordergrund steht. Eine ἐκκλήσια (ekklesia; Gemeinde, Kirche) sollte aber mehr beinhalten, und zwar auch die regelmäßigen Treffen am Sonntag (Apg 20,7), das regelmäßige Brotbrechen (Apg 2,42; in vielen Kleingruppen wird zu besonderen Anlässen wie etwa in der Karwoche auch das Brot gebrochen. Eine Regelmäßigkeit, wie es sie in den meisten Freikirchen gibt, gibt es aber selten), die Gemeindezucht (Mt 18,17), wie auch die bewusste Einsetzung

752 Vgl. Kap. 4.3.3.

von Ältesten und Diakonen (1 Tim 3). Darüber hinaus haben Kleingruppen kaum einen rechtlichen Status, während praktisch alle Freikirchen Teil einer Bekenntnisgemeinschaft sind oder sich als Verein konstituiert haben, wo es jeweils auch eine Mitgliedschaft gibt.

Insofern gibt es doch klare und wesentliche Unterschiede zwischen einer Freikirche und den meisten Kleingruppen.

4.4.4.2 Ergänzung, Hilfestellung u. Korrektur

Eine Freikirche sollte sich aus mehreren unterschiedlichen Kleingruppen zusammensetzen. Da die verschiedenen Kleingruppen auch verschiedene Alters- und Interessengruppen vertreten, können sich die Kleingruppen in vielen Bereichen ergänzen und Hilfestellung geben. Eine Kleingruppe setzt sich häufig aus Gleichaltrigen zusammen, die folglich oft in ähnlichen Lebenssituationen stehen. Das ist ein Vorteil, weil man einander versteht, aber auch ein Nachteil, weil eine Situation oft nur mit wenig Distanz betrachtet werden kann bzw. der Lebensrhythmus von der Lebenssituation bestimmt wird. Andere Kleingruppen setzen sich aus Personen anderer Altersschichten zusammen, die einen anderen Lebensrhythmus haben. Dadurch können sie z.B. Dienste in der Gemeinde wahrnehmen, die Gleichaltrige aktuell nicht oder nur schwer wahrnehmen könnte.

Die Ausrichtung der Gemeinde, aber auch der Kleingruppe wird, wie wir bereits festgestellt haben, „weniger von eigenem Nachdenken als vielmehr von der persönlichen Haltung des örtlichen Pastors oder ‚geistlichen Leiters' bestimmt."[753] Folglich kann es dazu kommen, dass die Sichtweise der Kleingruppe falsch oder unbiblisch ist. Gegenseitige Ergänzung und Korrektur können einer falschen Überzeugung der Gruppe vorbeugen.

4.4.4.3 Kleingruppenübergreifende Aktionen

Es gibt zahlreiche Aktionen, die eine einzelne Kleingruppe nicht durchführen kann, da sie diese überfordern würde. Ein Beispiel dafür ist etwa die Jungschar- oder Jugendarbeit. Es ist weder dauerhaft möglich noch sinnvoll, wenn jede Kleingruppe mit Kindern im Teenageralter eine eigene Jungschar betreibt. Durch die kleingruppenübergreifende Zusammenarbeit ist einerseits der Mitarbeiterpool größer, andererseits wird auch die Grup-

[753] Andreas Malessa. „Herr, dein Wort, die edle Gabe..." S. 195-205 in: Ulrich Eggers, Markus Spieker (Hg.). Der E-Faktor. Evangelikale und die Kirche der Zukunft. R.Brockhaus: Wuppertal, 2005. S. 196.

pengröße meist größer sein, und zu guter Letzt müssen nicht die eigenen Eltern das gesamte Programm gestalten.

Sehr oft gibt es auch mehrere Kleingruppen im selben Ort oder im Nachbarort. Es wäre sinnvoll zu überlegen, ob man auch soziale Aktionen kleingruppenübergreifend durchführen kann.

4.5 Umsetzung eines ganzheitlichen Missionsauftrages

In Kapitel 1.9 habe ich aufgezeigt, dass das traditionelle evangelikale Missionsverständnis eine Einengung des Missionsauftrages Jesu ist und somit weder diesem, noch der Kultur gerecht wird. Folglich gilt es neu zu definieren, wie ein ganzheitlicher Missionsauftrag in Österreich umgesetzt werden kann. Mehrere Faktoren sind dabei zu berücksichtigen.

4.5.1 Kontextualisierung des Evangeliums

Rathmair schreibt: „Der Prozeß von Gemeindewachstum und Missionspolitik, Missionsadministration und Missionsstrategie muß neu überdacht werden im Lichte der Umstände, wie sie in Österreich gegeben sind, und die sehr verschieden sind von irgend einem anderen europäischen Land. Missionsaktivismus darf nicht den Platz sorgfältiger Studien über die historischen Hintergründe und die Menschen, denen wir dienen wollen, einnehmen. Gott arbeitet innerhalb des kulturellen und geschichtlichen Rahmens, den wir zu kennen haben, um offen sein zu können für das Leiten Gottes bei der Berücksichtigung aller Fakten.“[754]

Die starke Prägung der Gemeinden geschah einerseits durch die überwiegend aus dem protestantischen Ausland entstammenden Missionare, anderseits trug die Moderne ganz wesentlich dazu bei, dass es innerhalb der Evangelikalen Bewegung zu einer Art *Para-Moderne* kam. Die kontextualisierte Botschaft des Evangeliums zeichnet sich aber nicht durch Abgrenzung und Opposition aus, sondern gibt Antworten auf die Situation der Menschen heute. Das Evangelium muss im Österreich des 21. Jahrhunderts neu kontextualisiert und an die Kultur angepasst werden. Dies beginnt damit, dass man sich die Kultur und Mentalität des Österreichers vor Augen führt und konkret überlegt, wo das Evangelium eine Antwort auf die Fragen und Probleme der Kultur gibt.

[754] Franz Rathmair. Die Mennonitische Brüdergemeinde in Österreich. A.a.O. S. 120.

4.5.1.1 Kirche oder Gemeinde

Während der Begriff *Gemeinde* klar politisch verstanden wird, wird *Kirche* klar religiös verstanden. Trotzdem wird in Freikirchen vielfach von der Gemeinde gesprochen, was zu zahlreichen Missverständnissen geführt hat. Theologisch (ἐκκλεσία ekklesia wird sowohl politisch als auch religiös verstanden) ist die Verwendung des Begriffes *Gemeinde* nicht gerechtfertigt. Kulturell könnte man evtl. noch den Bezug zur Pfarrgemeinde herstellen. Dann müsste man aber immer von der christlichen Gemeinde oder evangelikalen Gemeinde sprechen. Oder aber, und das wäre aus meiner Sicht der sinnvollere und bessere Weg, man spricht von *Freikirche.*

> Als positives Beispiel seien hier etwa die österreichischen Mennoniten erwähnt. Sie haben vor einigen Jahren bewusst den Namenswechsel von *Mennoniten-Brüdergemeinde*[755] zur Mennonitischen *Freikirche*[756] vollzogen.

Der Begriff würde weniger Verwirrung hervorrufen bzw. auch klar zum Ausdruck bringen, dass man sich als Kirche (abgeleitet vom lat. *kyrie* dem Herrn gehörig) versteht.

4.5.1.2 Traktat oder Flyer

> Als junger Christ, der kurz zuvor zu einer Freikirche konvertiert war, wurde ich eingeladen, zum *Traktate verteilen* mitzukommen. Etwas skeptisch sagte ich zu und half einfach mit. Doch erst Jahre später begriff ich, dass die *Traktate* die kleinen Flyer waren, die wir verteilt hatten.

Oft werden Begriffe verwendet, die dem heutigen Menschen rein gar nichts sagen oder höchstens befremdend wirken. Es wäre problemlos möglich, alte Begriffe gegen neuere, verständliche, zu tauschen. Doch reicht es nicht aus, den evangelistischen Gottesdienst als *Gästegottesdienst* zu bewerben, wenn man in der Gemeinde weiterhin vom evangelistischen Gottesdienst spricht. Die verständlicheren Begriffe sollten sowohl innerhalb der Freikirche, wie auch nach außen verwendet werden.

---

[755] Deshalb lautet der Titel der Diplomarbeit von Franz Rathmair „Die Mennonitische Brüdergemeinde in Österreich" und nicht „Die Mennonitische Freikirche in Österreich". Franz Rathmair. Die Mennonitische Brüdergemeinde in Österreich. A.a.O.

[756] Vgl. Mennonitische Freikirche Österreich. www.mennoniten.at (17.5.2011).

4.5.1.3 *Vater unser?*

Woher kommt es, dass das *Vater unser* kaum gebetet oder gar gemeinsam gesprochen wird? Ist es ein Zeichen der Kontextualisierung, oder ist es eine Anti-Reaktion auf die volkskirchliche Liturgie? Meiner Einschätzung nach ist es eine ungerechtfertigte Anti-Reaktion auf die kirchliche Tradition. Gerade das *Vater unser* ist ein biblisches Gebet und sollte von daher auch in den Freikirchen gebetet werden. Nicht zwangsweise jeden Sonntag oder am Ende des Gottesdienstes, aber bedeutend öfter, als das bisher der Fall ist. Auch das Tempo kann von der volkskirchlichen Praxis abweichen. Gerade für Menschen, die das freie Beten nicht kennen oder sich schwer tun, kann das *Vater unser* als Lied oder Gebet eine Hinführung zum freien Gebet sein. Zu guter Letzt darf man nicht vergessen, dass das *Vater unser* sehr viele wichtige Inhalte hat, die man durch eine bewusste Betonung im Gebet hervorheben kann. Es wäre sogar denkbar, dass man bei einem Gästegottesdienst oder einer Evangelisation nicht die üblichen *Bekehrungsgebete* spricht, sondern bewusst das *Vater unser* betet und dabei das „und vergib uns unsere Schuld“ (Mt 6,12 par) betont.

4.5.1.4 *Liturgie*

Zahlreiche Freikirchen wehren sich gegen den Begriff *Liturgie* oder bestreiten gar, dass es eine Gottesdienstliturgie gibt. Wenn man jedoch den Gottesdienstablauf (wie es in Freikirchen bezeichnet wird) anders gestaltet als es üblich ist, bekommt man dies sehr rasch mitgeteilt. Wird also nur der Begriff abgelehnt, oder ist man wirklich überzeugt, dass es keine Liturgie geben darf?

In der Pionierphase der österreichischen Freikirchen (ca. 1950 – 1970) war es sicherlich so, dass Liturgie grundsätzlich abgelehnt wurde. Zu der Zeit gab es große Aufbrüche u.a. unter den Studenten, wie auch die aufkommende 68er-Bewegung. Die damalige Bewegung wurde sehr stark von amerikanischen Missionaren geprägt, die in diesem Prozess sicher auch das ihre mit dazu beitrugen. Mittlerweile sind jedoch viele Jahre ins Land gezogen und die damalige Jugend ist bereits in Pension. Die Liturgie hat in allen freikirchlichen Bünden Einzug gehalten, auch wenn das Wort als solches nicht verwendet wird. Die volkskirchliche Liturgie ist sicherlich noch etwas stärker ausgeprägt. Man betet zum Teil jeden Sonntag die gleichen Gebete und der Ablauf ist vorgegeben. In Freikirchen gibt es bei Bedarf eine größere Flexibilität. Trotz alledem ist zu beobachten, dass rund 90% der Gottesdienste nach einem ähnlichen Schema ablaufen. Die Freiheit, den Gottesdienst bei Bedarf um eine halbe Stunde oder eine Stunde zu verlängern, oder auch den Ablauf nach Willkür zu gestalten, ist nicht gegeben. Von daher sei den Freikirchen Einhalt geboten, wenn sie sich negativ über volkskirchliche Liturgie äußern.

Wie die Liturgie in einer Freikirche aussehen soll, möchte ich in diesem Rahmen nicht vorgeben. Die übliche Praxis ist, dass es drei wesentliche Elemente gibt: ein *einleitendes Wort* (meist ist dies mehr oder weniger eine Kurzpredigt), einen Liedblock (oft auch *Lobpreiszeit* genannt) mit Gebeten zwischen den Liedern und eine Predigt. Neben der Begrüßung, den Ansagen und der Verabschiedung/ dem Segen gibt es vielerorts noch kleine Ergänzungen, weil z.B. die Kinder ein Lied singen, bevor sie in die Kinderstunde gehen.

> Ernüchternd dabei ist, dass man es nur in wenigen Freikirchen schafft, die drei Hauptelemente aufeinander abzustimmen. Sollte es doch dazu kommen, dass es trotz der fehlenden Absprache dazu kommt, dass es ähnliche Schwerpunkte gibt, dankt man Gott dafür. Dabei wäre es so einfach, das Ganze nicht nur Gott oder dem Zufall zu überlassen, sondern auch aktiv etwas dafür zu tun, indem man zum Telefon greift oder rechtzeitig ein kurzes Mail schreibt.

Es gibt wohl kaum eine Veranstaltung, die das Gemeindeverständnis stärker zum Ausdruck bringt als der Gottesdienst. Hier wird es sich zeigen, ob ein traditionell evangelikales, oder ein transformatorisches Gemeindeverständnis vorhanden ist (vgl. Kap. 1.9.3). Dementsprechend wird sich die Gestaltung des Gottesdienstes primär an die Mitglieder richten (Gäste sind selbstverständlich willkommen, aber weil sie die Liturgie nicht kennen, werden sie viele Aussagen nur bedingt verstehen), wenn man nicht bewusst die Entscheidung trifft, dass man auch den Gästen den Zugang zur Liturgie ermöglicht, indem man z.B. den Ablauf erklärt oder das Programm auflegt.

Darüber hinaus sollten die Personen ihren Gaben entsprechend eingesetzt werden, sodass im Gottesdienst auch die Vielfalt der Begabungen zum Ausdruck kommt. Denn auch wenn jemand weder singen noch predigen kann, kann er durch Kunst oder durch Technik ganz wesentlich zur Gestaltung des Gottesdienstes beitragen.

4.5.1.5 *Barmherzigkeit und Hilfe*

Österreich wird in den Medien gerne als *Spendenweltmeister* dargestellt.[757] Im europäischen Vergleich spenden sehr viele Österreicher. Lediglich in den Niederlanden, Norwegen, Schweden und Großbritannien spenden prozentual mehr Menschen.

Barmherzigkeit ist eine nationale Tugend und sogar die Bibel fordert uns auf, Barmherzigkeit zu üben (Röm 12,8). Ja selbst Gott hat Gefallen an Barmherzigkeit (Hos 6,6; Mt 12,7). Doch inwiefern äußert sich dies in Freikirchen? Caritas und Diakonie sind in der Gesellschaft angesehene Organisationen, werden allerdings nur mehr bedingt mit der Kirche in Verbindung gebracht. Hat man Angst, dass ein soziales Engagement in der Gesellschaft die theologische Überzeugung der Freikirchen verwässern könnte, sodass sie ebenfalls nur mehr sozialdiakonische Einrichtungen werden? Not gäbe es genügend und Möglichkeiten auch. Es wird Zeit, aus dem österreichischen Kontext heraus Stellung zu beziehen!

Mein Eindruck ist, dass es vielfach mit einem *schwarz-weiß-Denken* zu tun hat. Entweder man investiert sich in Evangelisation oder in Diakonie. Dass dies allerdings nicht sein muss, zeigt etwa folgendes Beispiel.

> Als die Evangelische Allianz Salzburg eine Evangelisation mit Ulrich Parzany plante, beschloss man, 10% des Budgets für ein soziales Projekt zu spenden. Da die Veranstaltung in der Salzberghalle in Hallein stattfand, spendete man das Geld für ein Frauenhaus in Hallein, was der Veranstaltung darüber hinaus positive Presseberichte einbrachte.[758]

Barmherzigkeit und Hilfe muss auch nicht immer langfristig geplant sein.

> Das Jahrhundert-Hochwasser 2002 traf die Region Perg/ Schwertberg ganz besonders hart. Und obwohl ihre Häuser und Keller teilweise selbst unter Wasser waren, halfen viele Mitglieder der Christlichen Gemeinde Perg Menschen aus der Region, die noch wesentlich stärker vom Hochwasser betrof-

---

[757] Siehe u.a. News. „Österreich Land der Spenden-Weltmeister: 81 % öffneten Geldbörse für guten Zweck“. http://www.news.at/articles/0651/10/159695/oesterreich-land-spenden-weltmeister-81-geldboerse-zweck (28.1.2010). Heute. „Trotz Krise: Österreich Spendenweltmeister“. http://www.heute.at/news/oesterreich/bundeslaender/Trotz-Krise-Oesterreich-Spendenweltmeister;art1303,181103 (28.1.2010) u.a.

[758] Information basierend auf einem Telefongespräch mit Christoph Grötzinger am 26.8.2011. Vgl. http://www.ead.de/nachrichten/nachrichten/einzelansicht/article/evangelische-allianz-in-salzburg-evangelisation-in-der-festspielstadt.html (26.8.2011).

fen waren. Dabei wurden sie u.a. fotografiert und zierten in weiterer Folge das Titelblatt der Septemberausgabe 2002 des AK-Reports.[759]

Welche Folgen es haben kann, wenn sich einzelne Personen für Menschen in Not engagieren, zeigt die *Salzburger Tafel*. Im Wesentlichen ist es der Initiatorin Doris Kiefel zu verdanken, dass zahlreiche Bedürftige mit Lebensmitteln versorgt werden.[760] 2010 waren das immerhin 57 Tonnen, die weitergegeben wurden![761]

4.5.1.6 Antwort auf den Volksglauben

In Kapitel 3.3.3 habe ich aufgezeigt, dass Freikirchen bis heute keine befriedigende Antwort auf den Volksglauben bieten. Bietet die Bibel keine Antwort auf die Frage der Wirklichkeitsdimension, oder ist es damit zu begründen, dass man sich bei der Umsetzung des vorherrschenden Missionsverständnisses zu sehr auf das transzendente Jenseits konzentriert hat?

Da gelebter Glaube sehr wohl lebenswirklich ist, muss es auch möglich sein, eine Antwort auf den Volksglauben zu finden. Die bisherige Ablehnung jeglicher kirchlicher Religiosität (Tradition von Weihnachten, Ostern und div. Feiertagen) ist auf jeden Fall abzulehnen. Gerade weil die Transformation Österreichs das Ziel ist, reicht es auch nicht aus, nur Antworten auf den Volksglauben zu geben. Vielmehr sollten Freikirchen dies als missionarische Chance sehen und deshalb den Volksglauben positiv beeinflussen. Denn gerade das Aufleben der Religiosität (vgl. Kap. 2.4.2) zeigt die Sehnsucht der Menschen nach Gott auf und muss daher als missionarische Chance erkannt werden.

Im Folgenden nun einige Beispiele, wie eine positive Prägung des Volksglaubens erfolgen kann.

4.5.1.6.1. Das Verständnis von Weihnachten

Weihnachten wird in Österreich nach wie vor groß gefeiert. Im Vordergrund stehen heute jedoch die Geschenke und die Zeit für die Familie. Obwohl es nach wie vor als besinnliche Zeit gesehen wird, herrscht gerade

---

759 Die Ausgabe von 2002 ist online leider nicht mehr verfügbar. Vgl. http://www.arbeiterkammer.com/broschueren/akreport.htm (26.8.2011).

760 Webseite Salzburger Tafel. http://www.salzburgertafel.at/ (26.8.2011).

761 Salzburger Wirtschaft, Ausgabe 14/2011 (April 2011). S. 24. http://www.salzburgertafel.at/sys/upload/SW%20Artikel%202011-04-08.pdf (26.8.2011).

vor Weihnachten Hektik pur.[762] In der Werbung wird Weihnachten schon als *Neunachten*[763] oder *X-Mas*[764] bezeichnet. Der Bezug zur Geburt Christi rückt immer mehr in den Hintergrund.

Freikirchen reagieren teilweise darauf, indem sie klarstellen, dass das genaue Datum der Geburt Christi nicht bekannt sei oder gar, dass sie auf die ursprünglichen heidnischen Wurzeln des Weihnachtsfestes verweisen[765] und das Fest deshalb sogar ablehnen.

> In der Praxis ist es jedoch so, dass zwar nur wenige Freikirchen am 24. Dezember einen Gottesdienst abhalten, viele Mitglieder aber trotzdem in den Gottesdienst gehen. Entweder in eine andere Freikirche am Ort, wo es einen Weihnachtsgottesdienst gibt, oder in eine der Großkirchen am Ort. Der Christbaum und die Geschenke gehören oft genauso dazu wie die Weihnachtslieder. Daran zeigt sich, welchen Einfluss die Gesellschaft auf die Christen hat.

Dabei eröffnet ihnen der Sinn von Weihnachten eine große missionarische Chance. Denn zu keiner anderen Zeit im Jahr sind die Menschen offener für den Glauben als zu Weihnachten. Von daher genügt es nicht, eine negative Antwort auf den Volksglauben zu geben. Stattdessen sollten die Freikirchen die Chance sehen, die ihnen Weihnachten bietet, um die Geburt und das Leben Christi zum Thema zu machen.

> Geburtstage werden in unserer Gesellschaft groß gefeiert. Warum also nicht auch Christi Geburt feiern? All die Traditionen, die sich um Weihnachten herum gebildet haben (Advent, Geschenke usw.) haben mit einer religiösen Tradition zu tun, die in den letzten Jahren verloren ging. Es wird Zeit, dass man sich wieder daran erinnert und Weihnachten deshalb als religiöses Fest feiert, bei dem Jesus im Mittelpunkt steht.

---

762 Markus Mikl. „Umfrage: Weihnachten – ein Fest in der Sinnkrise?“. http://www.fgoe.org/presse-publikationen/pressemeldung/umfrage-weihnachten-2013-ein-fest-in-der-sinnkrise (26.2.2011).

763 So wurde etwa ein Handytarif von Telering „Basta Neunachten“ genannt. Vgl. UMTSlink. „Neuer Tarif: Basta Neunachten“. http://www.umtslink.at/3g-forum/tele-ring/64364-neuer-tarif-basta-neunachten-999-9-min-99-sms-99-mb-um-9-a.html (26.2.2011).

764 Vgl. u.a. 3. Hennersdorfer X-Mas-Party. http://www.xmas-party.at/ (26.2.2011).

765 Vgl. Michael Handel. Weihnachten. Der Ursprung und die Bedeutung des Weihnachtsfestes. Erstellt im Januar 2004. http://www.irrtum.ch/Weihnachten%20MH.pdf (26.2.2011).

4.5.1.6.2. *Kleidung*

Wie kleidet man sich etwa für den Gottesdienst? Die Meinungen darüber gehen weit auseinander. Während der Österreicher traditionell eher festlich gekleidet ist, wenn er in die Messe geht, so neigt man in Freikirchen dazu, eher legere gekleidet zu sein. Selbst auf der Kanzel tragen immer weniger Prediger eine Krawatte.

Nur wenige sind sich dessen bewusst, dass wir es auch hier mit dem Volksglauben zu tun haben. Schon früh kam „die Forderung auf, eine eigene besonders festliche Kleidung anzulegen.“[766] Daraus entwickelte sich in weiterer Folge die liturgische Kleidung, die *Paramente*.[767]

Vor allem am Land ist es auch heute noch so, dass man festlich gekleidet, teilweise sogar in Tracht, die Messe oder den Gottesdienst besucht. Umso erstaunter (um nicht zu sagen beinahe entsetzt) sind Besucher, die zum ersten Mal einen freikirchlichen Gottesdienst besuchen, weil der Prediger oder der Gottesdienstleiter mit T-Shirt und Jeans am Pult steht. Kann die Wahl der Kleidung auch damit zu tun haben, dass man die Ehrfurcht und den Respekt vor dem Gottesdienst verloren hat oder dies gar bewusst ablehnt?

Ich bin sicher kein Vertreter dessen, dass der Prediger immer Anzug und Krawatte tragen muss. Eine festliche Kleidung ist aber sicher nie falsch.

4.5.1.6.3. *Fleisch oder Fisch?*

Eingangs habe ich bereits ausgeführt, dass der Österreicher am Karfreitag Fisch isst. Der Grund dafür ist Jesu Tod an diesem Tag. Manch traditionelle Katholiken praktizieren dies jedoch nicht nur am Karfreitag, sondern verzichten an jedem Freitag auf Fleisch. Als ich vor vielen Jahren an einem Freitag in der Mittagspause eine Wurstsemmel aß, kommentierte das ein Arbeitskollege mit folgenden Worten: *Du willst Christ sein und isst am Freitag Wurst?* Für ihn war es keine katholische Tradition, sondern Teil seines Glaubens.

Auch hier stellt sich die Frage, ob ich nur eine Antwort auf den Volksglauben geben will, oder ob ich den Volksglauben bewusst mitprägen will. Ich kann mein Verhalten damit begründen, dass dieses Verständnis des

---

[766] Minifundus.Net. Ministrantenpastoral der Erzdiözese Wien. „Paramente“. http://www.minifundus.net/p-q/ (26.2.2011).

[767] Ebd.

Fleischverzichtes unbiblisch ist, oder aber bewusst mit meinem Gegenüber ins Gespräch kommen.

> Ich selbst habe mir einmal die Freiheit herausgenommen, an einem Karfreitag im Gasthaus ein Schnitzel zu bestellen. Der Wirt war über die Bestellung empört und hat dies auch zum Ausdruck gebracht. Durch dieses Verhalten habe ich zwar möglicherweise meine Freiheit zum Ausdruck gebracht und damit, wie man so schön sagt, *die Schlacht gewonnen*, aber letztendlich *den Krieg verloren* (vgl. Röm 14). Der Wirt hat sich an meinem Verhalten sehr gestoßen, wodurch ein Gespräch über das Evangelium praktisch unmöglich war.

4.5.1.6.4. Fazit

Ich habe nur einige Beispiele aufgeführt, um zu verdeutlichen, dass der Volksglaube nicht grundsätzlich schlecht ist. Auch in Freikirchen gibt es einen *Volksglauben*, auch wenn man sich dessen nur selten bewusst ist. Wichtig ist es, dass der in Österreich vorherrschende Volksglaube als Chance gesehen wird, um mit den Menschen ins Gespräch zu kommen, und letztendlich, um auch hier Gesellschaft zu prägen. Denn gerade der Volksglaube ist ein ganz wesentlicher Schlüssel zur Transformation Österreichs.

4.5.2 Der Auftrag der Christen zur Mitgestaltung der Gesellschaft

Evangelikale haben nicht nur innerhalb der Gemeinde, sondern sehr wohl auch in der Gesellschaft einen Auftrag. Peter Strauch schreibt:

> „Wie und wo begegnet man uns [Evangelikalen, Amn.] in der Öffentlichkeit? Wo treten wir als ernst zu nehmende Gesprächspartner bei der Gestaltung des gesellschaftlichen Lebens und zukünftiger Entwicklungen auf? Nicht einmal innerkirchlich haben wie den Ruf, zukunftsweisend zu sein. Evangelikale bezeichnet man heute eher als konservativ, trotz ihrer kirchenübergreifenden Zusammenarbeit institutionalisiert, mit wenig Gespür für neue Herausforderungen“[768]

Mehrfach habe ich in dieser Ausarbeitung bereits aufgezeigt, dass die Transformation der Gesellschaft Jesu Anliegen war (Kap.1.2), die der Pra-

[768] Peter Strauch. „Beobachtungen eines Mitspielers“ S. 78-95 in: Ulrich Eggers, Markus Spieker (Hg.). Der E-Faktor. A.a.O. S. 78.

xis in den ersten Gemeinden (Kap. 1.2.2) und auch der Praxis der Täufer (Kap. 3.3.1) entsprach. Doch statt aktiv die Gesellschaft zu gestalten, haben sich Freikirchen großteils zumindest theoretisch aus der Gesellschaft zurückgezogen (vgl. Kap. 1.9.3.1). Es wäre notwendig, dass sie nun bewusst Verantwortung für die Gesellschaft übernehmen! Ob es den Bereich der Politik betrifft, der Ethik, der Integration o.ä.; mehrfach wurde Freikirchen bereits bescheinigt, in diesen Bereichen durchaus fachliche Kompetenz zu besitzen (vgl. Kap. 3.4.3). Gesellschaftliches Engagement ist richtig und gewünscht, weshalb die Freikirchen hier aktiv handeln sollten. Den bisherigen Status Quo zu halten, ist nicht akzeptabel.

> Wir brauchen „eindeutige Christen in Politik und Wirtschaft, im Medienbereich und an vielen Schaltstellen des öffentlichen Lebens. Also suchen wir sie und bitten Gott, dass er sie uns zeigt. Eine Gemeinde allein ist dazu nicht in der Lage, aber gemeinsam ist es möglich und die evangelikale Bewegung bietet dazu gute Voraussetzungen.“[769]

Jeder Christ und jede Gemeinde kann und soll sich aktiv an der Mitgestaltung der Gesellschaft beteiligen! Eine Hilfe, wie dies konkret geschehen kann, bietet etwa die Deutsche Evangelische Allianz.[770]

Darüber hinaus besteht bei der aktiven Mitgestaltung der Gesellschaft die Möglichkeit, den zweiten Auftrag Jesu umzusetzen, nämlich Jesus zu bekennen. Mehr dazu in Kapitel 4.6

4.5.3 Umsetzung des sozialdiakonischen Auftrages

Zahlreiche Gemeinden sind sozialdiakonisch aktiv.[771] Dass dies positive Auswirkungen hat, habe ich bereits in Kapitel 3.4 dargestellt. Doch nur selten wird es als Auftrag an der Gesellschaft gesehen oder gar gelebt.

4.5.3.1 Die Begegnung gesellschaftlicher Nöte

Viele Christen gehören dem Mittelstand oder dem oberen Mittelstand an und wären durchaus in der Lage, Menschen an der Armutsgrenze (und das

---

769 Ebd. S. 94.

770 Deutsche Evangelische Allianz. „Suchet der Stadt Bestes“. Zur Verantwortung der Christen in Gesellschaft und Staat. Eine Stellungnahme der Deutschen Evangelischen Allianz. http://www.ead.de/fileadmin/daten/dokumente/arbeitskreis_politik/Sucht%20der%20Stadt%20Bestes.pdf (28.2.2011).

771 Vgl. Kap. 3.1.

ist immerhin jeder 8. Österreicher)[772] zu helfen. Denn Armut beginnt nicht erst dann, wenn jemand auf der Straße betteln muss. Vielmehr beginnt Armut damit, dass man am gesellschaftlichen Leben nicht mehr teilnehmen kann. Oftmals ist der Schritt dazu kleiner als man denkt. Eine plötzliche Krankheit oder eine Scheidung (bedenken wir, wie hoch die Scheidungsrate ist!) können der Auslöser dafür sein. Von daher kann ein einzelner Christ einem anderen Menschen ganz wesentlich dabei helfen, gesellschaftlich nicht ausgegrenzt zu werden. Wichtig ist, dass es nicht einzig aus Mitleid heraus geschieht, sondern sehr wohl auch die Begabung des Einzelnen bzw. der Kleingruppe/ Gemeinde berücksichtigt.[773]

> Eine wesentliche Frage dabei ist, wem die soziale Aktion zugute kommen soll, wer also der Nächste ist? Dreimal wird das Gebot, Gott und den Nächsten zu lieben, im NT zitiert; zweimal davon von Jesus (Mt 22,37-39; Mk 12, 29-31) als Antwort auf eine Fangfrage, und einmal von einem Schriftgelehrten, der wissen wollte, wie er das ewige Leben erhält. (Lk 10,27). Doch nur einmal finden wir eine Antwort darauf, wie dieses Gebot umgesetzt werden muss, nämlich in der Geschichte des barmherzigen Samariters. Für Jesus war nicht der der Nächste, der ihm räumlich nahe war (wie die Griechen es definierten).[774] Vielmehr definierte der, der Hilfe brauchte, wen er als Nächsten erlebte. Der, der überfallen wurde, erlebte und erkannte, dass man ihm Gutes tat. Folglich kann und muss sich Nächstenliebe in der Art und Weise äußern, dass der Nächste auch erlebt, dass es ihm gut tut. Wenn Menschen, denen wir vermeintlich Gutes tun, dies nicht so erleben, müssen wir hinterfragen, ob es dann wirklich Nächstenliebe ist.
>
> Die guten Taten werden ganz wesentlich dazu beitragen, dass Menschen, die Gott (noch) nicht persönlich kennen, ihn dafür preisen werden (Mt 5,16). Folglich ist das soziale Engagement ein ganz wesentlicher Teil des gelebten Bekenntnisses.

Wenn z.B. viele eine Lehrerausbildung haben, wäre es nahe liegend, sich in der Nachhilfe sozial zu engagieren. Ist der Großteil der Gruppe in einem handwerklichen Bereich tätig, wäre Nachhilfe wohl wenig zielführend,

---

[772] Statistik Austria. „Armut und soziale Eingliederung". http://www.statistik.at/web_de/statistiken/soziales/armut_und_soziale_eingliederung/index.html (20.10.2010)

[773] Siehe die Geschichte des barmherzigen Samariters. Das Mitleid war zwar der Anstoß zu helfen. Trotzdem muss man bedenken, dass er auch die Voraussetzung für die richtige Hilfe mitbrachte: Wein, Öl, Reittier, Geld und das nötige Vertrauen des Unterkunftgebers. Lk 10,30-35.

[774] Walter Bauer. „πλησίον" in: Wörterbuch zum Neuen Testament. Hg. von Kurt u. Barbara Aland. Walter de Gruyter: Berlin, New York, 1988[6]. Sp. 1351-1352.

auch wenn die Notwendigkeit vorhanden wäre. Dann wäre es zielführender, sich entweder in der praktischen Hilfe zu engagieren oder sich Partner (andere Freikirchen, Stadtverwaltung, Sozialarbeiter o.ä.) zu suchen, der in diesem Bereich kompetent sind und helfen können.Es ist schwierig festzulegen, wie sozialdiakonisches Engagement konkret für eine Freikirche aussehen kann. Vieles hängt von regionalen Rahmenbedingungen ab. Das soll jedoch keinesfalls als Ausrede gelten, sich dem sozialdiakonischen Engagement zu entziehen. Meist genügt ein Gespräch mit der Stadtverwaltung oder dem Bürgermeister, um Not vor Ort zu erkennen.

4.5.3.2 Friedensstifter

Die Mennoniten haben die Not der Gesellschaft richtig erkannt, wenn sie schreiben:

> „Wir streben danach, in allen Beziehungen Gottes Werkzeuge der Versöhnung und Friedensstifter zu sein.“[775]

Dieses Statement ist absolut zu begrüßen, muss aber auch gelebt werden! Nichts braucht die Gesellschaft mehr als Christen, die sich als Friedensstifter verstehen. Im Bereich Seelsorge, Lebensberatung, Suchthilfe, Ehevorbereitung, Paarbegleitung, Mediation, Integration, Trauerarbeit, ja bis hin zur Mitarbeit in der Krisenintervention wäre es wünschenswert, dass sie sich als Friedensstifter engagieren. Darüber hinaus ist die Einkehr des göttlichen Friedens in der Gesellschaft der einzige Weg zur wahren Transformation Österreichs!

In Kap. 4.2.3 habe ich bereits dargelegt, dass die österreichische Neurose überwunden und Heilung an den Seelen stattfinden kann. Von daher kann es nicht nur der Auftrag der Mennoniten sein, sich als Friedensstifter zu engagieren. Vielmehr muss es das Bestreben aller österreichischen Christen sein, Frieden zu stiften! Mehr dazu in Kap. 4.6.6.

4.5.3.3 Praktische Tipps

Walter Klimt fasst einige Beobachtungen zusammen, die auch mir hilfreich erscheinen, weshalb ich sie hier wiedergeben möchten:

- „Große und kleine Projekte werden von einzelnen Christ(inn)en getragen.“[776] Es geht nicht so sehr darum, dass der Arbeitskreis oder die

[775] Mennonitische Freikirche Österreich. „Glaubensbekenntnis“. http://www.mennoniten.at/index.php?option=com_content&task=view&id=35&Itemid=74 (17.5.2011).

Gemeinde alles macht, sondern jeder einzelne Christ macht einen Unterschied, ob diakonische Projekte (dies trifft natürlich auch auf andere Projekte zu) realisiert werden können oder nicht.

- „Diakonie braucht Partner.“[777] Leider neigt man in den Freikirchen zu dem Denken, dass nur das realisiert werden kann, was man aus eigener Kraft schafft. So kommt es, wie Alisch feststellt, zu dem Problem, dass einerseits die Gemeinden nicht wissen, welche Angebote professioneller Sozialarbeit es gibt, andererseits die Sozialarbeiter weder von der Existenz freikirchlicher Gemeinden wissen, noch deren Kompetenz in der Sozialarbeit kennen.[778] Doch gerade wenn man sich um die gesellschaftlichen Nöte annehmen will, wäre das Wissen voneinander, wie auch die daraus resultierende Zusammenarbeit wichtig.
- „Diakonie lebt von der Vernetzung.“[779] Der große Vorteil, den Freikirchen haben, ist, dass sie meist Teil eines Netzwerkes sind. Sei es im Rahmen eines Bundes, der ARGEGÖ, der lokalen Allianz oder gar als Teil des Netzwerkes der Österreichischen Evangelischen Allianz, wodurch sie auch mit zahlreichen Missionswerken verbunden sind. Leider ist man sich selten bewusst, dass man dadurch auf viel Erfahrung, Knowhow, und Unterstützung in der Realisierung div. Projekte zurückgreifen kann. Bösch, Pastor der FCG Wien-Halbgasse schreibt:

  > „Das erwachte Bewusstsein vieler Wiener Gemeinden und Plattformen gegenüber unserer gesellschaftspolitischen Mitverantwortung sucht nach praktischen Wegen und erkennt gleichzeitig, dass wir dazu alle bekennenden Christen brauchen, um überhaupt gehört zu werden.“780

  Noch wird diese Vernetzung kaum, oder zumindest noch viel zu wenig, genützt. Dies sollte in Zukunft noch viel mehr geschehen.
- „Die ‚Geschwister‘ der Diakonie sind die Heimatmission[781], die Weltmission und das politische Engagement. Sie unterstützen sich gegensei-

776 Walter Klimt. „Diakonie“ S. 176-186 in: Franz Graf-Stuhlhofer (Hg.). Frisches Wasser auf dürres Land. A.a.O. S. 185.

777 Ebd.

778 Christine Alisch. Der Beitrag evangelikal freikirchlichen Gemeindelebens in Wien. A.a.O. S. 115.

779 Walter Klimt. „Diakonie“ S. 176-186 in: Franz Graf-Stuhlhofer (Hg.). Frisches Wasser auf dürres Land. A.a.O. S. 185.

780 Walter Bösch. Damit sie alle eins seien. A.a.O. S. 52.

781 Heimatmission geschieht, „[i]ndem die Junggläubigen selbst versuchen, ihre Landsleute für das Evangelium zu gewinnen.“ Franz Graf-Stuhlhofer, Walter Klimt. „Heimatmission“ S. 156-167 in: Franz Graf-Stuhlhofer (Hg.). Frisches Wasser auf dürres Land. Ebd. S. 160.

tig und gehören zu einer Familie namens MISSION."[782] Es wäre falsch zu glauben, dass diese Ausarbeitung nur zu mehr diakonischem Engagement ermutigen möchte. Vielmehr habe ich bereits in Kapitel 1.1.1 aufgezeigt, dass Mission Transformation der Gesellschaft bedeutet und von daher die Diakonie Teil der Familie *Mission* ist.

- „Mission heißt, an den Nöten der Menschen dran zu sein – mit ihnen das Leben teilen."[783] Biber schreibt:

> „Jedes soziale Engagement ist zu empfehlen. Dies ist sicher ein schwacher Punkt in unseren Freikirchen; vielleicht als Gegenreaktion auf ein soziales Evangelium. Wir wollen auf keinen Fall ein soziales Evangelium predigen. Aber keine Einrichtung der Welt ist so sozial wie das Evangelium. Unser Glaube muß für das Volk sichtbar werden. Wo kann er besser sichtbar werden als an den hilfsbedürftigen Mitmenschen. Ansonsten ist die Gefahr groß, mit Recht als religiöser Fanatiker abgestempelt zu werden."784

In eine ähnliche Richtung geht Schädler, wenn er schreibt:

> „Die erfolgreiche Kirche/ Gemeinde der Zukunft wird daher eine Kontrastgesellschaft sein, die mittels einer außergewöhnlichen Ethik und durch ein ebenfalls außerordentliches Sozialverhalten Menschen auf den einzig wahren Gott hinweisen und für Jesus Christus gewinnen wird."785

4.6 Das gelebte Bekenntnis

4.6.1 Unterschied Freundschaftsevangelisation – gelebtes Bekenntnis

Dass ich in Kapitel 3.2.1 die Freundschaftsevangelisation, wie sie etwa von Bill Hybels propagiert wird, abgelehnt habe, mag manchen verwundert haben. Schließlich, so sind viele überzeugt, ist es die Methode, durch die die meisten Menschen zum Glauben kommen. Aber die Praxis, dass sich die Freundschaft nicht auf der Basis des Evangeliums entwickelt, sondern dass man sich erst dann zu Christus bekennt, wenn eine Freundschaft besteht, finde ich im Neuen Testament nicht. Das Bekenntnis zu Christus muss un-

782 Walter Klimt. „Diakonie" S. 176-186 in: Franz Graf-Stuhlhofer (Hg.). Frisches Wasser auf dürres Land. Ebd. S. 185.

783 Walter Klimt. „Diakonie" S. 176-186 in: Franz Graf-Stuhlhofer (Hg.). Frisches Wasser auf dürres Land. A.a.O. S. 186.

784 Peter Biber. Österreichische Gemeinden in den Teenagerjahren. A.a.O. S. 86.

785 Peter Schädler. Wie christlich ist das Bundesland Vorarlberg? A.a.O. S. 64.

abhängig von einer Freundschaft sein. Darüber hinaus bezweifle ich, dass tatsächlich viele Freundschaften mit dem Ziel der Evangelisation begonnen werden und dann auch erfolgreich sind. Viel häufiger erlebe ich jedoch, dass Christen ihren Glauben bekennen – im Bekannten- und Freundeskreis, aber auch am Arbeitsplatz oder durch div. Aufkleber am Auto. Das ist jedoch keine Freundschaftsevangelisation. Vielmehr sind diese Menschen überzeugte Christen, die ihren Glauben bekennen.

> In Kap. 1.2.1.4.3 habe ich aufgezeigt, dass die Jünger den Auftrag hatten, Zeugen zu sein. „Zeugen sind für Lukas die Apostel, die von Jesus mit der Verkündigung der Botschaft vom Reich beauftragten Jünger, wobei diese Apg. 1,22 noch näher dadurch qualifiziert, daß sie Zeugen der Auferstehung (vgl. Apg 2,32; 3,15; 13,31; 26,16: Paulus, weil der Auferstandene ihm begegnete) und seines Tuns sind (Apg 22,15 auch für Paulus gesagt!).“[786] Darum bezeichnet sie Jesus als Zeugen.
>
> Es ist fraglich, ob das in Freikirchen vorhandene Verständnis von Zeugnis dem oben aufgeführten entspricht. Meist wird der Bezug zur eigenen Bekehrung und nicht zur Auferstehung hergestellt. Darüber hinaus muss man sich bei der Verwendung des Begriffes bewusst sein, dass durch den Bezug zum Schul-Zeugnis der Begriff heute teilweise negativ belegt ist. Ich empfehle deshalb, den ebenfalls biblischen Begriff des Bekenntnisses zu verwenden. Auch beim Bekenntnis steht das bestätigende Wiedergeben von Tatsachen im Vordergrund. Durch den Bezug zu den Begriffen Religionsbekenntnis, Glaubensbekenntnis u.a., ist die Verbindung zu Religiösem bereits hergestellt, wird aber positiv wahrgenommen.

Beim Bekenntnis geht es, im Gegensatz zur Evangelisation, nicht primär um die Verkündigung des Evangeliums, sondern eben darum, dass man sich dazu bekennt. Es beschränkt sich also nicht nur auf die Wissensvermittlung, sondern steht idealerweise im Einklang mit dem Leben, dem sozialdiakonischen Engagement und der Mitgestaltung der Gesellschaft. Die eigene Lebensgeschichte (fälschlicherweise wird sie leider oft auf die *Bekehrung* reduziert) gehört folglich genauso zum *gelebten Bekenntnis,* wie die soziale Integration in der Gesellschaft. Entscheidend ist, dass es ein *Bekenntnis* ist und keine *Predigt*!

---

[786] Lothar Coenen, „Verkündigung/Zeugnis“ S. 1751-1773. in: Theologisches Begriffslexikon zum Neuen Testament. Hrsg. von Lothar Coenen und Klaus Haacker. Band 2, R. Brockhaus: Wuppertal & Neukirchener Verlag: Neukirchen, neubearbeitete Ausgabe 200. S. 1767.

4.6.2 Biblische Grundlage

Im Neuen Testament finden wir zahlreiche Bibelstellen, die zu einem klaren Bekenntnis zu Christus herausfordern. Im Folgenden nenne ich einige davon:

„Wer mich bekennt vor den Menschen, den wird auch der Menschensohn bekennen vor den Engeln Gottes." (Lk 12,8)

„Denn wenn du mit deinem Munde bekennst, dass Jesus der Herr ist, und in deinem Herzen glaubst, dass ihn Gott von den Toten auferweckt hat, so wirst du gerettet." (Röm 10,9)

„Denn für diesen treuen Dienst preisen sie Gott über eurem Gehorsam im Bekenntnis zum Evangelium Christi." (2Kor 9,13a)

„So lasst uns nun durch ihn Gott allezeit das Lobopfer darbringen, das ist die Frucht der Lippen, die seinen Namen bekennen. Gutes zu tun und mit andern zu teilen vergesst nicht; denn solche Opfer gefallen Gott." (Hebr 13,15-16)

4.6.3 Biblische Vorbilder

Die ersten Christen verstanden sich nicht primär als Evangelisten, sondern als einfache Menschen, die bereit waren, ihren Glauben zu bekennen, unabhängig davon, ob eine Freundschaft bestand, oder nicht.

4.6.3.1 Johannes des Täufers (Joh 1,36-37)

Johannes überließ es seinen Jüngern sich selbst ein Bild von Jesus zu machen. Er überzeugte sie nicht, sondern bekannte, wer Jesus war, nämlich das Lamm Gottes. Da sie zuvor seine Jünger waren, glaubten sie ihm und folgten von nun an Jesus.

4.6.3.2 Andreas bekennt Jesus vor Simon (Joh 1,41-42)

Gerade diese Stelle wird gerne als Beleg für Freundschaftsevangelisation hergenommen. Doch finden wir hier keinerlei Anzeichen von Evangelisation. Andreas sprach lediglich vom Messias, dem Gesalbten und bekannte so seine eigene Überzeugung. Erst die Begegnung mit Jesus veränderte das Leben des Simon.

4.6.3.3 *Philippus bekennt Jesus vor Nathanael (Joh 1,45-51)*

Es ist nicht klar, ob und welches Verhältnis zwischen Philippus und Nathanael bestand. Möglicherweise war auch Nathanael, wie Philippus und einige andere Jünger, aus Betsaida. Dass jedoch eine Freundschaft bestand, ist eher unwahrscheinlich. Auf jeden Fall bekannte Philippus Jesus vor Nathanael. Als dieser skeptisch war, begann er keine Diskussion. Vielmehr lud er ihn ein, es selbst zu überprüfen.

4.6.3.4 *Petrus bekennt Jesus öffentlich im Hause des Kornelius (Apg 10,34-43)*

Es ist schwer festzulegen, ob es sich hier nur um ein Gespräch oder doch um eine Art Predigt handelt. Aufgrund der Aussage in V 44 „Während Petrus noch diese Worte redete, fiel der Heilige Geist auf alle, *die dem Wort zuhörten*“ (Hervorhebung durch den Autor) gehe ich davon aus, dass mehr Personen im Raum anwesend waren, als zuhörten. Folglich handelte es sich hierbei um ein Gespräch und keine Predigt. Interessant an der Aussage des Petrus ist, dass er mehrfach davon spricht, Zeuge zu sein (V 39.41), um seinen Glauben vor den Menschen zu bezeugen (V 42-43). Offensichtlich ging es ihm nicht darum, zu evangelisieren und zur Bekehrung aufzurufen, sondern seinen Glauben an Jesus zu bekennen.

4.6.3.5 *Paulus bezeugte Jesus vor den Asiarchen (Apg 19,31)*

Vermutlich hat Paulus den Kontakt zu den Asiarchen bewusst gesucht.[787] Schnabel geht davon aus, dass die Asiarchen von Paulus eine Darlegung des Evangeliums erhielten.[788] Es ist jedoch zu bezweifeln, dass es sich dabei um die Art von Freundschaftsevangelisation gehandelt hat, wie ich es in Kap. 3.2.1.1 definiert habe. Sehr wohl war es aber ein klares Bekenntnis zu Christus. Seine eigene Lebensgeschichte war dabei, wie an zahlreichen anderen Stellen auch, ein wesentlicher Teil davon.

4.6.4 Anleitung nach dem Jüngerschaftsprinzip

Das vorrangige Ziel Jesu war es, seine Jünger in der Jüngerschaft anzuleiten. Dabei sahen und lernten sie auch, wie Jesus seinen Glauben bekannte.

---

787 Siehe Kap. 1.2.2.3.

788 Eckhard J. Schnabel. Urchristliche Mission. A.a.O. S. 1171. vgl. Kap. 1.2.2.3.

Es ist von daher naiv zu glauben, dass jeder Christ Jesus automatisch vor den Menschen bekennt. Die Tatsache, dass nur wenige Christen Jesus aktiv bekennen, zeigt, dass die Wissensvermittlung in einem Seminar nicht ausreicht. Erfahrene Christen müssen erkennen, dass ihre Aufgabe u.a. auch darin besteht, junge Christen anzuleiten, damit diese sehen und erleben, wie erfahrene Christen ihren Glauben bekennen. Und dies nicht nur in der Gemeinde!

Meine Erfahrung hat mir gezeigt, dass dies bisher kaum praktiziert wurde und somit eine der größten Schwächen österreichischer Freikirchen ist. Die wenigen Christen, die es nach dem Jüngerschaftsprinzip gelernt haben, Jesus zu bekennen, haben es meist bei einem Missionseinsatz im Ausland gelernt. Selbst zahlreiche erfahrene Christen tun sich heute noch schwer, Jesus öffentlich zu bekennen. Viel lieber überlässt man es den *Profis* und lädt deshalb zur Evangelisation ein. Dabei sollte jeder Christ Jesus Christus in Wort und Tat bekennen.

4.6.5 Jeder Christ muss zum Bekenntnis bereit sein

Jeder Christ, der in der Jüngerschaft lebt, wird zwangsläufig in Situationen kommen, wo er seinen Glauben an Jesus bekennen kann und soll. Doch nimmt man die Möglichkeiten leider oft erst dann wahr, wenn man auch tatsächlich bereit ist, Jesus zu bekennen.

Spätestens dann, wenn Freikirchen ihren gesellschaftlichen und sozialdiakonischen Auftrag wahrnehmen und somit auch in der Öffentlichkeit wahrgenommen werden, werden sich zahlreiche Möglichkeiten ergeben, in denen sie ein lebendiges Bekenntnis für Jesus sein können.

4.6.6 Jeder Christ ein Friedensstifter

Damit es tatsächlich zur Transformation Österreichs kommt, muss göttlicher Friede in dieses Land einkehren. Dies geschieht dann, wenn Christen bereit sind, durch ihr lebendiges Bekenntnis Friedensstifter zu werden, zwischen den Menschen, aber auch in der Beziehung zu Gott. Denn jemand, der Frieden stiftet, ist sozial engagiert, weil er den Menschen ganz praktisch in ihrem Leben hilft. Er ist aber auch missionarisch unterwegs, wenn er den Menschen bewusst macht, dass wahrer Friede nur dann einkehren wird, wenn der Mensch in Beziehung zu Gott tritt. Nicht aufgesetzt, nicht übertrieben, sondern als Teil seines Bekenntnisses.

> „Das deutsche Wort Friedens**stifter** gibt sehr schön wieder, daß Frieden gestiftet wird, ein Geschenk ist und nur in einem göttlichen Bund denkbar ist.“[789]

Die Diskrepanz zwischen Überzeugung und Handeln wird erst dann überwunden, wenn man bewusst seiner Überzeugung nach handelt. Es gibt keine bessere Möglichkeit, den Menschen die Überwindung der Neurose vor Augen zu führen, als wenn sie durch das gesellschaftliche und sozialdiakonische Engagement das Anliegen der Freikirchen sehen und gleichzeitig erleben, dass auch die Menschen, die bereits einer Freikirche angehören, Gottes Frieden und seine Vergebung nötig haben. Denn „[n]ur wer durch die Gnade und Kraft Gottes Selbstbeherrschung und inneren Frieden hat, kann nach außen Frieden schaffen und stiften.“[790] Nur so können die Freikirchen dem Auftrag als Friedensstifter gerecht werden.

Dauerhafter Friede bzw. die Einkehr des göttlichen Friedens in unsere Gesellschaft wird jedoch nicht dadurch gestiftet, dass man sich sozial engagiert. „Unabdingbare Voraussetzung des Friedensstiftens ist die Änderung des Menschen, weil Unfriede/Krieg nicht aus Sachen (etwa Waffen), sondern aus der Gesinnung des natürlichen Menschen erwächst, der nach christlichem Verständnis in friedloser Gottesferne/Sündhaftigkeit lebt.“[791] Menschen werden nur dann dauerhaften Frieden erleben, wenn die Begierde überwunden wird und göttlicher Friede einkehrt. Folglich ist Mission der beste und auch einzige Weg zu weltweitem Frieden![792]

4.7 Gründung neuer Freikirchen

Das gelebte Bekenntnis und die gelebte Jüngerschaft, die sich u.a. im sozialdiakonischen Engagement widerspiegeln, werden lokale Auswirkung haben, sodass dies wiederum die gelebte Jüngerschaft stärken wird. Die Basis zur Gründung neuer Freikirchen ist damit bereits gelegt. Die Frage wird nur sein, ob und wie lange man noch nach der *Drive-in*-Methode[793] an einen anderen Ort/ in eine andere Stadt zum Gottesdienst fährt, oder ab wann man beginnt, lokal auch Gottesdienste zu feiern bzw. sich als Freikirche zu

[789] Thomas Schirrmacher. Ethik. 6 Bände. A.a.O. Band 6. S. 174.
[790] Ebd. S. 173-174.
[791] Walther Bienert, zitiert in: Thomas Schirrmacher. Ebd. S. 174.
[792] Ebd.
[793] Man fährt am Sonntag an einen 10-30 km entfernten Ort, um dort Gottesdienst zu feiern. Nachdem man sich für die Woche gestärkt hat, geht es wieder ab nach Hause. Dort, wo das Gemeindehaus steht, wird man die restliche Woche nicht mehr gesehen.

konstituieren (vgl. Kap. 4.4.4.1). Die Gründung neuer Freikirchen kann und soll in der Art und Weise gefördert werden, indem andere Christen ebenfalls ihren Lebensmittelpunkt (Wohnung, Arbeit, etc.) dorthin verlagern, wo Jüngerschaft gefördert und damit eine Basis für eine Neugründung gelegt werden soll. Das Ziel der Gemeindegründung muss jedoch sein, damit das gelebte Bekenntnis und die gelebte Jüngerschaft zu stärken und nicht umgekehrt.

Sollte sich das Gründungsteam dazu entschließen, die Hilfe eines (ausländischen) Missionars in Anspruch zu nehmen, sind meines Erachtens folgende Punkte zu beachten:

4.7.1 Kulturell relevantes Leben

Nachdem es nicht das Ziel ist, deutsche, schweizer oder amerikanische Freikirchen zu bauen, müssen alle Mitarbeiter mit der österreichischen Kultur vertraut sein und bereit sein, kulturell relevant zu leben. Dazu muss der Missionar die österreichische Kultur sehr gut kennen, und auch seine eigene Kultur kritisch reflektiert haben. Keinesfalls geht es darum, seine eigene Kultur zu verleugnen.[794] Sehr wohl muss er aber die Unterschiede kennen und bereit sein, sich im Zweifelsfall *österreichisch* zu verhalten.

4.7.2 Lebendiges Bekenntnis am Ort

Ein Missionar, der kulturell relevant lebt, hat viele missionarische Chancen. Beim Einkauf, beim Bäcker, beim Friseur, überall wird er an seiner Sprache erkannt. Dadurch hat er die Möglichkeit, ein lebendiges Bekenntnis am Ort zu sein. Wichtig ist dabei natürlich, dass er auch an dem Ort wohnt, an dem die Gemeinde gegründet wird. Darüber hinaus ist aber auch wichtig, dass er weder durch sein Verhalten, noch durch seine Aussagen überheblich wirkt. Selbst wenn er es nicht möchte, kann es für andere Personen so wirken.

4.7.3 Gelebte Jüngerschaft

Darum ist es wichtig, dass er Teil eines Teams ist und selbst gelebte Jüngerschaft erlebt. Die lokalen Christen müssen den Missionar intensiv begleiten und ihm auch die Möglichkeit geben, verschiedene Situationen zu reflektieren. Nur so hat er die Möglichkeit, aus diesen Situationen zu lernen, um künftig kulturell noch relevanter zu leben.

---

[794] Vgl. 1Kor 9, 19-23.

4.7.4 Starkes sozialdiakonisches Engagement

Auf keine andere Art und Weise wird der Missionar schneller Vertrauen zur Bevölkerung herstellen und einen guten Ruf am Ort haben, als durch ein starkes sozialdiakonisches Engagement. Durch seinen Dienst an der Gesellschaft tut er Gutes und lernt die Menschen kennen. Als Folge wird er kaum noch als Bedrohung wahrgenommen, vielmehr wird man ihn schätzen und lieben und möglicherweise sogar Gott für sein Kommen danken (Mt 5,16).

4.7.5 Mitarbeit im Team

Als vollzeitlicher Missionar wird er sich zeitlich wesentlich stärker in der Gemeindegründung engagieren können als jeder andere im Team. Trotzdem ist es wichtig darauf zu achten, dass er Teil eines Teams ist und bleibt. Gerade im Blick auf die kulturellen Unterschiede einerseits, andererseits auch wegen der zurückhaltenden Art des Österreichers,[795] halte ich es für unweise, den Missionar zum Teamleiter zu machen. Sehr wohl kann und soll er sich in der Jüngerschaft engagieren, um u.a. den Österreichern zu helfen, ihre Neurose zu überwinden.

4.8 Erste Modelle einer Umsetzung

Vieles von dem, was ich auf den letzten Seiten aufgeführt habe, ist durchaus bekannt und wird mancherorts bereits durchaus erfolgreich praktiziert. Exemplarisch dafür möchte ich zum Schluß dieser Arbeit zwei Projekte, ein sozialdiakonisches Projekt und einen Gemeindeverband, kurz vorstellen.

4.8.1 Das sozialdiakonische Projekt *I-Punkt* Traun[796]

Traun ist die Stadt in Österreich, in der prozentual die meisten Nicht-EU-Bürger wohnhaft sind.[797] Integration ist eine dementsprechend große Herausforderung.

---

795 vgl. Kap. 4.3.6.1.

796 Ausführung basiert auf einem Gespräch mit dem Leiter des I-Punktes, Hans Schmidt, am 22.10.2010 in Spital am Pyhrn.

797 Österreichischer Integrationsfonds. http://www.integrationsfonds.at/fileadmin/Integrationsfond/1_deroeif/Presse/Medienberichte/Pressespiegel_Auslaender_Traun_02.pdf (19.3.2011).

Der *I-Punkt* (abgekürzte Bezeichnung für Integrations-Punkt) ist ein Projekt, das von der Stadt Traun in Zusammenarbeit mit der evangelikalen Gemeinde Traun getragen wird. Weitere Kooperationspartner sind Streetwork Traun, X-Treff (Jugendzentrum), Volkshilfe Traun (insbes. das Integrationsbüro), BRG Traun, HAK Traun und Polytechnisches Zentrum Traun.

4.8.1.1 Ziele des I-Punktes

- Umsetzung der biblischen Fremdenliebe.
- Beziehungen zu Migranten aufbauen und deren Bedürfnisse wahrnehmen.
- Abbau von Vorurteilen sowohl auf Seiten der Migranten, als auch auf Seiten der Einheimischen.
- Perspektiven- und Wertevermittlung an Kinder und Jugendliche.
- Den Kindern und Jugendlichen Liebe weitergeben.

4.8.1.2 Konkrete Umsetzung

- Deutschkurse für Frauen zweimal pro Woche.
- Frauentreff einmal pro Woche.
- Nähkurs einmal pro Woche.
- An drei Tagen in der Woche je zwei Stunden Kinderprogramm.
- Hausaufgabenbetreuung nach persönlichem Bedarf (Einzelförderung).
- Fußballspiel einmal pro Woche mit den Jugendlichen.
- Unterstützung und Hilfe für Christen, damit sie sich verstärkt im Bereich Integration engagieren.
- Wertschätzung vermitteln und sich Zeit nehmen, v.a. für Kinder und Jugendliche.

4.8.1.3 Mitarbeiter

Der I-Punkt hat aktuell 18 ehrenamtliche Mitarbeiter, wobei 14 einer Freikirche angehören.[798] Darüber hinaus arbeitet der Leiter Hans Schmidt hauptberuflich und zwei weitere Personen teilzeitlich im I-Punkt mit. Die ehrenamtlichen Mitarbeiter bringen gesamt etwa 50 Stunden pro Woche an Zeit auf, was der Stadt Traun Personalkosten in Höhe von jährlich etwa € 50.000 erspart.

---

[798] Stand Oktober 2010.

4.8.1.4 Chancen und Gefahren der Arbeit

Eine der großen Chancen sieht Hans Schmidt darin, Jesus zu bekennen. „Der I-Punkt ist nichts Christliches, aber wir machen die Arbeit als Christen. Dadurch ergeben sich zahlreiche Gespräche über den Glauben.“ Durch die Arbeit ergeben sich zahlreiche natürliche Kontakte, etwa zu Politikern, Direktoren, Personen des öffentlichen Lebens. Oft kommt es dabei zu Gesprächen über den Glauben.

Häufig kommt man mit den Migranten auf ethische Werte zu sprechen. Denn Evangelikale gehören zu den Menschen in Österreich, die moralische Werte vertreten. In der Gesellschaft ist dies vielfach bereits verloren gegangen, was zahlreiche Migranten anprangern.

Zu den großen Gefahren gehört die „Versuchung“, dass das sozialdiakonische Engagement nur als Mittel dazu dient, dass Migranten z.B. den Gottesdienst besuchen. Dies kommt zwar vor, muss aber als Ziel klar abgelehnt werden. Gleichzeitig besteht die Gefahr, das Soziale über zu betonen, wodurch das Bekenntnis der Christen leidet.

Im I-Punkt steht die Integration im Mittelpunkt, und nicht die Vermittlung biblischen Wissens. Deshalb werden im I-Punkt z.B. keine Bibelstunden abgehalten. Nichts desto trotz will man seinen Glauben nicht verleugnen. Gerade durch den Lebensvollzug sehen Migranten, dass es nicht nur leere Worte sind, die man vertritt, sondern dass es sich im Leben widerspiegelt, und nehmen es deshalb auch an.

4.8.2 Vision für Österreich

Vision für Österreich (kurz VfÖ) ist ein Zweigverband des im Kapitel 3.1.4 bereits vorgestellten Bundes der *Freien Christengemeinde – Pfingstgemeinde in Österreich.*[799] Aktuell gehören dem Verband acht Gemeinden an: Vier in Kärnten, drei in der Steiermark und eine in Wien.[800] Der Leiter von Vision für Österreich, Gianni Gaeta, ist Pastor der City Church Wien.

Vision für Österreich ist selbstständig und beschreitet in zahlreichen Bereichen neue Wege und das durchaus erfolgreich. Viele Ansätze, die ich im Laufe dieser Arbeit bereits vorgestellt habe, werden von Vision für Ös-

---

[799] Webseite der CityChurch Wien. Impressum. http://www.citychurch.at/html/impressum.html (16.5.2011).

[800] Vision für Österreich. Standorte. http://www.vision-austria.net/index.php?option=com_content&task=section&id=10&Itemid=49 (16.5.2011).

terreich bereits umgesetzt. Deshalb möchte ich im Folgenden einen kleinen Einblick in die Arbeit von Vision für Österreich geben.

4.8.2.1 Ziele

Das primäre Ziel von Vision für Österreich ist es, die Wahrheit des Evangeliums zu verbreiten. Dies geschieht

- „durch die Kunst, Literatur, Musik, Medienarbeit und Gottesdienste.
- durch soziales und politisches Engagement.
- durch österreichweite Arbeit mit Jugendlichen und Kindern.
- durch die Gründung von neutestamentlichen Gemeinden in allen Bezirkshauptstädten Österreichs.“[801]

Da dieses Vorhaben nur in der Zusammenarbeit mehrerer Gemeinden realisiert werden kann, sieht Vision für Österreich ihre wesentliche Aufgabe darin, als Netzwerk den Gemeinden und Gruppierungen zu dienen und von ihnen zu lernen.[802]

4.8.2.2 Gesellschaftsrelevantes Dienen

Für Gianni Gaeta heißt gesellschaftsrelevant zu dienen, „dass sich die Verantwortlichen und Mitglieder einer Gemeinde die Frage stellen sollten, wie man Einfluss auf solche ausüben kann, die Jesus noch nicht kennen. Wie kann ich diese Menschen ansprechen, wie sie für Jesus gewinnen? Dazu ist es notwendig, eine verständliche Sprache zu sprechen und auf die Nöte der Welt mehr zu schauen als auf die eigenen Schwierigkeiten“.[803]

So war etwa die City Church Wien mit einem Infostand und Heilungsworkshops auf der Esoterikmesse in der Wiener Stadthalle vertreten. „Beim jüngsten Einsatz auf der Messe wurde Puls 4 TV auf die City Church aufmerksam.“[804] In der Folge filmte ein Team in der Christengemeinde für einen Beitrag über Freikirchen in Österreich. Als für Kranke gebetet wurde, fragte die Reporterin unvermittelt: „Können Sie auch für

---

801 Webseite Vision für Österreich. Über VfÖ. http://www.vision-austria.net/index.php?option=com_content&task=category&sectionid=5&id=29&Itemid=45 (16.5.2011).

802 Ebd.

803 Anton Bergmair u. Waltraud Berger. „Portrait: Gianni Gaeta“ S. 8-9 in: impuls – Das Bewegungsmagazin der FCGÖ. Nr. 10 (Oktober 2009). S. 8.

804 Gianni Gaeta. „Heilung zieht an“. Magazin mehr. Ausgabe 20 (Mai/ Juni 2011). S. 20.

mich beten, dass ich endlich meine Nikotinsucht los werde, auch wenn ich kein gläubiger Mensch bin?“[805] Vor laufender Kamera betete man für sie. Als die TV-Doku im März 2011 ausgestrahlt wurde, berichtete die Reporterin, dass sie trotz ihrer 20-jährigen Abhängigkeit seit jenem Gottesdienst nicht mehr rauche. Dieser Umstand dürfte das Redaktionsteam derartig beeindruckt haben, dass man die Gemeinde ausschließlich in positivem Licht darstellte.[806]

Zur *Christlichen Initiative Villach*, einer Gemeinde im Verband von Vision für Österreich, gehören mehrere Projekte, so etwa eine Kinderspielgruppe, bei der Kinder im Alter von zwei bis sechs Jahren fünf Tage in der Woche professionell betreut werden,[807] wie auch die ABC Schulinitiative. ABC steht hierbei für „Allgemein – Bildend – Christlich“.[808]

4.8.2.3 Gemeindegründung

Im Laufe der letzten 20 Jahre hat Vision für Österreich eine Reihe Gemeinden gegründet. Die jüngste Gemeinde entsteht zurzeit in Lienz. Um das Gemeindegründungsprojekt zu unterstützen, hat der Co-Pastor der City Church Wien sowohl seinen Wohnort von Wien nach Lienz verlegt, als auch seine Anstellung in der Gemeinde aufgegeben. Sein Wunsch ist es, im geistlichen Dienst zu arbeiten. Trotzdem arbeitet er jetzt wieder in seinem früheren Beruf und bringt sich nebenbei ehrenamtlich in der Gemeindegründung ein. Einen Missionar oder vollzeitlichen Gemeindegründer gibt es nicht.

Die Bekanntheit und Beliebtheit von *Da Guzi* Franz Guzelnig, dem Pastor der Christlichen Initiative Villach, wird genutzt, um zu seinen Konzerten in Lienz einzuladen. Die Veranstaltungen finden in einer lockeren, ungezwungenen Atmosphäre statt. Darüber hinaus gibt es auch *Heilungsgottesdienste*, wo u.a. für Kranke gebetet wird.

Auch die anderen Vision für Österreich-Gemeinden wurden über die Gemeindegründung informiert. Einerseits, um das Projekt im Gebet und finanziell zu unterstützen. Andererseits werden Gemeindemitglieder aus

---

[805] Ebd.

[806] Ebd.

[807] Christliche Initiative Villach. Kinderspielgruppe Kleine Freunde. http://www.civ.or.at/index.php?option=com_content&task=category&sectionid=5&id=2&Itemid=11 (16.5.2011).

[808] Christliche Initiative Villach. Schule. http://www.civ.or.at/index.php?option=com_content&task=category&sectionid=5&id=23&Itemid=40 (16.5.2011).

allen Vision für Österreich-Gemeinden ermutigt, nach Lienz zu ziehen und sich der Gemeindegründung anzuschließen.[809]

4.8.2.4 *Fazit*

Vision für Österreich gehört aktuell zu den wenigen wachsenden freikirchlichen Bewegungen in Österreich. Die Gründe dafür sind vielfältig, haben meines Erachtens aber auch ganz wesentlich damit zu tun, dass Vision für Österreich gesellschaftsrelevantes Dienen in einer Art und Weise praktiziert, wie wir es in Österreich noch kaum erleben.

Gemeindegründung sieht Vision für Österreich als *Mittel zum Zweck* zur Verbreitung des Evangeliums und nicht als primäres Ziel. Damit unterscheidet man sich ganz wesentlich von der Überzeugung anderer Bewegungen (vgl. Kap. 3.2.2).

4.9 Zusammenfassung

Die Transformation Österreichs beginnt nicht mit einem großen Paukenschlag oder mit einer Erweckung, sondern beim Einzelnen. Jeder einzelne Christ, der bereit ist, seine eigene Persönlichkeit zu hinterfragen und sich in der Begegnung mit Gott verändern zu lassen, wird den Frieden Gottes erleben.

Doch kann und darf es nicht allein dem Einzelnen überlassen sein, sich für die Transformation Österreichs einzusetzen. Vielmehr müssen auch Kirchen und Freikirchen neu entdecken, dass Kirche kein heiliger Ort ist, der abgesondert von der restlichen Welt existiert. Im realen Leben gibt es keinen *breiten* und *schmalen Weg*![810] Alle, auch die Kirchen und Freikirchen, befinden sich auf dem *breiten* Weg. Aber weil sie eben Teil der Gesellschaft sind, können sie auch mit dazu beitragen, Gesellschaft zu gestalten und zu verändern. Deshalb ist ihr sozialdiakonisches Engagement genauso gefordert wie gelebte Jüngerschaft. Menschen brauchen Anleitung und Hilfe, sowohl in praktischen, wie auch in geistlichen Dingen. Neben dem göttlichen Auftrag dazu ist ein Engagement in diesen beiden Bereichen ein wesentlicher Schlüssel zu den Herzen der Menschen, wodurch das Bekenntnis des Glaubens für sie glaubhaft wird. Erst dann werden Menschen bereit sein, ihr eigenes Leben zu überdenken, sodass schlussendlich

---

[809] Information basierend auf einem Gespräch mit Gianni Gaeta am 15.4.2011 in Alberndorf.

[810] Siehe Kapitel 0.

Versöhnung stattfinden kann und göttlicher Friede in das Leben dieser Menschen einkehren wird.

Welche Auswirkungen dies auf die Gesellschaft haben wird, ist aus heutiger Sicht noch nicht absehbar. Es ist aber gut möglich, um an den Titel dieser Arbeit anzuschließen, dass es tatsächlich zur Transformation Österreichs kommt. Dies liegt aber einzig und allein in Gottes Hand!

Schließen möchte ich mit einem Zitat, das ich bereits in Kapitel 3.3.1.6 aufgeführt habe:

„Vielleicht aber – und hierauf weisen moderne Erforscher des Täufertums hin – gewinnt die täuferische Missions- und Gemeindetheologie in der Zeit, in der das Ende des ‚konstantinischen Zeitalters‘ herangerückt ist, neue Bedeutung."[811]

Möge diese Arbeit mit dazu beitragen, dass Kirchen und Freikirchen neu an Bedeutung gewinnen, zur Ehre Gottes des Vaters!

5 Literaturverzeichnis

5.1 Bücher

Aland, Kurt u. Barbara. Der Text des Neuen Testamentes. Deutsche Bibelgesellschaft: Stuttgart, 1982.

Alisch, Christine. Der Beitrag evangelikal freikirchlichen Gemeindelebens in Wien im Vorfeld von Sozialarbeit und Freizeitpädagogik. Unveröffentlichte Diplomarbeit, 2008.

Androsch, Hannes. Warum Österreich so ist, wie es ist. Eine Synthese aus Widersprüchen. Kremayr & Scheriau: Wien, 2003.

Barton, Peter F. Die Frühzeit des Christentums in Österreich und Südmitteleuropa bis 788, Bd. I Teil 1 von: 1800 Jahre Christentum in Österreich und Südostmitteleuropa, Eine Einführung in seine Geschichte, Hermann Böhlaus: Wien, 1975.

Barton, Peter F. Die Geschichte der Evangelischen in Österreich und Südostmitteleuropa. 1. Im Schatten der Bauernkriege. Die Frühzeit der Reformation. Evangelischer Presseverband: Wien, 1985.

[811] Wolfgang Schäufele. Das missionarische Bewußtsein und Wirken der Täufer. A.a.O. S. 328.

Berneburg, Erhard. Das Verhältnis von Verkündigung und sozialer Aktion in der evangelikalen Missionstheorie – unter besonderer Berücksichtigung der Lausanner Bewegung für Weltmission (1974 – 1989). R. Brockhaus Verlag: Wuppertal, 1997.

Beyerhaus, Peter u.a. (Hg.) Alle Welt soll sein Wort hören. Lausanner Kongress für Weltevangelisation. Band 1. Hänssler: Neuhausen-Stuttgart. 1974.

Biber, Peter. Österreichische Gemeinden in den Teenagerjahren. Wege zur Selbstständigkeit. Unveröffentlichte Diplomarbeit. O.O., 1994.

Börner, Fritz. Freikirchlicher Gemeindebau in Österreich. Eine Untersuchung der Gemeinden der Arbeitsgemeinschaft Evangelikaler Gemeinden in Österreich (ARGEGÖ), mit einem historischen Rückblick in der Kirchengeschichte und die Geschichte der Bekennergemeinden auf österreichischem Boden. Eigenverlag, 1989.

Bösch, Walter. Damit sie alle eins seien. Eine Studie über die Einheit unter den geistlichen Leitern freikirchlicher Gemeinden in der Stadt Wien. Unveröffentlichte Diplomarbeit. Wien, 2008.

Bruckmüller, Ernst. Sozialgeschichte Österreichs. Verlag für Geschichte und Politik: Wien, 2001[2].

Bünting, Karl-Dieter. Deutsches Wörterbuch. Isis Verlag: Chur, 1996.

Coleman, Robert E. Des Meisters Plan der Jüngerschaft. Logos-Verlag: Lage, 1997.

Coreth, Anna. Pietas Austriaca: Österreichische Frömmigkeit im Barock. R. Oldenbourg Verlag: München, 1982[2., erw. Auflage].

Dirnbeck, Josef. Reibebaum Krenn: vom Papstfrühstück zu den "Bubendummheiten". Edition Va Bene: Wien – Klosterneuburg, 2004. S. 137.

Ebeling, Rainer u. Meier, Alfred (Hg.). Missionale Theologie. GBFE Jahrbuch 2009. Francke: Marburg a.d. Lahn, 2009.

Eims, LeRoy. Die verlorene Kunst des Jüngermachens. Geistliches Wachstum durch das Paulus-Timotheus-Prinzip. Betanien: Oerlinghausen, 2005.

Eine Bewegung stellt sich vor. 50 Jahre Freie Christengemeinden in Österreich. Eigenverlag: Salzburg, 1997.

Epp, Margaret. 8., Tulpengasse. A Church Blossoms in Vienna. Canadian Conference of Mennonite Brethren Churches: Winnipeg, 1978.

Faix, Tobias u.a. (Hg.). Die Welt verändern. Grundfragen einer Theologie der Transformation. Francke: Marburg a.d. Lahn, 2009.

Frost, Michael u. Hirsch, Alan. Die Zukunft gestalten. Innovation und Evangelisation in der Kirche des 21. Jahrhunderts. C& P Verlagsgesellschaft: Glashütten, 2008.

Grasser, Karl-Heinz u. Finz, Alfred im Vorwort von: Vereine und Steuern. Tipps für Vereine und ihre Mitglieder. Bundesministerium für Finanzen: Wien, 2002.

Greenway, Roger S.. Eine Stadt für Gott. Evangelisation und soziale Verantwortung. Verlag Gottfried Bernard: Siegen, 1986.

Hardmeier, Roland. Das ganze Evangelium für eine heilsbedürftige Welt. Zur Missionstheologie der Radikalen Evangelikalen. Unveröffentlichte Diplomarbeit. O.O., 2008.

Hardmeier, Roland. Kirche ist Mission. Auf dem Weg zu einem ganzheitlichen Missionsverständnis. Neufeld Verlag: Schwarzenfeld, 2009.

Hasselgrave, David J. u. Rommen, Edward. Contextualisation. Meanings, Methods, and Models. Baker Book House: Grand Rapids, 1989.

Hinkelmann, Frank. Die Evangelikale Bewegung in Österreich: Grundzüge ihrer historischen und theologischen Entwicklung von 1945 bis 1998. Vorpublikationsfassung der in der Entstehung befindlichen Dissertation.

Hinkelmann, Frank. Konfessionskunde. Handbuch der Kirchen, Freikirchen und christlichen Gemeinschaften in Österreich. Edition EA. OM Books: Linz, 2009.

Hochmeir, Andreas. Geheimprotestantismus in Oberösterreich. Unveröffentlichte Diplomarbeit. Wien, 2000.

Hofius, Ulrich u. Kluitenberg, Dorothee. Open-Air-Arbeit. ABC der Evangelisation im Freien. Hänssler: Neuhausen/ Stuttgart, 1996.

Holtaus, Stephan. Operation Zukunft. Brunnen: Basel u. Gießen, 2000.

Hoover, Peter. Feuertaufe. Das radikale Leben der Täufer – eine Provokation. Down to Earth Verlag: Berlin, 2006.

Hughes, Kent u. Barbara. Liberating Ministry from the Success Syndrome. Tyndale House Publishers: Wheaton, 2002[7].

Hybels, Bill. Bekehre nicht – lebe! So wird Ihr Christsein ansteckend. Willow Creek Edition. Projektion J: Wiesbaden, 1995.

Johnston, Arthur. Umkämpfte Weltmission. Hänssler: Neuhausen-Stuttgart, 1984.

Keener, Craig S. Kommentar zum Umfeld des Neuen Testaments. Band 2. Hänssler: Neuhausen-Stuttgart, 1998.

Kinker, Thomas. Die Bibel verstehen und auslegen. Ein praktischer Hermeneutikkurs. Band 1. VKW: Bonn, 2003.

Krebser, Silvia. Analyse der österreichischen Kultur und Mentalität aus biblischer Sicht. Eigenverlag: Neuhofen a.d. Krems, 1992.

Kuen, Alfred. Gemeinde nach Gottes Bauplan. Telos, Schweizerische Schallplattenmission: Frutigen, 1975.

Kusch, Andreas (Hg.). Transformierender Glaube, erneuerte Kultur, sozioökonomische Entwicklung. Missiologische Beiträge zu einer transformativen Entwicklungspraxis. Korntaler Reihe, Band 5. Verlag für Theologie und Religionswissenschaft: Nürnberg, 2007.

Laubach, Fritz (Hg.). Justian von Welz. Ein Österreicher als Vordenker und Pionier der Weltmission. Sämtliche Schriften. R. Brockhaus: Wuppertal, 1989.

Maier, Gerhard. Edition C Bibelkommentar: Lukas-Evangelium, Band 4. Hänssler: Neuhausen-Stuttgart, 1996.

Mappes-Niediek, Norbert. Let's be Frank. Die unglaubliche Geschichte des heimlichen Kaisers von Österreich. Campus-Verlag: Frankfurt/New York, 2004.

MARC Europe (Hg.). Christliches Handbuch für Österreich. Kirchen und Missionen. MARC Europe: O.O., 1991.

Market – Marktforschungs-Ges.m.b.H. Jugendstudie 2003. Die Zukunft kann kommen. Im Auftrag des Landesjugendreferates der OÖ Landesregierung, 2003.

Mayer, Thomas. Wiedergeborene Christen. Die evangelikale Bewegung und die ihr zugehörigen Gemeinden in Salzburg – Bestimmung, Differenzierung, Abgrenzung. Unveröffentlichte Diplomarbeit. Salzburg, 1998.

Miller, Paul. Hier bin ich, Herr, sende meinen Bruder! Für Christen, denen das Evangelisieren etwas schwerer fällt. Verlag Jugend mit einer Mission: Biel, 1992.

Molden, Fritz. Die Österreicher oder Die Macht der Geschichte. Langen Müller Verlag: München, Wien, 1986.

Monsky, Max. Im Dienst am eigenen Volk. Denkschrift. Evangelische Gesellschaft in Österreich: Wien, 1923.

Monsky, Max. Im Kampf um Christus. Erlebnisse und Erfahrungen eines Achtzigjährigen aus sechsfachem Jubiläum. Wien: Selbstverlag, o. J. (1956)

Österreichisches Institut für Spendenwesen. Spendenbericht 2006. Ein Bericht zu aktuellen Entwicklungen in Österreich. Mit Analysen, Fakten & Zahlen. November 2006.

Pechmann, Ralph u. Reppenhagen, Martin (Hg.). Mission im Widerspruch. Religionstheologische Fragen heute und Mission morgen. Aussaat u. Neunkirchner Verlag: Neunkirchen-Vluyn, 1999.

Pechmann, Ralph u. Reppenhagen, Martin (Hg.). Zeugnis im Dialog der Religionen und der Postmoderne. Aussaat & Neukirchener Verlag: Neukirchen-Vluyn, 1999.

Rainer, Johann. Die Glaubensspaltung: Religion und Kirche in Österreich, Hrsg. v. Institut für Österreichkunde. Wien, 1972.

Rampler, Reinhold. Evangelikal – eine österreichische Lesart. Unveröffentlichte Diplomarbeit. Wien, 1988.

Rathmair, Franz. Die Mennonitische Brüdergemeinde in Österreich. Unveröffentlichte Diplomarbeit. Steyr, 1987.

Reifler, Hans Ulrich. Handbuch zur Missiologie. Missionarisches Handeln aus biblischer Perspektive. edition afem – mission academics 19. Verlag für Theologie und Religionswissenschaft: Nürnberg, 2005.

Reifler, Hans Ulrich. Missionarisches Handeln am Ende des 20. Jahrhunderts. Eine Einführung in die Missiologie. Brunnen: Gießen, 1997.

Reimer, Johannes. Die Welt umarmen. Theologie des gesellschaftsrelevanten Gemeindebaus, Band 1. Francke: Marburg a.d. Lahn, 2009.

Ringel, Erwin. Die österreichische Seele. 10 Reden über Medizin, Politik, Kunst und Religion. Böhlau: Wien, Köln, Graz, 1984[7].

Scazzero, Peter. Glaubensriesen und Seelenzwerge. Geistliches Wachstum und emotionale Reife. Brunnen: Gießen, 2008.

Schädler, Peter. Wie christlich ist das Bundesland Vorarlberg? Eine Studie zur Situation des Christentums in unserer Zeit. Eigenverlag, 1996.

Schäffl, Martina. Freikirchen in Österreich und ihre Beziehung zur Katholischen Kirche – am Beispiel des Bundes der Baptistengemeinden, des Bundes evangelikaler Gemeinden und der Freien Christengemeinde-Pfingstgemeinde. Unveröffentlichte Diplomarbeit. Wien, 2010.

Schäufele, Wolfgang. Das missionarische Bewußtsein und Wirken der Täufer. Neunkirchner Verlag: Neunkirchen-Vluyn, 1966.

Scheidl, Leopold u. Lechleitner, Herwig. Österreich. Land, Volk, Wirtschaft in Stichworten. Verlag Ferdinand Hirt: Wien, 1978[3].

Scheithauer, Erich (u.a.). Geschichte Österreichs in Stichworten. Teil I: Von der Urzeit bis 1282. Verlag Ferdinand Hirt: Wien, 1971.

Scherer, Kurt. Vergebung – das zentrale Problem. Seelsorgerliche Hilfen zum rechten Umgang miteinander. Edition C. Hänssler: Neuhausen-Stuttgart, 1985[2].

Scheuch, Manfred. Historischer Atlas Österreich. Verlag Christian Brandstätter: Wien, 1994[5].

Schirrmacher, Thomas (Hg.). Bibeltreue in der Offensive. Die drei Chicagoerklärungen zur biblischen Irrtumslosigkeit, Hermeneutik und Anwendung. Verlag für Kultur und Wissenschaft: Bonn, 2004[2].

Schirrmacher, Thomas. Ethik. 6 Bände. RVB: Hamburg & VTR; Nürnberg, 2009[4].

Schirrmacher, Thomas. Fundamentalismus. Wenn Religion zur Gefahr wird. SCM Hänssler: Holzgerlingen, 2010.

Schnabel, Eckhard J. Urchristliche Mission. R. Brockhaus: Wuppertal, 2002.

Schnabel-Schüle, Helga. Die Reformation 1495-1555. Philipp Reclam jun.: Stuttgart, 2006.

Schnepper, Arndt Elmar. Mission und Geld. Glaubensprinzipien und Spendengewinnung der deutschen Glaubensmissionen. Genese, Struktur und Legitimation. Dissertation. O.O., 2004.

Sider, Ronald. ... denn sie tun nicht, was sie wissen. Die schwierige Kunst kein halber Christ zu sein. Brendow: Moers, 1995.

Sjogren, Bob u. Robison, Gerald. Katzen, Hunde und die Herrlichkeit Gottes. Worauf es im Leben wirklich ankommt. OM Books: Linz, 2008.

Splitt, Marcus. Kontextualisierung im postmodernen Pluralismus. edition afem – mission scripts 26. VTR: Nürnberg & VKW: Bonn, 2008.

Spohn, Elmar. Mission und das kommende Ende. Karl Hartensteins Verständnis der Eschatologie und dessen Auswirkungen auf die Mission. Verlag der Liebenzeller Mission: Lahr, 2000.

Steinböck, Anna. Die Evangelikale Bewegung. Unveröffentlichte Diplomarbeit. Wien, 1984.

Stott, John. Christsein in den Brennpunkten unserer Zeit... Bd.1. ... in einer nicht-christlichen Gesellschaft. Franke-Buchhandlung: Marburg a.d. Lahn, 1984.

Tenney, Merrill C. Die Welt des Neuen Testaments. Francke: Marburg a.d. Lahn, 1994[4].

Vicedom, Georg F. Mission Die. Einführung in eine Theologie der Mission. Chr. Kaiser Verlag: München, 1960[2].

Wagner, William Lyle. North American Protestant Missionaries in Western Europe: A Critical Appraisal. edition afem – mission academis Bd. 1. Verlag für Kultur und Wissenschaft: Bonn, 1993.

Walldorf, Friedemann. Die Neuevangelisierung Europas. Missionstheologien im europäischen Kontext. Brunnen Verlag: Giessen, Basel, 2002.

Windler, Christoph. Die Entwicklung von Gemeindeleitern für österreichische Freikirchen: Kontextualisierte Methoden zum Erreichen affektiver Lernziele. Unveröffentlichte Diplomarbeit. o.O.: 2000.

Windler, Christoph (Hg.). Dokumentation des 1. Gemeindegründungstreffens der Arbeitsgemeinschaft Evangelikaler Gemeinden in Österreich. O.O., o.J.

Ziska, Joseph R. Auswertung der Umfrage an den ARGEGÖ Gemeinden in Österreich (Herbst 2006). Wien, 2008.

Zulehner, Paul Michael. Religion im Leben der Österreicher. Dokumentation einer Umfrage. Herder: Wien, 1981.

Zulehner, Paul u. Polak, Regina. Religion – Kirche – Spiritualität in Österreich nach 1945. Befund, Kritik, Perspektive. Studienverlag GmbH: Innsbruck, 2006.

5.2 Aufsätze und Zeitschriften

Bergmair, Anton u. Berger, Waltraud. „Portrait: Gianni Gaeta“ S. 8-9 in: impuls – Das Bewegungsmagazin der FCGÖ. Nr. 10 (Oktober 2009).

Berneburg, Erhard. „‚Mit Wort und Werk und allem Wesen‘ – Ganzheitlichkeit in der Evangelisation“. S. 162-178 in: Herbert H. Klement (Hg). Evangelisation im Gegenwind. Zur Theologie und Praxis der Glaubensverkündigung in der säkularen Gesellschaft. Brunnen Verlag: Giessen u. Basel & R. Brockhaus Verlag: Wuppertal, 2002.

Baum, Armin Daniel. „Die weltweite Dimension der Mission Jesu unter besonderer Berücksichtigung des Lukasevangeliums“. S. 55 - 79 in: Hans Kasdorf/ Friedemann Walldorf (Hg.). Werdet meine Zeugen. Weltmission im Horizont von Theologie und Geschichte. Hänssler: Neuhausen-Stuttgart, 1996.

Djundja, Stephan. „Mennonitische Freikirche Österreich/ Mennoniten“ S. 20-31 in: Referat für Weltanschauungsfragen (Hg.). Freikirchen, Evangelikale, Pfingstkirchen. Bekenntnisgemeinschaften in Österreich. Werkmappe 94/2 „Sekten, religiöse Sondergemeinschaften, Weltanschauungen“. 2008.

Dvorak, Wolfgang. „Kultur und Mentalität des Österreichers“ S. 33-40 in: Reinhold Eichinger u.a. (Hg). Handbuch für Missionare in Österreich. Hintergrundinformationen für die Vorbereitung und Durchführung eines wirkungsvollen Dienstes in Österreich. Wien, 1999.

Dvorak, Wolfgang. „Österreichs Geschichte“ S. 15-32 in: Reinhold Eichinger u.a. (Hg). Handbuch für Missionare in Österreich. Hintergrundinformationen für die Vorbereitung und Durchführung eines wirkungsvollen Dienstes in Österreich. Wien, 1999.

Eichinger, Reinhold. „Gemeindebau und geistliche Landschaft heute“. S. 137-158 in: Reinhold Eichinger u.a. (Hg). Handbuch für Missionare in Österreich. Hintergrundinformationen für die Vorbereitung und Durchführung eines wirkungsvollen Dienstes in Österreich. Wien, 1999.

Eichinger, Reinhold. „Der Niedergang der Großkirchen“ S. 85-92 in: Reinhold Eichinger u.a. (Hg). Handbuch für Missionare in Österreich. Hintergrundinformationen für die Vorbereitung und Durchführung eines wirkungsvollen Dienstes in Österreich. Wien, 1999.

Faix, Wilhelm. „Gesellschaftsanalyse Europa: postmoderne Ansatzpunkte für das Evangelium“ S. 10-45 in: Klaus W. Müller (Hg.). Mission im postmodernen Europa. Referate der Jahrestagung 2008 des AfeM. edition afem – mission reports 16. Verlag für Theologie und Religionswissenschaft: Nürnberg & Verlag für Kultur und Wissenschaft: Bonn, 2008.

Fleischer, Johannes. „Frühgeschichte des Baptismus in Österreich.“ S. 14-24 in: Franz Graf-Stuhlhofer (Hg.). Frisches Wasser auf dürres Land. Festschrift zum 50-jährigen Bestehendes Bundes der Baptistengemeinden in Österreich. Oncken Verlag: Kassel, 2005.

Gaeta, Gianni. „Heilung zieht an“. Magazin mehr. Ausgabe 20 (Mai/ Juni 2011). S. 20.

Gäckle, Volker. „Das Konzept der ‚holistischen Mission‘ im Licht des Neuen Testaments“. Evangelikale Missiologie 26 (1/10): 6-23.

Graf-Stuhlhofer, Franz u. Klimt, Walter. „Heimatmission“ S. 156-167 in: Franz Graf-Stuhlhofer (Hg.). Frisches Wasser auf dürres Land. Festschrift zum 50-jährigen Bestehendes Bundes der Baptistengemeinden in Österreich. Oncken Verlag: Kassel, 2005.

Graf-Stuhlhofer, Franz. „Ternitz“ S. 46-50 in: Franz Graf-Stuhlhofer (Hg.). Frisches Wasser auf dürres Land. Festschrift zum 50-jährigen Bestehendes Bundes der Baptistengemeinden in Österreich. Oncken Verlag: Kassel, 2005.

Hardmeier, Roland. „Radikale Evangelikale zur Theologie der Transformation“ S. 238-245 in: Tobias Faix u.a. (Hg.). Die Welt verändern. Grundfragen einer Theologie der Transformation. Francke: Marburg a.d. Lahn, 2009.

Hempelmann, Reinhard. Evangelikale Bewegungen. Beiträge zur Resonanz des konservativen Protestantismus. EZW-Texte 206/2009.

Hinkelmann, Frank. Die Hinwendung Österreichs zum Christentum. MBS-Texte 87 (4/2007).

Hinkelmann, Frank. „Österreich – ‚Felix Austria‘ oder ‚Friedhof der Missionare‘?“ S. 128-135 in: Evangelikale Missiologie 25 (3/09).

Hinkelmann, Frank. „‚Über Mission und Missionare‘: Österreichs Beitrag zur protestantischen Weltmission. Von der Reformationszeit bis zum Anbruch des 20. Jahrhunderts“ S. 148-175 in: Friedemann Walldorf u.a. (Hg.). Mission und Reflexion im Kontext. Perspektiven evangelikaler Missionswissenschaft im 21. Jahrhundert (FS Klaus W. Müller). edition afem – mission academics 5. Verlag für Kultur und Wissenschaft: Bonn, 2010.

Hochmeir, Andreas. „Geheimprotestantismus“ S. 359-370 in: Katalog zur Oberösterreichischen Landesausstellung 2010. Hg. von Karl Vocelka u.a. Trauner Verlag: Linz, 2010.

Holze, Michael. „Gott und die Armen in der Bibel“ S. 169 - 189 in: Andreas Kusch u. Thomas Schirrmacher (Hg). Der Kampf gegen die weltweite Armut – Aufgabe der Evangelischen Allianz? Zur biblisch-theologischen Begründung der Micha-Initiative. Verlag für Kultur und Wissenschaft: Bonn, 2009.

Klimt, Walter. „Diakonie“ S. 176-186 in: Franz Graf-Stuhlhofer (Hg.). Frisches Wasser auf dürres Land. Festschrift zum 50-jährigen Bestehendes Bundes der Baptistengemeinden in Österreich. Oncken Verlag: Kassel, 2005.

Kapteina, Detlef. „Die globale Dimension des Missionsbefehls“ S. 9-26 in: Klaus W. Müller (Hg.). Mission im Kontext der Globalisierung. Edition AfeM. VTR: Nürnberg, 2002.

Krawarik, Hans. „Emigrationen und Ausweisungen der Protestanten aus Oberösterreich“ S. 347-357 in: Katalog zur Oberösterreichischen Landesausstellung 2010. Hg. von Karl Vocelka u.a. Trauner Verlag: Linz, 2010.

Leeb, Rudolf. „Der Streit um den wahren Glauben – Reformation und Gegenreformation in Österreich“ S. 145-279 in: Herwig Wolfram (Hg.). Geschichte Österreichs. Geschichte des Christentums. Von der Spätantike bis zur Gegenwart. Ueberreuter: Wien, 2003.

Leeb, Rudolf. „Protestantismus und Evangelische Kirche in Tirol im 19. Jahrhundert“. S. 43-64 in: Jahrbuch für die Geschichte des Protestantismus in Österreich. Band 123 (2007). Evangelische Verlagsanstalt: Leipzig, 2007.

Malessa, Andreas. „Herr, dein Wort, die edle Gabe...“ S. 195-205 in: Der E-Faktor. Evangelikale und die Kirche der Zukunft. R.Brockhaus: Wuppertal, 2005.

Marko, Joseph. „Verbände und Sozialpartnerschaft“. S. 429-478 in: Wolfgang Mantl (Hg.). Politik in Österreich. Die zweite Republik: Bestand und Wandel. Böhlau Verlag: Wien, Köln, Graz, 1992.

Matschinger, Richard u. Wellacher, Martin. „Graz“ S. 81-87 in: Franz Graf-Stuhlhofer (Hg.). Frisches Wasser auf dürres Land. Festschrift zum 50-jährigen Bestehendes Bundes der Baptistengemeinden in Österreich. Oncken Verlag: Kassel, 2005.

Mayr, Hugo. „Die Evangelikalen. Entwicklung und Theologische Prägung“ S. 2-18. in: Referat für Weltanschauungsfragen, Sekten und religiöse Gemeinschaften (Hg.). Die Evangelikalen. Entwicklung – Theologische Prägung – Praxis. Dokumentation 3/81.

Padilla, Rene „Ganzheitliche Mission.“ S. 145-168 in: Andreas Kusch u. Thomas Schirrmacher (Hg). Der Kampf gegen die weltweite Armut – Aufgabe der Evangelischen Allianz? Zur biblisch-theologischen Begründung der Micha-Initiative. Verlag für Kultur und Wissenschaft: Bonn, 2009.

Pawlowsky, Peter. „Altes Elend – Neue Chancen: Gibt es Wege aus der Kirchenkrise?“ S. 70-89 in: Angela Ringel (Hg.). Österreichs verwundete Seele: 20 Jahre nach Erwin Ringel. Kremayer & Scheriau/ Orac: Wien, 2005.

Pelinka, Anton. „Österreich unter nationalsozialistischer Herrschaft: Zulauf, Anpassung, Widerstand und Vernichtung“ S. 35-48 in: Wolfgang Mantl (Hg.). Politik in Österreich. Die zweite Republik: Bestand und Wandel. Böhlau Verlag: Wien, Köln, Graz, 1992.

Podobri, Martin. Abschlussbericht Kickoff2008.

Podobri, Martin. Warum weniger mehr sein kann – eine Ermutigung zum sinnvollen Einsatz des Wohlstandes. Unveröffentlichte Arbeit im Fach „Ethik“. o.O. 2010. Rabenau, Gottfried. „Wien als Missionszentrum für die Monarchie: 1888-1924." S. 25-33 in: Franz Graf-Stuhlhofer (Hg.). Frisches Wasser auf dürres Land. Festschrift zum 50-jährigen Bestehendes Bundes der Baptistengemeinden in Österreich. Oncken Verlag: Kassel, 2005.

Regez, Rudi u. Christine. „OASE in Enns – ein sozial-diakonisches Projekt" in: BEG Aktiv. Nr. 55/ September 2008.

Reifler, Hans Ulrich. „Ganzheitliche Mission. Eine biblisch-missionstheologische Analyse" Evangelikale Missiologie 26 (1/10): 24-35.

Reimer, Johannes. „Mission der Aussiedlergemeinden in Deutschland – was bremst den Aufbruch?" Evangelikale Missiologie 25 (3/09): 154-162.

Ringel, Erwin. „Friedrich Heer als Therapeut der österreichischen Neurose" S. 841-863 in: Wolfgang Mantl (Hg.). Politik in Österreich. Die zweite Republik: Bestand und Wandel. Böhlau Verlag: Wien, Köln, Graz, 1992.

Rösler, Klaus. „Baptisten engagieren sich für eine Erweckung". Allianz Spiegel Nr. 91 (Sept. 2010): S. 25.

Rusner, Manfred. „Evangelisation durch Gemeindegründung". S. 10-11 in: Gemeinde und Mission. Nachrichten des Baptistenbundes in Österreich 4/90 – 1/91.

Schirrmacher, Thomas. Sozialethik muss sein. Ergänzungen zur Ethik. MBS Texte 20. 1/04.

Schmid, Eugen. „Die Vision des Dramatikers" S. 40-41 in: Factum 7/10.

Schmidt, Markus. „Praxis". S. 23-35 in: Referat für Weltanschauungsfragen (Hg.). Evangelikale. Entwicklungen – Schwerpunkte – Praxis. Stellungnahmen. Werkmappe „Sekten, religiöse Gemeinschaften, Weltanschauungen" Nr. 71/1994.

Schmidt, Markus. „Die evangelikale Herausforderung". S. 65-67 in: Referat für Weltanschauungsfragen (Hg.). Evangelikale. Entwicklungen – Schwerpunkte – Praxis. Stellungnahmen. Werkmappe „Sekten, religiöse Gemeinschaften, Weltanschauungen" Nr. 71/1994.

Schmidt, Markus. „Stellungnahme aus katholischer Sicht". S. 50-64 in: Referat für Weltanschauungsfragen (Hg.). Evangelikale. Entwicklungen – Schwerpunkte – Praxis. Stellungnahmen. Werkmappe „Sekten, religiöse Gemeinschaften, Weltanschauungen" Nr. 71/1994.

Schmolly-Melk, Eva Maria. „Bund Evangelikaler Gemeinden" S. 32-42 in: Referat für Weltanschauungsfragen (Hg.). Freikirchen, Evangelikale, Pfingstkirchen. Bekenntnisgemeinschaften in Österreich. Werkmappe 94/2 „Sekten, religiöse Sondergemeinschaften, Weltanschauungen". 2008.

Schnabel, Eckhard J. „Evangelisation im Neuen Testament". S. 11-45 in: Herbert H. Klement (Hg.). Evangelisation im Gegenwind. Zur Theologie und Praxis der Glaubensverkündigung in der säkularen Gesellschaft. Brunnen Verlag: Giessen u. Basel & R. Brockhaus Verlag: Wuppertal, 2002.

Schneider, Heinrich. „Kirche-Staat-Gesellschaft: ihre Beziehungen im Wandel" S. 523-570 in: Wolfgang Mantl (Hg.). Politik in Österreich. Die zweite Republik: Bestand und Wandel. Böhlau Verlag: Wien, Köln, Graz, 1992.

Schwarz, Christian A.. „Die vier wichtigsten Schritte." S. 41-54 in: Ulrich Eggers, Markus Spieker (Hg.). Der E-Faktor. Evangelikale und die Kirche der Zukunft. R.Brockhaus: Wuppertal, 2005.

Schweighofer, Astrid. „Der oberösterreichische Bauernkrieg von 1626" S. 622-623 in: Katalog zur Oberösterreichischen Landesausstellung 2010. Hg. von Karl Vocelka u.a. Trauner Verlag: Linz, 2010.

Schweighofer, Astrid. „Patent Ferdinand II. – Ausweisung der protestantischen Prediger und Schulmeister." S. 621 in: Katalog zur Oberösterreichischen Landesausstellung 2010. Hg. von Karl Vocelka u.a. Trauner Verlag: Linz, 2010.

Shenk, Wilbert R. „Zu den Quellen. Die täuferischen Wurzeln." S. 7-29 in: Heinrich Klassen (Hg.) u. Johannes Reimer (Hg.). Mission im Zeichen des Friedens. Beiträge zur Geschichte täuferisch-mennonitischer Mission. edition afem. mission academics 14. VTR: Nürnberg, 2003.

Sinabell, Johannes. „Freie Christengemeinde/Pfingstgemeinde“ S. 43-56 in: Referat für Weltanschauungsfragen (Hg.). Freikirchen, Evangelikale, Pfingstkirchen. Bekenntnisgemeinschaften in Österreich. Werkmappe 94/2 „Sekten, religiöse Sondergemeinschaften, Weltanschauungen“. 2008.

Strauch, Peter. „Beobachtungen eines Mitspielers“ S. 78-95 in: Eggers, Ulrich u. Spieker, Markus (Hg.). Der E-Faktor. Evangelikale und die Kirche der Zukunft. R.Brockhaus: Wuppertal, 2005.

Stubenvoll, Marlies. „So ist mein Oberösterreich.“ S. 7 in: OÖ Nachrichten vom 29. September 2010.

Tropper, Peter. „Von der katholischen Erneuerung bis zur Säkularisation – 1648 bis 1815“ S. 281-360 in: Herwig Wolfram (Hg.). Geschichte Österreichs. Geschichte des Christentums. Von der Spätantike bis zur Gegenwart. Ueberreuter: Wien, 2003.

von Schlachta, Astrid. „Die Täufer in Tirol – Rückblick und Ausblick“. S. 9-26 in: Jahrbuch für die Geschichte des Protestantismus in Österreich. Band 123 (2007). Evangelische Verlagsanstalt: Leipzig, 2007.

Weikl, Dietmar. „Reformation und Gegenreformation in den Städten in Oberösterreich“ S. 265-274 in: Katalog zur Oberösterreichischen Landesausstellung 2010. Hg. von Karl Vocelka u.a. Trauner Verlag: Linz, 2010.

Weikl, Dietmar. „Toleranzpatent Kaiser Josephs II.“ S. 641 in: Katalog zur Oberösterreichischen Landesausstellung 2010. Hg. von Karl Vocelka u.a. Trauner Verlag: Linz, 2010.

Weiß, Andrea. „Diakonie: Es war ein umtriebiges Jahr!“ S. 10 in: BEG Aktiv. Nr. 58/ November 2009.

Zapatoczky, Hans Georg. „Die Neurose blüht...“ S. 35-51 in: Angela Ringel (Hg.). Österreichs verwundete Seele: 20 Jahre nach Erwin Ringel. Kremayer & Scheriau/ Orac: Wien, 2005.

Zwick, Rolf. „Das soziale Engagement in der Lausanner Bewegung“. S. 79-90 in: Andreas Kusch u. Thomas Schirrmacher (Hg). Der Kampf gegen die weltweite Armut – Aufgabe der Evangelischen Allianz?

Zur biblisch-theologischen Begründung der Micha-Initiative. Verlag für Kultur und Wissenschaft: Bonn, 2009.

5.3 Elektronische Daten

5.3.1 Dokumente

Bachinger, Gerald. „Mangelnde Transparenz – eine offene Tür für Korruption". NÖ. Patienten- und Pflegeanwaltschaft. Februar 2011. http://www.patientenanwalt.com/fileadmin/dokumente/04_publikationen/letter_noe_ppa/Mangelnde_Transparenz_Korruption_Dr_Bachinger_01.pdf (1.4.2011).

Bibel-Entdecker. Für Bibellese-Einsteiger von 9 – 99 Jahren. CD-ROM des Bibellesebundes Österreich.

Deutsche Evangelische Allianz. „Suchet der Stadt Bestes". Zur Verantwortung der Christen in Gesellschaft und Staat. Eine Stellungnahme der Deutschen Evangelischen Allianz. http://www.ead.de/fileadmin/daten/dokumente/arbeitskreis_politik/Sucht%20der%20Stadt%20Bestes.pdf (28.2.2011).

Greenpeace. „Atomstrom in Österreich: Zahlen, Daten, Fakten 2004". http://www.greenpeace.at/uploads/media/Zahlen_Daten_Stromkennzeichnung2005.pdf (19.5.2010).

Handel, Michael. „Weihnachten. Der Ursprung und die Bedeutung des Weihnachtsfestes." http://www.irrtum.ch/Weihnachten%20MH.pdf (26.2.2011).

Höchtl, Josef. „Missionsland Österreich oder Wie katholisch ist Österreich?" http://www.clunia.at/archiv/archiv.doc.0910/Hoechtl_Missionsland_Oesterreich09.pdf (27.5.2010). S. 8.

Kapusta, Nestor. „Aktuelle Daten und Fakten zur Zahl der Suizide in Österreich 2009". http://www.suizidforschung.at/statistik_suizide_oesterreich.pdf. S. 2 (20.5.2010).

OECD. „Doing Better for Children. Länderauswertung Österreich 2009". http://www.oecd.org/dataoecd/21/22/43590132.pdf (20.5.2010).

Österreichischer Gewerkschaftsbund. „Vergleich der Streikzahlen". http://www.oegb.at/servlet/BlobServer?blobcol=urldokument&blobheadername1=content-type&blobheadername2=content-dispositi-on&blobheadervalue1=application%2Fpdf&blobheadervalue2=inline%3B+filename%3D%22Streikstatistik_2006.pdf%22&blobkey=id&root=OEGBZ&blobnocache=false&blobtable=Dokument&blobwhere=1192029265780 (26.5.2010).

Österreichischer Integrationsfonds. http://www.integrationsfonds.at/fileadmin/Integrationsfond/1_deroeif/Presse/Medienberichte/Pressespiegel_Auslaender_Traun_02.pdf (19.3.2011).

Republik Österreich – Historikerkommission. „Presseinformation" http://www.historikerkommission.gv.at/pdf_hk/INTPRESSE.pdf (14.5.2010).

Statistik Austria: „Ehescheidungen seit 1999 nach ausgewählten Merkmalen" http://www.statistik.at/web_de/static/ergebnisse_im_ueberblick_scheidungen_022912.pdf (24.6.2010).

Statistik Austria. „Eheschließungen, Gesamterstheiratsrate und mittleres Erstheiratsalter seit 1946". http://www.statistik.at/web_de/static/eheschliessungen_gesamterstheiratsrate_und_mittleres_erstheiratsalter_seit_023297.pdf (26.5.2010).

Wirtschaftskammer Österreich. „BIP je Einwohner". http://wko.at/statistik/eu/europa-BIPjeEinwohner.pdf (1.2.2010).

5.3.2 Domains

Arbeiterkammer OÖ. http://www.arbeiterkammer.com

Austria-Forum. austria-lexikon.at

Bibelschule der Apostolischen Pfingstgemeinde in Leipzig. www.bibelschule.org

Bundesministerium für Unterricht, Kunst und Kultur. www.bmukk.gv.at

Bund evangelikaler Gemeinden in Österreich. www.beg.or.at

Christliche Initiative Villach. www.civ.or.at

City Church Wien. www.citychurch.at

Contumax GmbH & Co. KG. www.zeno.org

Der Standard. www.derstandard.at

Der Tagesspiegel. www.tagesspiegel.de

Deutsches Historisches Museum. http://www.dhm.de/

Diakonie Miteinander leben. www.miteinander-leben.at

Diem, Peter. peter-diem.at

Evangelische Kirche in Österreich. www.evang.at

Evangelische Kirche Salzburg – Tirol. www.sichtbar-evangelisch.at

Evangelisch-methodistische Kirche in Österreich. www.emk.at

Freie Christengemeinde/ Pfingstgemeinde in Österreich. www.fcgoe.at

Fond Gesundes Österreich. www.fgoe.at

Gemeinschaft Evangelischer Kirchen in Europa. (GEKE) www.leuenberg.net

Heinz Fischer. www.heinzfischer.at

Heute. www.heute.at

Institut für systematische Gemeindepraxis. www.missionarisch.de

Internationaler Währungsfond. www.imf.org

Jüdisches Kulturerbe in Deutschland. www.ashkenazhouse.org

kath.net – Katholischer Nachrichtendienst. www.kath.net

Katholische Kirche Vorarlberg. www.kath-kirche-vorarlberg.at

KDG Wittenberg. www.luther.de

Kirchenweb. www.kirchenweb.at

Kleine Zeitung. www.kleinezeitung.at

Köbler Gerhard. www.koeblergerhard.de

Landesmuseum Stuttgart. www.landesmuseum-stuttgart.de

Lausanner Bewegung. www.lausannerbewegung.de

Ledersberger, Erich. Kakanien. www.kakanien.com

Liebenzeller Mission – Teens in Mission. www.teensinmission.de

Magistrat Linz. www.linz.at

MB Mission. www.mbmission.org

Mennonitische Freikirche Österreich. www.mennoniten.at

Minifundus.net. Ministrantenpastoral der Erzdiözese Wien. www.minifundus.net

News. www.news.at

Novum Innsbruck. www.novum-innsbruck.at

Oberösterreichische Landesausstellung. www.landesausstellung.at

Oberösterreichische Nachrichten. www.nachrichten.at

oekonews.at. www.oekonews.at

OE24.at. www.oe24.at

Online-Zeitung der Universität Wien. www.dieuniversitaet-online.at

Originaltext-Service GmbH. www.ots.at

ORF. www.orf.at

Österreich-Lexikon. www.aeiou.at

Österreichische Mediathek. www.mediathek.at

Österreichische Evangelische Allianz. www.evangelischeallianz.at

Österreichischer Gewerkschaftsbund. www.oegb.at

Pastoralamt der Erzdiözese Wien. Apostelgeschichte 2010. www.apg2010.at

Presse. www.diepresse.at

Projekt: Gemeinde. www.projekt-gemeinde.at

Salzburger Tafel. www.salzburgertafel.at

Spiegel online. www.spiegel.de

Staatsinstitut für Frühpädagogik. www.familienhandbuch.de

Statistik Austria. www.statistik.at

Teuffel, Jochen. jochenteuffel.wordpress.com

UMTSlink. www.umtslink.at

UnART-Forum. www.unart-forum.com

Vision für Österreich. www.vision-austria.net

Wiener Zeitung. www.wienerzeitung.at

Wikipedia. www.wikipedia.de

Wikisource. de.wikisource.org

Xmas-Party. www.xmas-party.at

Zentrales Vereinsregister. www.zvr.bmi.gv.at

5.3.3 Subdomains

Arbeiterkammer Oberösterreich. "AK-Report". http://www.arbeiterkammer.com/broschueren/akreport.htm (26.8.2011).

Austria-Forum. http://austria-lexikon.at/af/Wissenssammlungen/Symbole/Figl-Denkmal (3.6.2010).

Bibelschule der Apostolischen Pfingstgemeinde in Leipzig. www.bibelschule.org (9.4.2010).

Bundesministerium für Unterricht, Kunst und Kultur. „Anerkannte Kirchen und Religionsgesellschaften in Österreich." http://www.bmukk.gv.at/ministerium/kultusamt/ges_anerk_krg.xml (1.10.2010).

Bundespräsident Dr. Heinz Fischer. http://www.heinzfischer.at/ (27.5.2010).

Bund evangelikaler Gemeinden in Österreich. „Gemeindeverzeichnis". http://www.beg.or.at/index.php/content/view/18/38/ (2.7.2010).

Bund evangelikaler Gemeinden in Österreich. „Team Diakonie". http://www.beg.or.at/index.php/content/view/66/95/ (1.7.2010).

Burgstaller, Karin. „Lobbying-Affäre. Ernst Strasser tritt zurück". Der Standard. 20.3.2011. http://derstandard.at/1297820910907/Lobbying-Affaere-Ernst-Strasser-tritt-zurueck (1.4.2011).

Christliche Initiative Villach. „Kinderspielgruppe Kleine Freunde". http://www.civ.or.at/index.php?option=com_content&task=category&sectionid=5&id=2&Itemid=11 (16.5.2011).

Christliche Initiative Villach. „Schule". http://www.civ.or.at/index.php?option=com_content&task=category&sectionid=5&id=23&Itemid=40 (16.5.2011).

City Church Wien. „Impressum". http://www.citychurch.at/html/impressum.html (16.5.2011).

Der Standard. „Bundespräsidenten-Wahl ‚Ohne Mut keine Werte': Rosenkranz wirbt mit Strache". http://derstandard.at/1269045598596/Bundespraesidenten-Wahl-Ohne-Mut-keine-Werte-Rosenkranz-wirbt-mit-Strache (1.10.2010).

Der Tagesspiegel. „Eltern fühlen sich überfordert". http://www.tagesspiegel.de/zeitung/eltern-fuehlen-sich-ueberfordert/1176252.html (27.5.2010).

Deutsches Historisches Museum. „Österreich 1938-1945" http://www.dhm.de/lemo/html/nazi/aussenpolitik/oesterreich/index.html (17.8.2011).

Diakonie Miteinander leben. http://www.miteinander-leben.at/ (1.7.2010).

Dichatschek, Günther u. Jenewein, Herbert. „Protestantismus in Tirol". http://www.sichtbar-evangelisch.at/template1.php/x/catnr/53/navart/nav/catid/88/artid/368/index.htm (16.6.2010).

Diem, Peter. „Rot-Weiß-Rot durch die Jahrhunderte". http://peter-diem.at/Buchtexte/rwr.htm (12.5.2010).

Evangelische Kirche in Österreich. „Evangelicals in Austria" http://www.evang.at/english/evangelicals-in-austria/ (2.3.2011).

Evangelisch-methodistische Kirche in Österreich. „Wir über uns". http://www.emk.at/index.php?page=189 (17.5.2010).

Freie Christengemeinde Bürmoos. „Glaubensheim / Altenheim". http://www.fcg-buermoos.at/seite.php?F,0,a,fcg/altenheim (12.10.2010).

Freie Christengemeinde/ Pfingstgemeinde in Österreich. http://www.fcgoe.at/ (19.5.2011).

Freie Christengemeinde/ Pfingstgemeinde in Österreich. „Die Vision der Freien Christengemeinde – Pfingstgemeinde in Österreich". www.fcgoe.at/deutsch/bewegung/vision.htm (19.5.2011).

Heute. „Trotz Krise: Österreich Spendenweltmeister". http://www.heute.at/news/oesterreich/bundeslaender/Trotz-Krise-Oesterreich-Spendenweltmeister;art1303,181103 (28.1.2010).

Institut für systematische Gemeindepraxis. „Warum Mission?" http://www.missionarisch.de/missionarischekompetenz/warummission/index.html (12.7.2010).

Internationaler Währungsfond. „Report for Selected Countries and Subjects". http://www.imf.org/external/pubs/ft/weo/2010/01/weodata/weorept.aspx?sy=2008&ey=2009&ssd=1&sic=1&sort=country&ds=%2C&br=1&pr1.x=27&pr1.y=19&c=512%2C941%2C914%2C446%2C612%2C666%2C614%2C668%2C311%2C672%2C213%2C946%2C911%2C137%2C193%2C962%2C122%2C674%2C912%2C676%2C313%2C548%2C419%2C556%2C513%2C678%2C316%2C181%2C913%2C682%2C124%2C684%2C339%2C273%2C638%2C921%2C514%2C948%2C218%2C943%2C963%2C686%2C616%2C688%2C223%2C518%2C516%2C728%2C918%2C558%2C748%2C138%2C618%2C196%2C522%2C278%2C622%2C692%2C156%2C694%2C624%2C142%2C626%2C449%2C628%2C564%2C228%2C283%2C924%2C853%2C233%2C288%2C632%2C293%2C636%2C566%2C634%2C964%2C238%2C182%2C662%2C453%2C960%2C968%2C423%2C922%2C935%2C714%2C128%2C862%2C611%2C716%2C321%2C456%2C243%2C722%2C248%2C942%2C469%2C718%2C253%2C724%2C642%2C576%2C643%2C936%2C939%2C961%2C644%2C813%2C819%2C199%2C172%2C184%2C132%2C524%2C646%2C361%2C648%2C362%2C915%2C364%2C134%2C732%2C652%2C366%2C174%2C734%2C328%2C144%2C258%2C146%2C656%2C463%2C654%2C528%2C336%2C923%2C263%2C738%2C268%2C578%2C532%2C537%2C944%2C742%2C176%2C866%2C534%2C369%2C536%2C744%2C429%2C186%2C433%2C925%2C178%2C746%2C436%2C926%2C136%2C466%2C343%2C112%2C158%2C111%2C439%2C298%2C916%2C927%2C664%2C846%2C826%2C299%2C542%2C582%2C967%2C474%2C443%2C754%2C917%2C698%2C544&s=NGDPRPC%2

CNGDPDPC&grp=0&a= (19.5.2010). Link gekürzt auf Verlinkt auf http://lnk.co/GSGOI (24.2.2011).

Jüdisches Kulturerbe in Deutschland. „Reichskristallnacht – Novemberpogrome 1938" http://www.ashkenazhouse.org/kndefger.htm (14.5.2010).

Jüttner Julia. „Drama von Amstetten – Fritzl gab sich am Telefon als seine Tochter aus". http://www.spiegel.de/panorama/justiz/0,1518,550878,00.html (1.10.2010).

kath.net – Katholischer Nachrichtendienst. „Fast 90.000 Kirchenaustritte in Österreich". http://www.kath.net/detail.php?id=29672 (24.2.2011).

Katholische Kirche Vorarlberg. „Kirchenstatistik Österreich: Katholikenzahlen 2009 leicht rückläufig". http://www.kath-kirche-vorarlberg.at/organisation/pressebuero/artikel/kirchenstatistik-katholikenzahlen-2009-leicht-ruecklaeufig (17.5.2010).

KDG Wittenberg. „Legenden um Luther: Luther und die Bäume". http://www.luther.de/legenden/baeume.html (16.4.2010).

Kirchenweb. „Gründonnerstag". http://www.kirchenweb.at/feiertage/00ostern/gruendonnerstag.htm (23.11.2010).

Kleine Zeitung. „Eine Abrechnung aus tiefster Liebe". Interview mit dem Kärntner Wolfgang Rosam. http://www.kleinezeitung.at/kaernten/spittal/2088163/abrechnung-tiefster-liebe.story (24.2.2011).

Korentschnig, Gert. „Kärntner ‚lei lås'n'". http://www.unart-forum.com/forum23/topic16150.html#p356278 (24.2.2011).

Köbler, Gerhard. Deutsches Etymologisches Wörterbuch, 1995. http://www.koeblergerhard.de/der/DERT.pdf (10.5.2011). S. 408.

Landesmuseum Stuttgart. „Glaube & Frömmigkeit". http://www.landesmuseum-stuttgart.de/de/museum/sammlungen/volkskunde/glaube_froemmigkeit.htm (23.2.2011).

Lausanner Bewegung. „Pattaya II – Erklärung des Lausanner Forums 2004". Autorisierte Übersetzung durch Dr. Christof Sauer. http://www.lausannerbewegung.de/index.php?content_item=353&node=78 (28.5.2010).

Ledersberger, Erich. Das Kreuz mit dem Kreuz. www.kakanien.com (19.5.2010).

Liebenzeller Mission – Teens in Mission. „FTS Jüngerschaftsschule". http://www.teensinmission.de/fts/ (19.5.2011).

Magistrat Linz. „Amtliches Wahlergebnis der Nationalratswahlen 2002". http://www.linz.at/wahl2002/ergebnisse.htm (27.5.2010).

MB Mission. Vision and Values. http://www.mbmission.org/discover/vision-and-values/ (15.5.2011).

Mennonitische Freikirche Österreich. „Glaubensbekenntnis". http://www.mennoniten.at/index.php?option=com_content&task=view&id=35&Itemid=74#a14 (1.7.2010).

Mikl, Markus. „Umfrage: Weihnachten – ein Fest in der Sinnkrise?" http://www.fgoe.org/presse-publikationen/pressemeldung/umfrage-weihnachten-2013-ein-fest-in-der-sinnkrise (26.2.2011).

Minifundus.net. Ministrantenpastoral der Erzdiözese Wien. „Paramente" http://www.minifundus.net/p-q/ (26.2.2011).

News. „Friedliebend, gesellig und sympathisch: So beschreibt sich der Österreicher selbst". http://www.news.at/articles/0431/10/88437/friedliebend-so-oesterreicher (22.11.2010).

News. „„Der Priklopil war ein klasser Bursch: Anrainer können es noch immer nicht fassen". http://www.news.at/articles/0732/12/180248/der-priklopil-bursch-anrainer (1.10.2010).

News. „Österreich Land der Spenden-Weltmeister: 81 % öffneten Geldbörse für guten Zweck“. http://www.news.at/articles/0651/10/159695/oesterreich-land-spenden-weltmeister-81-geldboerse-zweck (28.1.2010) .

Novum Innsbruck. http://www.novum-innsbruck.at/ (18.8.2011).

Oberösterreichische Landesausstellung „Renaissance und Reformation“ auf Schloss Parz in Grieskirchen. Vgl. http://www.landesausstellung.at/de/start.html (7.3.2011).

Oberösterreichische Nachrichten. „Islam ist nicht gleich Islam”. Interview mit Wolfgang Lutz, Direktor des ÖAW-Instituts für Demografie. http://www.nachrichten.at/nachrichten/reportage/art57,79960 (1.10.2010).

oekonews.at. „Hofer: Österreich importiert mehr Atomstrom, als Zwentendorf je produziert hätte“. http://www.oekonews.at/index.php?mdoc_id=1038447. (19.5.2010).

OE24.at. „Der Fall Natascha Kampusch“. http://www.oe24.at/oesterreich/chronik/wien/Der-Fall-Natascha-Kampusch/405485 (1.10.2010).

OE24.at. „Rosenkranz aus Kirche ausgetreten“. http://www.oe24.at/oesterreich/politik/Rosenkranz-aus-Kirche-ausgetreten/765697 (1.10.2010).

ORF Religion. „Bis zu 400.000 Muslime in Österreich“. http://religion.orf.at/projekt03/news/0605/ne060515_islam_oesterreich_fr.htm (24.6.2010).

ORF Religion. „Weihbischof Wagner: Homosexualität ist heilbar“. http://religion.orf.at/projekt03/news/0902/ne090209_wagner.htm (27.5.2010).

ORF Wien. „Expertin: Eltern mit Erziehung oft überfordert“. http://wien.orf.at/stories/438877/ (27.5.2010).

Österreichische Mediathek. www.staatsvertrag.at. „Wiederaufbau – Marshallplan und Westintegration“

http://www.mediathek.at/staatsvertrag/Wiederaufbau/Marshallplan_und_Westintegration/Auslandshilfe.htm (22.11.2010).

Österreichische Mediathek. www.staatsvertrag.at. „Wiederaufbau – Nachkriegswirtschaft“ http://www.mediathek.at/staatsvertrag/Wiederaufbau/Nachkriegswirtschaft/Triste_Ausgangslage.htm (14.5.2010).

Österreichische Mediathek. www.staatsvertrag.at. „Wiederaufbau – Weg zum ‚Wirtschaftswunder‘“ http://www.mediathek.at/staatsvertrag/Wiederaufbau/Weg_zum_quotWirtschaftswunderquot/Wohnbau.htm (7.3.2011).

Österreichische Evangelische Allianz. „Die gemeinsame Basis des Glaubens der Evangelischen Allianz“. http://www.evangelischeallianz.at/ueber-die-allianz/glaubensbasis.html (23.11.2010).

Österreichische Evangelische Allianz. „Die Partner der ÖEA“. http://www.evangelischeallianz.at/partner.html (23.11.2010).

Österreich-Lexikon. „Carnuntum“. http://www.aeiou.at/aeiou.encyclop.c/c168627.htm (3.6.2010).

Österreich-Lexikon. „Moskauer Deklaration“ http://www.aeiou.at/aeiou.encyclop.m/m857324.htm (14.5.2010).

Österreichischer Gewerkschaftsbund. „Streikstatistik“. http://www.oegb.at/servlet/ContentServer?pagename=OEGBZ/Page/OEGBZ_Index&n=OEGBZ_2.2.a&cid=1115918535483 (26.5.2010).

Pastoralamt der Erzdiözese Wien. Apostelgeschichte 2010. „Auswertung der Berichte aus den Gesprächsgruppen der 1. Diözesanversammlung des Pastoralamtes der Erzdiözese Wien“. http://www.apg2010.at/aktuelles/0/articles/2010/03/13/a3578/ (1.10.2010).

Presse. „Mitgliederzahl bei evangelischer Kirche bleibt stabil“. http://diepresse.com/home/panorama/religion/445693/index.do (1.10.2010).

Projekt: Gemeinde. http://www.projekt-gemeinde.at/wiki/projekte (1.7.2010).

Ralser, Bernadette. „1968 ? nichts passiert in Österreich?“. http://www.dieuniversitaet-online.at/dossiers/beitrag/news/1968-nichts-passiert-in-osterreich/594.html (7.3.2010)

Schäfer, Kerstin. „Gesundheitsminister bestätigt: Zwei-Klassen-Medizin in Österreich Realität!“ http://www.ots.at/presseaussendung/OTS_20110304_OTS0034/gesundheitsminister-bestaetigt-zwei-klassen-medizin-in-oesterreich-realitaet (1.4.2011).

Schnabel, Michael. „Ist die ‚Antiautoritäre Erziehung‘ out?“ http://www.familienhandbuch.de/cmain/f_aktuelles/a_erziehungsfragen/s_1720.html (19.10.2010).

Statistik Austria. „Armut und soziale Eingliederung“ http://www.statistik.at/web_de/statistiken/soziales/armut_und_soziale_eingliederung/index.html (20.10.2010).

Statistik Austria. „Bevölkerung nach dem Religionsbekenntnis und Bundesländern 1951 bis 2001“. http://www.statistik.at/web_de/statistiken/bevoelkerung/volkszaehlungen_registerzaehlungen/bevoelkerung_nach_demographischen_merkmalen/022885.html (22.11.2010).

Statistik Austria. „Bevölkerung 2001 nach Religionsbekenntnis und Staatsangehörigkeit“. http://www.statistik.at/web_de/statistiken/bevoelkerung/volkszaehlungen_registerzaehlungen/bevoelkerung_nach_demographischen_merkmalen/022894.html (23.2.2011).

Statistik Austria. „Bevölkerungszahl stieg 2010 um 27.600 Personen“. http://www.statistik.at/web_de/presse/055278 (24.2.2011).

Statistik Austria. „Eheschließungen und Gesamtscheidungsrate seit 1951“. http://www.statistik.at/web_de/statistiken/bevoelkerung/scheidungen/022171.html (26.5.2010).

Statistik Austria. „Freiwilligenarbeit in Österreich“. http://www.statistik.at/web_de/presse/029570 (19.5.2010).

Statistik Austria. „Lebensformen 1971 – 2009“ http://www.statistik.at/web_de/statistiken/bevoelkerung/haushalte_familien_lebensformen/lebensformen/036550.html (26.5.2010).

Teuffel, Jochen. „Einladung zum heiligen Spiel. Über die Unterschiede zwischen asiatischem und europäischem Christentum“. http://jochenteuffel.wordpress.com/2008/03/09/effektives-christentum-und-das-heilige-spiel/ (19.5.2010).

Uhl, Harald. Diaspora als Chance. Vortrag während des Europa-Symposions der Evangelischen Kirchen in Österreich. Wien, 20. Oktober 2005. http://www.leuenberg.net/1150-0-1 (1.10.2010).

UMTSlink. „Neuer Tarif: Basta Neunachten“. http://www.umtslink.at/3g-forum/tele-ring/64364-neuer-tarif-basta-neunachten-999-9-min-99-sms-99-mb-um-9-a.html (26.2.2011).

Vereinsregisterauszug mit ZVR-Zahl 860764403. http://zvr.bmi.gv.at/Start (29.10.2010).

Vision für Österreich. „Standorte“. http://www.vision-austria.net/index.php?option=com_content&task=section&id=10&Itemid=49 (16.5.2011).

Vision für Österreich. „Über VfÖ“. http://www.vision-austria.net/index.php?option=com_content&task=category&sectionid=5&id=29&Itemid=45 (16.5.2011).

Wiener Zeitung. „Heinz Fischer: Der österreichische Bundespräsident“. http://www.wienerzeitung.at/linkmap/personen/fischer.htm (27.5.2010).

Wikimedia. Bild “Der breite und der schmale Weg”. http://upload.wikimedia.org/wikipedia/commons/1/18/Der_breite_und_der_schmale_Weg_Lithographie_im_Rahmen.jpg (23.2.2011).

Wikipedia. „Franz Joseph I.“ http://de.wikipedia.org/wiki/Franz_Joseph_I._(Österreich-Ungarn) (14.5.2010).

Wikipedia. „Kernkraftwerk Zwentendorf". http://de.wikipedia.org/wiki/Kernkraftwerk_Zwentendorf (18.5.2011).

Wikipedia. „Paradigmenwechsel". http://de.wikipedia.org/wiki/Paradigmenwechsel (19.5.2011).

Wikipedia. "Postmoderne". http://de.wikipedia.org/wiki/Postmoderne (26.5.2010).

Wikipedia. „Radbot (Habsburg)". http://de.wikipedia.org/wiki/Radbot_(Habsburg) (17.5.2011).

Wikipedia „Radfahrer". http://de.wikipedia.org/wiki/Radfahrer#Sprachbildliche.2C_.C3.BCbertragene_Bedeutungsschicht (1.10.2010).

Wikipedia. „Toleranzgemeinde". http://de.wikipedia.org/wiki/Toleranzgemeinde (16.6.2010).

Wikisource. „Erklärung Franz II. zur Niederlegung der Krone des Heiligen Römischen Reiches". http://de.wikisource.org/wiki/Erkl%C3%A4rung_Franz_II._zur_Niederlegung_der_Krone_des_Heiligen_R%C3%B6mischen_Reiches (22.11.2010).

3. Hennersdorfer X-Mas-Party. http://www.xmas-party.at/ (26.2.2011).

5.4 Lexikas u. Bibeln

Bauer, Walter. „πλησίον" in: Wörterbuch zum Neuen Testament. Hg. von Kurt u. Barbara Aland. Walter de Gruyter: Berlin, New York, 1988^{6}. Sp. 1351-1352.

„Bella gerant alii, tu, felix Austria, nube", Brockhaus' Kleines Konversations-Lexikon, Band 1. Brockhaus: Leipzig, 1911^{5}. S. 178.

Biblia Sacra Hebraica et Graeca. Deutsche Bibelgesellschaft: Stuttgart, 1994.

Coenen, Lothar. „Verkündigung/Zeugnis" S. 1751-1773. in: Theologisches Begriffslexikon zum Neuen Testament. Hrsg. von Lothar Coenen und Klaus Haacker. Band 2, R. Brockhaus: Wuppertal & Neukirchener Verlag: Neukirchen, neubearbeitete Ausgabe 2000. S. 1767.

ἐντολή in: Rudolf Kassühlke. Kleines Wörterbuch zum Neuen Testament. Griechisch-Deutsch. Deutsche Bibelgesellschaft: Stuttgart, 2005[4]. S. 64.

Green, E.M.B. „Ephesus“ S. 475-478 in: Das große Bibellexikon. Hrsg. von Helmut Burkhardt (u.a.) Bd. 2, R. Brockhaus: Wuppertal & Brunnen: Gießen, 1. Taschenbuchauflage 1996.

Harrison, R.K.. „Antiochia (Syrien)“ S. 94-96 in: Das große Bibellexikon. Hrsg. von Helmut Burkhardt (u.a.) Bd. 1, R. Brockhaus: Wuppertal & Brunnen: Gießen, 1. Taschenbuchauflage 1996.

„Matthäus“, S. 254-255 in: Wer ist wer in der Bibel? Personenlexikon zum Buch der Bücher, Wuppertal: Brockhaus, 1996.

Scofield Bibel. Revidierte Elberfelder Übersetzung. R. Brockhaus: Wuppertal u. Zürich, 1995[3].

Thompson Studienbibel. Hänssler: Neuhausen-Stuttgart, 1986.

VKW

Verlag für Kultur und Wissenschaft (Bonn)
Culture and Science Publ.
Dr. Thomas Schirrmacher
info@vkwonline.de

Auslieferung für den Buchhandel:
IC Medienhaus, Pf, 71087 Holzgerlingen
bestellen@icmedienhaus.de
Tel. 07031/2681-188 Fax -119

Titel nach Autorenalphabet ohne Reihenangabe

siehe auch Prospekt „Titel nach Reihen"

Stand: Februar 2010

Folgende Titel haben keinen gebundenen, sondern einen freien Ladenpreis: 1. Alle fremdsprachigen Bücher. - 2. Alle Bücher, deren Erscheinungsdatum mehr als 18 Monate zurückliegt. - 3. Alle Bände von Jahrbüchern usw., die im Vorjahr oder früher erschienen sind.

A

David Andersen. Martin Luther – The Problem of Faith and Reason: A Reexamination in Light of the Epistemological and Christological Issues. Mit Einleitungen von John W. Montgomery und Paul Helm. 2009. Pb. 200 S. 20.00 €. ISBN 978-3-938116-76-0

Kemal Astare. Gulbahare. Merselei - Erzählungen / Zaza - Deutsch. Deutsche und Zaza-Fassung in einem Band. 1995. 180. S. Pb. ISBN 978-3-926105-46-2 (vergriffen)

Hans Georg Asmussen. Sonne stehe still .! Frühe Geschichte Israels neu durchdacht. 2. Aufl.: 1994. Pb. (vergriffen)

B

Robert Badenberg. Das Menschenbild in fremden Kulturen: Ein Leitfaden für eigene Erkundungen. Handbuch zu Lothar Käsers Lehrbuch Animismus. 2007. 117 S. Pb. 14,80 €. ISBN 978-3-938116-40-1 (VKW). ISBN 978-3-937965-91-8 (VTR)

Robert Badenberg. The Body, Soul and Spirit Concept of the Bemba in Zambia. Fundamental Characteristics of Being Human of an African Ethnic Group. (1. Aufl. 1999). 2. überarb. Aufl. 2002. 15.00 €. 132 S. ISBN 978-3-932829-50-5

Robert Badenberg. Sickness and Healing: A Case Study on the Dialectic of Culture and Personality. Vorwort von Lothar Käser. 2. veränd. Aufl. 2009 (2008). 288 S. Pb. 24.80 €. ISBN 978-3-938116-53-1 (VKW). ISBN 978-3-937965-96-3 (VTR)

Hans Bär. Heilsgeschichtlicher Bibelunterricht. McIlwains Programm 'Building on Firm Foundations' im Einsatz unter den Karen im Bezirk Omkoi (Nordthailand). 1998. 150 S. ISBN 978-3-926105-90-5 (vergriffen)

Martin Baier. Glaube, Liebe und Hoffnung auf Borneo: Religionswissenschaftliche und kulturanthropologische Erkenntnisse bei den Kotawaringin-Dayak aus den Tagebüchern von Johann Georg Baier, 1928-1932 Pioniermissionar in Südwest-Borneo. 2001. 170 S. Pb. 14.00 €. ISBN 978-3-932829-20-8

Heinrich Bammann. Mission und Partnerschaft: Eine kritische Auseinandersetzung mit den traditionellen Missionswerken. 2009. 53 S. Pb. 7,80 €. ISBN 978-3-938116-66-1 (VKW). ISBN 978-3-933372-11-6 (VTR)

Kurt Bangert, Thomas Schirrmacher (Hg.). HIV und AIDS als christliche Herausforderung 1: Grundsätzliche Erwägungen. zugleich idea-Dokumentation 2/2008. 2008. 211 S. Pb. 8.30 €. ISBN 978-3-938116-44-9

Kurt Bangert, Thomas Schirrmacher (Hg.). HIV und AIDS als christliche Herausforderung 2: Aus der praktischen Arbeit. zugleich idea-Dokumentation 3/2008. 2008. 180 S. Pb. 8.30 €. ISBN 978-3-938116-45-6

Kurt Bangert, Thomas Schirrmacher (Hg.). HIV und AIDS als christliche Herausforderung. Sonderausgabe in einem Band von World Vision. 2008. 390 S. Pb. 19.90 €. ISBN 978-3-938116-51-7

Jean Barnicoat. Mit Kindern unterwegs: Ein Handbuch für Familien im Ausland. 2009. 167 S. Pb. 15,80 €. ISBN 978-3-938116-43-2 (VKW). ISBN 978-3-937965-90-1 (VTR)

Herman Bavinck. Christliche Weltanschauung. hrsg. von Thomas K. Johnson und Ron Kubsch. 2008. Pb. 106 S. 11.90 €. ISBN 978-3-938116-38-8

Horst Waldemar Beck. Marken dieses Äons: Wissenschaftskritische und theologische Diagnosen. 2003. 150 S. Pb.15.00 €. ISBN 978-3-932829-81-9

Eduard Böhl. Dogmatik. hg. von Thomas Schirrmacher. 2004. 508 S. Pb. 25.20 €. ISBN 978-3-932829-98-7

Jochen Bohn. Der Mensch im calvinischen Staat: Göttliche Weltordnung und politischer Beruf. 1995. 146 S. Pb. (vergriffen)

Bernd Brandl. Ludwig Doll: Gründer der Neukirchener Mission als erste deutsche Glaubensmission. 2007. 103 S. Pb. 14,80 € (D), 15,30 € (A), 24,80 SFr. ISBN 978-3-938116-32-6 (VKW). ISBN 978-3-937965-77-2 (VTR)

Konrad Brandt. In 80 Tagen um die Welt: Ein Weltenbürger in Christus berichtet. 2003. 170 S. Pb. 15.00 €. ISBN 978-3-932829-82-6

Konrad Brandt. Verwirklichung der ‚Gemeinschaft' der Heiligen. 2002. 200 S. Pb. 18.00 €. ISBN 978-3-932829-45-1

Konrad Brandt, Thomas Schirrmacher (Hg.). Herausforderung China: Ansichten, Einsichten, Aussichten: Eine Dokumentation von idea und China Partner. 2004. 214 S. Pb. 15.00 €. ISBN 978-3-932829-78-9

Klaus Brinkmann (Hg.). Missionare und ihr Dienst im Gastland. Referate der Jahrestagung 1997 des afem. 1998. 175 S. 16.00 €. ISBN 978-3-926105-56-1

Bernward Büchner, Claudia Kaminski (Hg.). Lebensschutz oder kollektiver Selbstbetrug: 10 Jahre Neuregelung des § 218 (1995-2005). 2006. 196. S. Pb. 9.80 €. ISBN 978-3-938116-17-3

Karsten Bürgener. Die Auferstehung Jesu Christi von den Toten: Eine Osterharmonie ist möglich. 4. Aufl.: 1993. 160 S. Pb. (vergriffen)

Nadeshda Jakowlewna Bulatowa, Stefano Cotrozzi. Ewenkische Erzählungen. Grammatische Besonderheiten, Texte, Übersetzung und Wörterbuch. 2004. 110 S. Pb. 14.00 €. ISBN 978-3-932829-95-6

Hartmut Burghoff. Basic research toward developing a church planting strategy for the city of Münster: Grundlagenforschung zur Entwicklung einer Gemeindegründungsstrategie für die Stadt Münster. 1992. 120 S. (vergriffen)

Friedemann Burkhardt, Thomas Schirrmacher (Hg.). Glaube nur im Kämmerlein? Zum Schutz religiöser Freiheitsrechte konvertierter Asylbewerber. zugleich idea-Dokumentation 1/2009. 112 S. Pb. 7,90 €. ISBN 978-3-938116-73-9

C

Johannes Calvin. Christliche Glaubenslehre: Erstausgabe der 'Institutio' von 1536. hrsg. und eingeleitet von Thomas Schirrmacher. 2008. 420 S. Pb. 28,95 €. ISBN 978-3-938116-58-6

William Carey. Eine Untersuchung über die Verpflichtung der Christen, Mittel einzusetzen für die Bekehrung der Heiden. hrsg. von Klaus Fiedler und Thomas Schirrmacher. 2. verbess. Auflage 1998. 108 S. Pb. 12.00 €. ISBN 978-3-926105-84-4

Ross Clifford. John Warwick Montgomery´s Legal Apologetic: An Apologetic for All Seasons. 2004. 334 S. Pb. 32.00 €. ISBN 978-3-938116-00-5

Christa Conrad. Der Dienst der ledigen Frau in deutschen Glaubensmissionen: Geschichte und Beurteilung. 1998. 140 S. Pb. 10.00 €. ISBN 978-3-926105-92-9

Stefano Cotrozzi. Exegetischer Führer zum Titus- und Philemonbrief: Ein Wort-für-Wort-Überblick über sämtliche Auslegungs- und Übersetzungsvarianten. 1998. 177 S. Pb. 16.00 €. ISBN 978-3-926105-95-0

Stefano Cotrozzi siehe auch unter Bulatowa

Stefano Cotrozzi, Anna Nikolajewna Myrejewa. Ewenkische Märchen. Mit Übersetzung und Wörterbuch. 2002. 125 S. Pb. 15.00 €. ISBN 978-3-932829-47-5

D

D. Clair Davis. Wenn der Glaube Gestalt gewinnt: Beiträge zur Praxis des Christenlebens. 2004. 112 S. Pb. 8,30 €. ISBN 978-3-932829-90-1

Stéphane Derron siehe unter Thomas Schirrmacher

E

Jochen Eber (Hg.). Hope does not disappoint: Studies in Eschatology: Essays from Different Contexts. Referate einer Konferenz der Theologischen Konferenz der Weltweiten Ev. Allianz. 2001. 356 S. ISBN 978-3-932829-31-4 (vergriffen)

Thomas Eisinger. Theologische Ausbildung und Persönlichkeitsentwicklung: Eine exemplarische Konzeptentwicklung am Beispiel des Theologischen Seminars der Liebenzeller Mission. 2009. 252 S. Pb. 24,80 €. ISBN 978-3-938116-83-8 (VKW), ISBN 978-3-941750-19-7 (VTR)

George Melwyn Ella. The Covenant of Grace and Christian Baptism. 2008. 312 S. 20.00 €. ISBN 978-3-938116-48-7

F

Tobias Faix, Wilhelm Faix, Klaus W. Müller, Klaus Schmidt (Hg.). Theologische Ausbildung zu Beginn des 21. Jahrhunderts: Ergebnisse einer Umfrage an evangelikalen Ausbildungsstätten. 1998. 310 S. Pb. 25.00 €. ISBN 978-3-932829-01-7

Wilhelm Faix. Die christliche Familie heute: Ergebnisse einer Untersuchung. 2000. 120 S. ISBN 978-3-932829-12-3 - 15.00 €

Klaus Fiedler. Christentum und afrikanische Kultur: Konservative deutsche Missionare in Tanzania, 1900 bis 1940. 3. Aufl.: 1993. 220 S. Pb. ISBN 978-3-926105-13-4 (vergriffen - Neuauflage unbestimmt)

Judith Fischer. Christen in der CDU/CSU am Beispiel des EAK. Unter besonderer Berücksichtigung des EAK in Baden-Württemberg. 2003. 150 S. Pb. 15.00 €. ISBN 978-3-932829-62-8

Ralph Fischer. Homeschooling in der Bundesrepublik Deutschland: Eine erziehungswissenschaftliche Annäherung. 2009. 24.00 €. 267 S. Pb. ISBN 978-3-938116-79-X

Markus Flückiger. Geschenk und Bestechung: Korruption im afrikanischen Kontext. 2000. 128 S. Pb. ISBN 978-3-932829-17-8 (vergriffen)

Carsten Friedrich. Die Schatten der himmlischen Dinge: Typologie im Hebräerbrief. 2007. 160 S. 15.00 € (D), 15.50 € (A), 26.90 SFr. ISBN 978-3-938116-25-8

Reinhold Friedrich. Martin Bucer – ‚Fanatiker der Einheit'?. Seine Stellungnahme zu theologischen Fragen seiner Zeit (Abendmahls- und Kirchenverständnis) insbesondere nach seinem Briefwechsel der Jahre 1524-1541. 2002. Din A4. 460 S. Pb. 45.00 €. ISBN 978-3-932829-49-9

G

David Garrison. Gemeindegründungs-Bewegungen: Wie Gott eine verlorene Welt rettet. Pb. 300 S. 25.00 €. ISBN 978-3-938116-24-1

Franz Graf-Stuhlhofer. Christliche Bücher kritisch lesen: Ein Lehr- und Arbeitsbuch zum Trainieren der eigenen Urteilsfähigkeit. 2008. 90 S. 12.00 €. ISBN 978-3-938116-59-3

Franz Graf-Stuhlhofer. Das Ende naht! Die Irrtümer der Endzeit-Spezialisten. Reprint der 2. Aufl. Einleitung von Thomas Schirrmacher. 2007. 260 S. 16.00 € (D), 16.50 € (A), 28.60 SFr. ISBN 978-3-938116-30-2

Jürgen Gruhler. JHWH oder Ahab? Die Frage nach dem Königtum über Israel anhand des bodenrechtlichen Konflikts um Naboths Weinberg (1Kön 21). 122 S. Pb. 15.00 €. ISBN 978-3-932829-97-0

H

Bodo Heller. Das Reich Gottes zwischen Annahme und Ablehnung: Eine Untersuchung des lukanischen Reiseberichts (Lk 9,51-19,46). 2008. 280 S. 20.00 €. ISBN 978-3-938116-37-1

Frank Hinkelmann: Geschichte der Evangelischen Allianz in Österreich: Von ihren Anfängen im 19. Jahrhundert bis zum Ausgang des 20. Jahrhunderts. 2006. 208 S. Pb. ISBN 978-3-938116-18-0. 17.00 € (D), 17.50 € (A), 25.00 SFr

Stephan Holthaus. Fundamentalismus in Deutschland: Der Kampf um die Bibel im Protestantismus des 19. und 20. Jahrhunderts (1993). 2. korr. Aufl. 2003. 536 S. Pb. 40.00 €. ISBN 978-3-932829-85-7

Stephan Holthaus, Klaus W. Müller (Hg.). Die Mission der Theologie: Festschrift für Hans Kasdorf zum 70. Geburtstag. 1998. 292 S. ISBN 978-3-926105-96-7 (vergriffen)

Stephan Holthaus, Thomas Schirrmacher (Hg.). Der Kampf um die Bibel: 100 Jahre Bibelbund (1894-1994). 1994 (vergriffen)

I

Max Isler. Die Bibelschule Walzenhausen und die evangelischen Gemeinden New-Life. 1989. 128 S. Pb. ISBN 978-3-926105-29-5 (vergriffen)

J

C. M. Jacobson. Rastnustena Zonê Ma: Handbuch für die Rechtschreibung der Zaza-Sprache. Deutsche und Zaza-Fassung in einem Band. 1993. 120. S. Pb. ISBN 978-3-926105-15-8 (vergriffen – Neuauflage geplant)

C. M. Jacobson. Zazaca: Okuma-Yazma El KitabŸ. Nord- und Süd-Zaza-Fassung in einem Band. 1997. 128. S. Pb. ISBN 978-3-926105-74-5 (vergriffen)

Lydia Jaeger. Wissenschaft ohne Gott? Zum Verhältnis zwischen christlichem Glauben und Wissenschaft. Übersetzt von Silke Denker mit Unterstützung der John Tempelton Foundation. 2007. Pb. 124 S. 12.90 €. ISBN 978-3-938116-29-6

Tobias Jäger. Olavus Petri, Reformator in Schweden und andere skandinavistische Beiträge. 1995. 78 S. Pb. ISBN 978-3-926105-54-7 (vergriffen)

Simone Jaumann-Wang. Changsha - mit Geduld und Gnade: Wie eine chinesische Provinzhauptstadt für das Evangelium geöffnet wurde. 1996. 183 S. Pb. ISBN 978-3-926105-70-7 (vergriffen)

Thomas K. Johnson. Human Rights: A Christian Primer 2008. 110. S. Pb. 12,00 €. ISBN 978-3-938116-61-6

Thomas K. Johnson. Natural Law Ethics: An Evangelical Proposal. 2005. 168 S. Pb. 18.00 €. ISBN 978-3-938116-09-8

Thomas K. Johnson. What Difference Does the Trinity Make? A Complete Faith, Life, and Worldview. 2009. 80. S. Pb. 10,00 €. ISBN 978-3-938116-78-4

Friedhelm Jung. Die deutsche Evangelikale Bewegung: Grundlinien ihrer Geschichte und Theologie. [1994^{2}]; erweiterte 3. Aufl. 2001^{3}. 380 S. 30.00 €. ISBN 978-3-932829-21-5

Roland Jung, Frank Koppelin, Thomas Schirrmacher (Hg.). Tabuthema Tod? Vom Sterben in Würde. zugleich **idea-Dokumentation 9/2004**. 220 S. Pb. 14.00 €. ISBN 978-3-938116-01-2

K

Lothar Käser (Hg.). Wort und Klang: Festschrift Martin Gotthard Schneider. 1995 (vergriffen)

Bernhard Kaiser. Luther und die Auslegung des Römerbriefes: Eine theologisch-geschichtliche Beurteilung. 1995. 334 S. Pb. ISBN 978-3-926105-35-6 (vergriffen)

Claudia Kaminski siehe unter Bernward Büchner

Emir Djeladet Bedir Khan, Roger Lescot. Kurdische Grammatik. 1986. 342 S. Pb. ISBN 978-3-926105-51-6. gebundene Ausgabe: 50.00 €. ISBN 978-3-926105-50-9 (Pb.-Ausgabe vergriffen)

Thomas Kinker. Die Bibel verstehen und auslegen: Ein praktischer Hermeneutikkurs. 2 Bände. 2003. zus. 900 S. Pb. 60.00 €. ISBN 978-3-932829-76-5

John N. Klassen. Russlanddeutsche Freikirchen in der Bundesrepublik Deutschland: Grundlinien ihrer Geschichte, ihrer Entwicklung und Theologie. 2007. 444 S. Pb. 34.80 € (D), 35,80 € (A), 58,00 SFr. ISBN 978-3-938116-36-4 (VKW). ISBN 978-3-937965-87-1 (VTR)

Thomas Klammt. "Ist die Heidenmission zu empfehlen?": Die deutschen Baptisten und die Mission in der Ferne (1848-1913). 1994. 104 S. Pb. ISBN 978-3-926105-17-2 (vergriffen)

Karl-Heinz Klapprodt. Missionshilfe zwischen Gemeinde, Missionar und einer sich verändernden Welt: Die Praxis der Mission im Spiegel seiner Leitartikel - Dankesgabe für 25 Jahre im Dienst der VDM. 2001. 189 S. Pb. 5.00 €. ISBN 978-3-932829-26-0

Max Klingberg, Thomas Schirrmacher (Hg.). Märtyrer 2001 - Christenverfolgung vor allem in islamischen Ländern. zugleich idea-Dokumentation 14/2001. 140 S. Pb. 7.00 €. ISBN 978-3-932829-42-0

Max Klingberg, Thomas Schirrmacher (Hg.). Märtyrer 2002 - Das Jahrbuch zur Christenverfolgung heute. zugleich idea-Dokumentation 7/2002. 140 S. Pb. 7.50 €. ISBN 978-3-932829-57-4

Max Klingberg, Thomas Schirrmacher (Hg.). Märtyrer 2003 - Das Jahrbuch zur Christenverfolgung heute. zugleich idea-Dokumentation 11/2003. 180 S. Pb. 8.00 €. ISBN 978-3-932829-71-0

Max Klingberg, Thomas Schirrmacher (Hg.). Märtyrer 2004 - Das Jahrbuch zur Christenverfolgung heute. zugleich idea-Dokumentation 8/2004. 160 S. Pb. 8.00 €. ISBN 978-3-932829-99-4

Max Klingberg, Thomas Schirrmacher (Hg.). Märtyrer 2005 - Das Jahrbuch zur Christenverfolgung heute. zugleich idea-Dokumentation 11/2005. 155 S. Pb. 8.00 €. ISBN 978-3-938116-11-1

Max Klingberg, Thomas Schirrmacher, Ron Kubsch (Hg.). Märtyrer 2006 - Das Jahrbuch zur Christenverfolgung heute. zugleich idea-Dokumentation 9/2006. 200 S. Pb. 7,90 €. ISBN 978-3-938116-21-0

Max Klingberg, Thomas Schirrmacher, Ron Kubsch (Hg.). Märtyrer 2007 - Das Jahrbuch zur Christenverfolgung heute. zugleich idea-Dokumentation 10/2007. 234 S. Pb. 9,90 €. ISBN 978-3-938116-35-7

Max Klingberg, Thomas Schirrmacher, Ron Kubsch (Hg.). Märtyrer 2008 - Das Jahrbuch zur Christenverfolgung heute. zugleich idea-Dokumentation 9/2008. 170 S. Pb. 8,90 €. ISBN 978-3-938116-47-0

Max Klingberg, Thomas Schirrmacher, Ron Kubsch (Hg.). Märtyrer 2009 - Das Jahrbuch zur Christenverfolgung heute. zugleich idea-Dokumentation 7/2009. 260 S. Pb. 8,90 €. ISBN 978-3-938116-75-3

Frank Koppelin. Böse – Babel – Besser – Konflikte in der Kommunikation: Ein Handbuch zur Kommunikation und Konfliktbewältigung in der Führung von Mitarbeitern. 2003. 110 S. Pb. 15.00 €. ISBN 978-3-932829-84-0

Frank Koppelin. Gott sucht den Menschen: Eine Einführung in die Theologie des Alten Testamentes. 2002. 300 S. 25.00 €. ISBN 978-3-932829-51-2

Frank Koppelin. Was Hänschen nicht lernt, lernt Hans! Lerntypen erkennen und verstehen. 2005. 76 S. Pb. 12.00 €. ISBN 978-3-938116-05-0

Frank Koppelin siehe auch unter Jung

Frank Koppelin, Cambron Teupe (Hg.). Neue Einsichten in alte Texte: Exegetische Studien zum Alten Testament. 160 S. Pb. 16.00 €. ISBN 978-3-932829-44-4

Ron Koteskey. Was Missionare wissen sollten … ein Handbuch für Leben und Dienst. Hg. Von Friedhilde Stricker. 2003. 184 S. Pb. 16.00 € - für Missionswerke 10 Ex. 80.00 €. ISBN 978-3-932829-68-0

Henry Krabbendam. James: A Practical Commentary. 2002. 230 S. 18.00 €. ISBN 978-3-932829-54-3 (noch nicht erschienen)

Henry Krabbendam. Sovereignty and Responsibility. 2002. 120 S. 14.00 €. ISBN 978-3-932829-38-3

Richard Kriese. Evangelistik. Ein Vorlesungsscript. 1995. 300 S. Pb. ISBN 978-3-926105-39-4 (vergriffen)

Johannes Kritzl. ‚Adversus turcas et turcarum Deum': Beurteilungskriterien des Türkenkriegs und des Islam in der Werken Martin Luthers. 2008. 114 S. 12.00 €. ISBN 978-3-938116-50-0

Jürgen Kuberski. Mohammed und das Christentum: Das Christentum zur Zeit Mohammeds und die Folgen für die Enstehung des Islam. 1987. 100 S. Pb. ISBN 978-3-926105-08-9 (vergriffen)

Ron Kubsch (Hg.). Die Wiederentdeckung des Glaubens in der Seelsorge: Von der Weisheit der Väter lernen. 200 S. Pb. 16.00 €. ISBN 978-3-932829-60-4

Ron Kubsch (Hg.). Wahrheit und Liebe: Was wir von Francis Schaeffer für die Gegenwart lernen können. zugleich idea-Dokumentation 3/2007. 267 S. Pb. 8.00 €. ISBN 978-3-938116-23-4

Alfred Kuen. Der Gottesdienst in Bibel und Geschichte. 2003. 220 S. Pb. 23.00 €. ISBN 978-3-932829-59-8

Andreas Kusch, Thomas Schirrmacher (Hg.). Der Kampf gegen die weltweite Armut – Aufgabe der Evangelischen Allianz? Zur biblisch-theologischen Begründung der Micha-Initiative. zugleich idea-Dokumentation 6/2009. 2009. 217 S. Pb. 8.90 €. ISBN 978-3-938116-80-7

L

Karl Lagershausen. China mit Herz – Die Öffnung des Landes aus der Sicht eines Christen. 2007. 287 S. Pb. 26,80 €. ISBN 978-3-938116-27-2 (VKW). ISBN 978-3-937965-68-0 (VTR)

Fritz H. Lamparter (Hg.). Karl Hartenstein - Leben in weltweitem Horizont: Beiträge zu seinem 100. Geburtstag. mit einem Vorwort von Landesbischof Eberhardt Renz. 1995. 176 S. Pb. ISBN 978-3-926105-63-9 (vergriffen)

Gundrun V. Lang (Hg.). Helden der Menschenwürde: Texte zum Symposium im Gedenken an die Widerstandsgruppe ‚Weiße Rose' zum 60. Todestag von Hans Scholl, Sophie Scholl, Christoph Probst. 2003. 100 S. Pb. 12.00 €. ISBN 978-3-932829-75-8

Gudrun V. Lang, Michael F. Strohmer (Hg.). Europa der Grundrechte? Beiträge zur Grundrechtecharta der Europäischen Union. 2003. 150 S. Pb. 18.00 €. ISBN 978-3-932829-61-1

Eva Lauer. Der Irrtum über Blankettstrafgesetze am Beispiel des § 106 UrhG. 1997. 150 S. ISBN 978-3-926105-73-8 (vergriffen)

Cosmo Ambokile Lazaro. Kiswahili-Wörterbuch der Medizin: Deutsch-Kiswahili-Englisch & Kiswahili-Deutsch-Englisch [**Kamusi ya Udaktari**: Kijerumani-Kiswahili-Kiingereza & Kiswahili-Kijerumani-Kiingereza]. 1998. 403 S. Pb. 45.00 €. ISBN 978-3-926105-88-2

Cosmo Ambokile Lazaro. Kiswahili-Redewendungen der Medizin: Deutsch-Kiswahili-Englisch-Französisch

[**Misemo ya Udaktari**: Kijerumani-Kiswahili-Kiingereza-Kifaransa]. 1998. 92 S. Pb. 15.00 €. ISBN 978-3-926105-89-9

Annette Ley siehe unter Klaus W. Müller

Heinrich Löwen. Russische Freikirchen: Die Geschichte der Evangeliumschristen und Baptisten bis 1944. 1995. 224 S. Pb. ISBN 978-3-926105-48-6 (vergriffen)

M

Inka und Torsten Marold. Immanuel: Die Geschichte der Geburt eines anenzephalen Kindes. 1996. 80 S. Pb. 8.00 €. ISBN 978-3-926105-66-0

Friso Melzer. Jesus Christus, der Erlöser der Welt: Erkenntnisse und Zeugnisse aus 60 Jahren missionarischer Dienste in Indien, Württemberg und anderswo. 1995. 140 S. ISBN 978-3-926105-62-2 (vergiffen)

John Warwick Montgomery. Christ our Advocates: Studies in Polemical Theology, Jurisprudence and Canon Law. 2002. 280 S. Pb. 23.00 €. ISBN 978-3-932829-40-6

John W. Montgomery. Hat die Weltgeschichte einen Sinn? Geschichtsphilosophien auf dem Prüfstand. 2003. 200 S. Pb. 20.00 €. ISBN 978-3-932829-69-7

John Warwick Montgomery. Heraldic Aspects of the German Reformation. 2003. 66 S. farbige Abbildungen, Pb. 12.00 €. ISBN 978-3-932829-83-3

John W. Montgomery. La Mort de Dieu: Exposé et critique du plus récent mouvement théologique en Amérique: Réimpression de l´édition 1971. 2009. 14.00 €. ISBN 978-3-932829-74-6

John W. Montgomery. Jésus: La raison rejoint l'histoire. 2003. 12.00 €. ISBN 978-3-932829-70-3

John Warwick Montgomery. Tractatus Logico-Theologicus. 2002. 236 S. Pb. 23.00 €. 4. übearb. Aufl. 2009. ISBN 978-3-938116-81-4

Klaus W. Müller. Evangelische Mission in Mikronesien: Ein Missionar analysiert sein Missionsfeld. 1989. 560 S. (vergriffen)

Klaus Müller (Hg.). Große Städte - Große Chancen: Referate der Jahrestagung 2006 des Arbeitskreises für evangelikale Missiologie (AfeM). 2007. 108 S. Pb. 12,80 € (D), 13,20 € (A), 21,80 SFr. ISBN 978-3-938116-42-5 (VKW). ISBN 978-3-937965-92-5 (VTR)

Klaus Müller (Hg.). Große Städte - Große Chancen: Referate der Jahrestagung 2006 des Arbeitskreises für evangelikale Missiologie (AfeM). 2007. 108 S. Pb. 12,80 € (D), 13,20 € (A), 21,80 SFr. ISBN 978-3-938116-42-5 (VKW). ISBN 978-3-937965-92-5 (VTR)

Klaus W. Müller (Hg.). Mission als Kampf mit den Mächten: Zum missiologischen Konzept des "Power Encounter": Referate der Jahrestagung des afem 1993. 1995/1996. 3. Aufl. 162 S. 16.80 €. ISBN 978-3-932829-86-4. ISBN 978-3-933372-92-5 (VTR)

Klaus W. Müller (Hg.). Mission als Kommunikation: Die christliche Botschaft verstehen. Festschrift für Ursula Wiesemann zu ihrem 75. Geburtstag. 2007. 336 S. Pb. 29.80 € (D), 30,70 € (A), 49.80 SFr. ISBN 978-3-938116-33-3 (VKW). ISBN 978-3-937965-75-8 (VTR)

Klaus W. Müller (Hg.). Mission im Islam: Festschrift für Eberhard Troeger. 2007. 300 S. Pb. 26,80 €. ISBN 978-3-938116-28-9 (VKW). ISBN 978-3-937965-58-1 (VTR)

Klaus Müller (Hg.). Mission im postmodernen Europa: Referate der Jahrestagung 2008 des Arbeitskreises für evangelikale Missiologie (AfeM). 2009. 157 S. Pb. 15,80 €. ISBN 978-3-938116-57-9 (VKW). ISBN 978-3-937965-57-9 (VTR)

Klaus W. Müller (Hg.). Die Person des Missionars. Berufung - Sendung - Dienst. Referate der Jahrestagung 1996 des afem. 1997. 2. Aufl. 2002. 13.80 €. ISBN 978-3-932829-58-1. ISBN 978-3-933372-72-7 (VTR)

Klaus Müller (Hg.). Westliche Missionswerke: Notwendigkeit – Strukturen - Chancen: Referate der Jahrestagung 2005 des Arbeitskreises für evangelikale Missiologie (AfeM). 2009. 98 S. Pb. 12,80 €. ISBN 978-3-938116-56-2 (VKW). ISBN 978-3-937965-97-0 (VTR)

Klaus W. Müller, Annette Ley (Hg.). 1000 Quellen zur evangelikalen Missiologie. 1995 (vergriffen)

Klaus W. Müller, Thomas Schirrmacher (Hg.). Ausbildung als missionarischer Auftrag. Referate der Jahrestagung 1999 des afem. 2000. 184 S. 18.00 €. ISBN 978-3-932829-09-3

Klaus W. Müller, Christine Schirrmacher, Eberhard Troeger (Hg.). Der Islam als Herausforderung für die christliche Mission: Referate der Jahrestagung des afem 1994. 1996[1], 2000[2]. 110 S. 15.00 €. ISBN 978-3-932829-18-5

Klaus W. Müller, Thomas Schirrmacher (Hg.). Mission in der Spannung zwischen Hoffnung, Resignation und Endzeitenthusiasmus: Eschatologie als Missionsmotivation. Referate der Jahrestagung 2000 des afem. 2001. 220 S. 15.00 €. ISBN 978-3-932829-19-2

Klaus W. Müller, Thomas Schirrmacher (Hg.). Werden alle gerettet? - Moderner Heilsuniversalismus als Infragestellung der christlichen Mission. Referate der Jahrestagung 1998 des afem. 1999. 152 S. 16.00 €. ISBN 978-3-932829-06-2

Klaus W. Müller siehe auch unter Faix, Holthaus, Thomas Schirrmacher, Steinbach

Michael Müller, Stefan Müller. Erben eines Weltreiches: Die mongolischen Völker und Gebiete im 20. Jahrhundert. China - Mongolei - Russland. 1992. 432 S. Pb. ISBN 978-3-926105-99-8 (vergriffen, Neuauflage geplant)

N

Andreas Naumann. Ein Mann fürs Deutsche: Leben und Werk des Germanisten Hans Naumann. 2 Bände. 455 S. 425 S. Pb. ISBN: 978-3-932829-22-2 (vergriffen)

Alfred Neufeld. Die alttestamentlichen Grundlagen der Missionstheologie. 2. erw. Aufl. 2009 (1994). 100 S. Pb. 12,80 €. ISBN 978-3-938116-67-8 (VKW), ISBN 978-3-937965-98-7 (VTR)

Alfred Neufeld. Fatalismus als missionstheologisches Problem. 1994. 557 S. Pb. 30.00 €. ISBN 978-3-926105-38-7 (vergriffen)

John L. Nevius. Die Gründung und Entwicklung missionarischer Gemeinden. hrsg. von Wolf Christian Jaeschke. [1993[1]] 2. korr. Aufl. 2001. 124 S. Pb. 13.00 €. ISBN 978-3-932829-24-6

Rüdiger Nöh. Pietismus und Mission: Die Stellung der Weltmission in der Gemeinschaftsbewegung am Beispiel des Siegerländer Gemeinschaftsverbandes. 1998. 179 S. ISBN 978-3-926105-94-3 (vergriffen)

P

Igor Pochoshajew. Der frühe Andalus: Religionsgeschichtliche Studien. 2008. 96 S. 15.80 €. ISBN 978-3-938116-60-9

Walter Poppenburg. Bücher über die Kurden und Kurdistan: Eine Auswahlbibliographie. 1987. 80 S. ISBN 978-3-926105-53-0 (vergriffen)

R

Moustafa Rechid. Kurdische Märchen für Kinder. 2003. 100 S. 12.00 €. Pb. ISBN 978-3-932829-67-3

Hans Ulrich Reifler. Handbuch der Missiologie: Missionarisches Handeln aus biblischer Perspektive. 2009.[2]. 2. Aufl. 650 S. Pb. 49,80 €. ISBN 978-3-938116-69-2, ISBN 3-933372-96-3 (VTR)

Joost Reinke. Deutsche Pfingstmissionen. Geschichte - Theologie - Praxis. With an English summary. 1997. 90 S. Pb. 12.00 €. ISBN 978-3-926105-72-1

Joost Reinke, Jürgen Tischler. Dynamisch leiten: Entwurf eines freikirchlichen Leitungsverständnisses. 1998. 122 S. Pb. 15.00 € ISBN 978-3-932829-03-1

Meego Remmel. The Role of Christian Ethics in Postmarxist and Postmodern Estonia. 2001. 70 S. Pb. 12.00 €. ISBN 978-3-932829-34-5

Lianne Roembke. Building Credible Multicultural Teams. 1998 (vergriffen)

S

Christof Sauer. Mission und Martyrium: Studien zu Karl Hartenstein und zur Lausanner Bewegung. 1994. 148 S. Pb. ISBN 978-3-926105-42-4 (vergriffen - Neuauflage unbestimmt)

Christof Sauer siehe auch unter Thomas Schirrmacher

Silke Sauer. Oralität und Literalität: Ihre Bedeutung für Kommunikation und Bibelübersetzung. 1995. 100 S. Pb. ISBN 978-3-926105-37-0 (vergriffen)

Rainer Scheunemann. Mission und Evangelisation aus der Sicht indonesischer protestantischer Theologen. 1999. 624 S. 50.00 €. ISBN 978-3-932829-11-6

Bernd Schirrmacher. Baumeister ist der Herr: Erfahrungen göttlicher Kleinarbeit in einem Missionswerk (WEC). 1997 (Nachdruck von 1978). 174 S. Pb. 4.00 € ISBN 978-3-926105-75-2

Christine Schirrmacher. Islam and Society: Sharia Law – Jihad – Women in Islam: Essays. 2008. 130. S. Pb. 12,00 €. ISBN 978-3-938116-64-7

Christine Schirrmacher. The Islamic View of Major Christian Teachings. 2008. 140. S. Pb. 12,00 €. ISBN 978-3-938116-62-3

Christine Schirrmacher. TFU-Kurs ‚Der Islam'. (1. Aufl. 1996). 2. Aufl. 2003. 90 S. 9.00 €. ISBN 978-3-932829-53-0

Christine Schirrmacher siehe auch unter Müller

Friedrich Wilhelm Schirrmacher. Briefe und Akten zum Marburger Religionsgespräch (1529) und zum Augsburger Reichstag (1530). 2003. 600 S. Pb. 50.00 €. ISBN 978-3-932829-73-5

Friedrich Wilhelm Schirrmacher. Die Entstehung des Kurfürstenkollegiums. 2003. 150 S. Pb. 18.00 €. ISBN 978-3-932829-72-7

Klaus und Thomas Schirrmacher, Ingrid von Torklus (Hg.). Baumeister bleibt der Herr: Festgabe zum 80. Geburtstag von Prof. Bernd Schirrmacher. 2001. 300 S. Pb. 25.00 €. ISBN 978-3-932829-29-8

Thomas Schirrmacher. Anfang und Ende von 'Christian Reconstruction' (1959-1995): Geschichte, Theologie und Aufsplitterung einer reformierten Bewegung. 2001. Din-A4. 570 S. Pb. 50.00 €. ISBN: 978-3-932829-33-8

Thomas Schirrmacher (Hg.). Anwalt der Liebe - Martin Bucer als Theologe und Seelsorger: Zum 450. Todestag des Reformators. Mit Beiträgen von Franz Graf-Stuhlhofer und Gerhard Gronauer. 160 S. Pb. 16.00 €. ISBN 978-3-932829-37-6

Thomas Schirrmacher. Beiträge zur Kirchen- und Theologiegeschichte: Heiligenverehrung — Universität Gießen — Reformation / Augustin - Böhl — Spurgeon — Brunner. 2001. 200 S. Pb. 20.00 €. ISBN 978-3-932829-30-7

Thomas Schirrmacher (Hg.). Bibeltreue in der Offensive?!: Die drei Chicagoerklärungen zur biblischen Irrtumslosigkeit, Hermeneutik und Anwendung. 3. überarbeite Auflage mit neuer Einleitung. 2009. 132 S. Pb. 12.00 €. ISBN 978-3-938116-89-0

Thomas Schirrmacher. Bildungspflicht statt Schulzwang: Staatsrecht und Elternrecht angesichts der Diskussion um den Hausunterricht. zugleich idea-Dokumentation 4/2005. 92 S. Pb. 5.90 €. ISBN 978-3-938116-04-3 (VKW). ISBN 978-3-937965-27-7 (VTR)

Thomas Schirrmacher (Hg.). Calvin and World Mission: Essays. 2009. 204 S. Pb. 18,00 €. ISBN 978-3-938116-34-5 (VKW), ISBN 978-3-941750-20-3 (VTR)

Thomas Schirrmacher (Hg.). Der Evangelische Glaube kompakt: Ein Arbeitsbuch: Das Westminster Glaubensbekenntnis von 1647. 2004. 246 S. Pb. 14.00 €. ISBN 978-3-932829-88-8

Thomas Schirrmacher (Hg.). Familienplanung - eine Option für Christen? zugleich idea-Dokumentation 5/2006. 150 S. Pb. 8.00 €. ISBN 978-3-938116-14-2 (VKW), ISBN 978-3-937965-48-2 (VTR)

Thomas Schirrmacher. Galilei-Legenden und andere Beiträge zur Schöpfungsforschung und zur Chronologie der Kulturgeschichte 1979-1994. 1995. 338 S. Pb. 30.00 €. ISBN 978-3-926105-58-5

Thomas Schirrmacher. Im Gespräch mit dem Wanderprediger des New Age - und andere apologetische Beiträge. 2003. 210 S. Pb. 15.00 €. ISBN 978-3-932829-64-2

Thomas Schirrmacher. „Das göttliche Volkstum" und der „Glaube an Deutschlands Größe und heilige Sendung": Hans Naumann als Volkskundler und Germanist im Nationalsozialismus. [2 Bände, 1992]. zus. 620 S. Neuauflage in einem Band. 2000. 45.00 €. ISBN 978-3-932829-16-1

Thomas Schirrmacher. Gospel Recordings Language List: Liste der Aufnahmen in 4273 Sprachen. 1992. ISBN 978-3-926105-09-7 (vergriffen)

Thomas Schirrmacher. Gottesdienst ist mehr: Plädoyer für eine liturgische Gottesdienstgestaltung. Mit einem Anhang: Gibt es eine christliche Kunst? 1998 (Nachdruck 2006). 120 S. Pb. 10.00 €. ISBN 978-3-932829-00-0

Thomas Schirrmacher. Hitlers Kriegsreligion: Die Verankerung der Weltanschauung Hitlers in seiner religiösen Begrifflichkeit und seinem Gottesbild. 2 Bde. 2007. Pb. zus. 1220 S. 99.00 €. ISBN 978-3-938116-31-9

Thomas Schirrmacher (Hg.). Martin Bucer als Vorreiter der Mission. 2006. 110 S. Pb. 9,80 € (D), 10,10 € (A), 18,50 SFr. ISBN 978-3-938116-22-7, ISBN 978-3-937965-57-4 (VTR)

Thomas Schirrmacher. Marxismus - Opium für das Volk. 1997 (Nachdruck von 1987). 147 S. Tb. ISBN 978-3-926105-76-9 (vergriffen)

Thomas Schirrmacher. May a Christian Go to Court and other Essays on Persecution vs. Religious Freedom. 2008. 115. S. Pb. 12,00 €. ISBN 978-3-938116-63-0

Thomas Schirrmacher: Paulus im Kampf gegen den Schleier: Eine alternative Auslegung von 1. Korinther 11,2-16. 1993 (3. Auflage 1997). (vergriffen, da 5. überarb. Auflage in VTR, Nürnberg, 2002, ISBN 978-3-933372-45-3)

Thomas Schirrmacher. The Persecution of Christians Concerns Us All: Towards a Theology of Martyrdom. zugleich idea-Dokumentation 15/99 E. 01. 156 S. Pb. 7.00 €. ISBN 978-3-932829-41-3

Thomas Schirrmacher. The Persecution of Christians Concerns Us All. 2008 – 2. unveränd. Auflage. 160. S. Pb. 12,00 €. ISBN 978-3-938116-65-4

Thomas Schirrmacher. Säkulare Religionen: Aufsätze zum religiösen Charakter von Nationalsozialismus und Kommunismus. 2001. 140 S. Pb. 15.00 €. ISBN 978-3-932829-36-9

Thomas Schirrmacher. Scham- oder Schuldgefühl? Die christliche Botschaft angesichts von schuld- und schamorientierten Gewissen und Kulturen. zugleich idea-Dokumentation 8/2005. 96 S. Pb. 6.90 €. ISBN 978-3-938116-06-7

Thomas Schirrmacher. Der Segen von Ehe und Familie: Interessante Erkenntnisse aus Forschung und Statistik. zugleich idea-Dokumentation 3/2006. 150 S. Pb. 8.00 €. ISBN 978-3-938116-15-9

Thomas Schirrmacher. Studies in Church Leadership: New Testament Church Structure – Paul and His Coworkers – An Alternative Theological Education - A Critique of Catholic Canon Law. 2003. 120 S. Pb. 15.00 €. ISBN 978-3-932829-46-8

Thomas Schirrmacher. Der Text des Römerbriefes: Für das Selbststudium gegliedert. 1994. 68 S. (vergriffen, Neuauflage im VTR, Nürnberg, ISBN 978-3-933372-34-8)

Thomas Schirrmacher. Verborgene Zahlenwerte in der Bibel? - und andere Beiträge zur Bibel. 2003. 200 S. Pb. 15.00 €. ISBN: 978-3-932829-63-5

Thomas Schirrmacher. Die Vielfalt biblischer Sprache: Über 100 alt- und neutestamentliche Stilarten, Ausdrucksweisen, Redeweisen und Gliederungsformen: Eine Auswahl mit Beispieltexten alphabetisch geordnet. [1997[1]] 2. überarb. Aufl. 2001. 100 S. Pb. 10.00 €. ISBN 978-3-932829-25-3

Thomas Schirrmacher. Völker - Drogen - Kannibalismus: Ethnologische und länderkundliche Beiträge 1984 - 1994. mit Beiträgen von Christine Schirrmacher. 1997. 218 S. Pb. 20.00 €. ISBN 978-3-926105-59-2

Thomas Schirrmacher. Weltmission — Das Herz des christlichen Glaubens: Beiträge aus 'Evangelikale Missiologie'. 2001. 200 S. Pb. 18.00 €. ISBN 978-3-932829-28-4

Thomas Schirrmacher (Hg.). "Die Zeit für die Bekehrung der Welt ist reif": Rufus Anderson und die Selbständigkeit der Kirche als Ziel der Mission. Mit Beiträgen von Rufus Anderson, Theodor Christlieb, Josef Josenhans, Hermann Gundert. 1993 (Nachdruck 1996). 136 S. Pb. 15.00 €. ISBN 978-3-926105-60-8

Thomas Schirrmacher. Zur Kritik der marxistischen Sagen- und Märchenforschung und andere volkskundliche Beiträge. 1991[1]; 2002[2]. 250 S. Pb. 15.00 € - 1. Aufl. ISBN 978-3-926105-02-8 identisch mit 2. Aufl. ISBN 978-3-932829-74-1

Thomas Schirrmacher siehe auch unter Bangert, Brandt, Burkhardt, Calvin, Holthaus, Jung, Klingberg, Kusch, Müller, Voigt

Thomas Schirrmacher, Klaus W. Müller (Hg.). Scham- und Schuldorientierung in der Diskussion: Kulturanthropologische, missiologische und theologische Einsichten. 2006. 302 S. Pb. 26,80 €. ISBN 978-3-938116-07-4 (VKW), zugleich ISBN 978-3-937965-35-2 (VTR, Nürnberg, edition afem - mission academics 20).

Thomas Schirrmacher, Christof Sauer (Hg.). Mission verändert – Mission verändert sich / Mission Transformes – Mission is Transformed. Festschrift für Klaus Fiedler. 2005. 572 S. Pb. 39,80 €. ISBN 978-3-932829-87-1 (VKW), zugleich ISBN 978-3-933372-77-2 (VTR, Nürnberg, edition afem - mission academics 16.

Thomas Schirrmacher, Walter Schrader, Hartmut Steeb (Hg.). The Right to Life for Every Person / Lebensrecht für jeden Menschen. Abortion - Euthanasia - Gen Technology: Proceedings of the 1st European Right to Life Forum Berlin, 1998. Abtreibung - Euthanasie - Gentechnik: Beiträge des 1. Europäischen Forums Lebensrecht Berlin, 1998. Englisch/Deutsch. 2000. 310 S. Pb. 30.00 €. ISBN 978-3-926105-98-1

Thomas Schirrmacher, Daniel Suter, Markus Wäfler, Stéphane Derron. Christ und Politik: 50 Antworten auf Fragen und kritische Einwände. zugleich idea-Dokumentation 7/2005. 74 S. Pb. 5.90 €. ISBN 978-3-938116-08-1

Thomas Schirrmacher, Thomas Zimmermanns (Hg.). Ein Maulkorb für Christen? Juristen nehmen Stellung zum deutschen Antidiskriminierungsgesetz und ähnlichen Gesetzen in Europa und Australien. zugleich idea-Dokumentation 12/2005. 158 S. Pb. 8.00 €. ISBN 978-3-938116-12-8

Stefan Schmid. Mark Christian Hayford (1864-1935): Ein Pionier aus Westafrika. 1999 224 S. Pb. 20.00 €. ISBN 978-3-932829-08-6

Klaus Schmidt siehe unter Faix

Karl Schock. Effektive Leitungsteams: Entwicklung und Qualifizierung von Leitungsgremien in christlichen Gemeinden und Werken. 2007. 166 S. Pb. 17.00 € (D), 17,50 € (A), 30,00 SFr. ISBN ISBN 978-3-938116-26-5

Karl Schock: Organismus Gemeinde: Struktur, Leitung und Organsiationsentwicklung für christliche Gemeinden und Werke. 2004. 230 S. Pb. 20.00 €. ISBN 978-3-932829-89-5

Ingeborg Scholz. Deutsche Lyrik im Spannungsbogen zwischen Kunst und Religion: Werner Bergengruen und Rudolf Alexander Schröder. 140 S. Pb. 14.00 €. ISBN 978-3-932829-39-0

Ralph Schubert. Leadership and Partnership: A Dialogue between Western and Tanzanian Christian Leaders. 2008. 237 S. Pb. 19,80 €. ISBN 978-3-938116-68-5 (VKW), ISBN 978-3-937965-95-6 (VTR)

Tobias Schultz. Faszination, Enttäuschung, Wut: Wie Araber den Westen sehen - Persönliche Begegnungen und Medienberichte. 2002. 150 S. 15.00 €. ISBN 978-3-932829-43-7

Jürgen Schuster. Christian Mission in Eschatological Perspective. Lesslie Newbigin's Contribution. 2009. 276 S. Pb. 24,80 €. ISBN 978-3-938116-82-1 (VKW). ISBN 978-3-941750-15-9 (VTR)

Seminar für Sprachmethodik. Phonologie. 2. korrigierte Aufl. 2000. 270 S. Pb. ISBN 978-3-932829-13-0 (vergriffen)

Seminar für Sprachmethodik. Textanalyse und Grammatik. 1999. 288 S. Pb. 25.00 €. ISBN 978-3-932829-07-9

Sahine Bekire Sorekli. Wendabun. (autobiographischer Roman in Kurmanji-Kurdisch). 1997-2. Aufl. 120 S. Pb. 10.00 €. ISBN 978-3-926105-52-3

Andreas Späth. Luther und die Juden. 2001. 150 S. Pb. 18.00 €. ISBN 978-3-932829-23-9

Peter James Spartalis. Karl Kumm - Last of the Livingstones: Pioneer Missionary Statesman. 1994. 120 S. ISBN 978-3-926105-18-9 (vergriffen)

Marcus Splitt. Kontextualisierung im postmodernen Pluralismus. 2009. 115 S. Pb. 15,80 €. ISBN 978-3-938116-70-8 (VKW), ISBN 978-3-933372-06-2 (VTR)

Hartmut Steeb siehe unter Thomas Schirrmacher

Jürgen Steinbach, Klaus W. Müller (Hg.). Theologie - Mission - Verkündigung: Festschrift zum 60. Geburtstag von Helmuth Egelkraut. 1998. 165 S. Pb. 25.00 €. ISBN 978-3-926105-97-4

Philip M. Steyne. Schritt halten mit dem Gott der Völker: Weltmission im Alten und Neuen Testament. 1999. 300 S. 25.00 € ISBN 978-3-932829-05-5

Johannes Stockmayer: Selig sind die Friedensstifter: Konflikttraining für christliche Führungskräfte. 2004. 170 S. Pb. 17.00 € (D), 17,50 € (A), 30,00 SFr. ISBN 978-3-932829-96-3

Johannes Stöckle. The Doctrine of Islam and Christian Belief: Common Ground and Differences. 1997. 80 S. Pb. (vergriffen)

Michael F. Strohmer siehe unter Gudrun V. Lang

Horst Stute. Der Römerbrief entschlüsselt: Unter Berücksichtigung seiner semantischen Strukturen. 2003. 200 S. Pb. 20.00 €. ISBN 978-3-932829-77-2

Daniel Suter siehe unter Thomas Schirrmacher

Denise L. Sweetnam. Kurdish Culture: A Cross Cultural Guide. völlig überarb. Neuaufl. 2004 (1994). 335 S. Pb. ISBN 978-3-932829-94-9

T

James Hudson Taylor. Rückblick. hrsg. von Simone Jaumann-Wang. 1999. 134 S. Pb. 14.00 €. ISBN 978-3-932829-10-9

Cambron Teupe. Einführung in die Exegese des Alten Testamentes. 2002. 200 S. 20.00 €. ISBN 978-3-932829-52-9

Cambron Teupe siehe auch unter Koppelin

Jürgen Tischler siehe unter Joost Reinke

V

Karl Heinz Voigt, Thomas Schirrmacher (Hg.). Menschenrechte für Minderheiten in Deutschland und Europa: Vom Einsatz für die Religionsfreiheit durch die Evangelische Allianz und die Freikirchen im 19. Jahrhundert. zugleich idea-Dokumentation 3/2004. 130 S. Pb. 7.00 €. ISBN 978-3-932829-79-6

Titus Vogt. Stichworte zur Dogmengeschichte: Begleit- und Lernmaterial zu Bernhard Lohses Dogmengeschichte. 2002. 140 S. 12.00 €. ISBN 978-3-932829-55-0

W

Markus Wäfler siehe unter Thomas Schirrmacher

Elisabeth Wagner. Bei uns ist alles ganz anders: Handbuch für Ehefrauen in der Mission. 1995. 4. Druck 2004. 214 S. Pb. 20.00 €. ISBN 978-3-926105-47-9

William Lyle Wagner. North American Protestant Missionaries in Western Europe: A Critical Appraisal. 1993. 248 S. Pb. ISBN 978-3-926105-12-7 (vergriffen)

Paul Wetter. Der Missionsgedanke bei Martin Luther. 1998. 440 S. 45.00 € ISBN 978-3-932829-04-8

Hannes Wiher. L´Évangile et la Culture de Honte en Afrique Occidentale. 2003. 133 S. Pb. 15.00 €. ISBN 978-3-932829-66-6

Hannes Wiher. Missionsdienst in Guinea: Das Evangelium für eine schamorientierte, von Animismus und Volksislam geprägten Gesellschaft. 1998. 125 S. Pb. 16.00 €. ISBN 978-3-926105-93-6

Hannes Wiher. Shame and Guilt: A Key to Cross-Cultural Ministry. 2003. 525 S. 40.00 €. ISBN 978-3-932829-65-9

Thomas Wild-Wey. Inspiration: Biblische Skizzen zum Heiligen Geist: Eine Einführung für Theologie und Gemeinde. 1998. 100 S. Pb. ISBN 978-3-932829-02-4 (vergriffen)

Sonja Wrage. 2Tim 2,2 – eine ‚Schlüsselstelle' für Mitarbeiterförderung? Exegetische Grundlegung – Konsequenzen für die Praxis Mitarbeiterförderung 18- bis 22-Jähriger. 2009. 104 S. Pb. 10.00 €. ISBN 978-3-938116-77-7

Hans-Georg Wünch. Autorität in der christlichen Schule: Eine Untersuchung zur Autoritätsdiskussion an evangelikalen Bekenntnisschulen in Deutschland. Vorwort von Prof. Gottfried Schröter. (1. Aufl. 1996, 2. Aufl. 1997) 3. überarb. Aufl. 2002. 40.00 €. 400 S. Pb. ISBN 978-3-932829-48-2

Z

Adolph Zahn. Von Gottes Gnade und des Menschen Elend: Ein Querschnitt durch das Werk eines faszinierenden Verfechters einer vergessenen Theologie. hrsg. von Wolf-Christian Jaeschke. 2., durchges. Aufl 2005 (2001[1]). 600 S. Pb. 42.00 €. ISBN 978-3-938116-10-4

Bartholomäus Ziegenbalg, Johannes Ernst Gründler. Von den Anfängen evangelischer Mission: Zwei unbekannte Missionsschriften von 1713 und 1717. hrsg. von Prof. Niels-Peter Moritzen. 2002. 140 S. Pb. 14.00 €. ISBN 978-3-932829-35-2

Thomas Zimmermanns. Demokratie aus christlicher Sicht. zugleich idea-Dokumentation 4/2008. 100 S. Pb. 5.90 €. ISBN 978-3-938116-46-3

Thomas Zimmermanns. Grundriß der politischen Ethik: Eine Darstellung aus biblisch-reformatorischer Sicht. 1997. 2. stark erweiteret Aufl. 2004. 227 S. 20.00 €. ISBN 978-3-932829-93-2

Thomas Zimmermanns. Rechtsstaat Bundesrepublik – wohin? Christliches und humanistisches Menschenbild. 2004. 90 S. 12.00 €. ISBN 978-3-932829-92-5

Thomas Zimmermanns, Thomas Schirrmacher (Hg.). Ein Maulkorb für Christen? Juristen nehmen Stellung zum deutschen Antidiskriminierungsgesetz und ähnlichen Gesetzen in Europa und Australien. zugleich idea-Dokumentation 12/2005. 158 S. Pb. 8.00 €. ISBN 978-3-938116-12-8

Martin Bucer Seminar

MARTIN
BUCER
SEMINAR

Berlin • Bonn • Chemnitz • Hamburg • Pforzheim

Ankara • Innsbruck • Prag • Zlin • Zürich

Das Martin Bucer Seminar bietet theologische Ausbildung mit amerikanischen Abschlüssen (Bibelschule: Bachelor-Niveau, Theologiestudium: Master of Theology-Niveau, Promotion) für Berufstätige und Vollzeitliche an.

Der Lernstoff wird durch Samstagsseminare, Abendkurse, Forschungsarbeiten und Selbststudium sowie Praktika erarbeitet. Leistungen anderer Ausbildungsstätten können in vielen Fällen anerkannt werden.

Die Arbeit des Seminars wird wesentlich durch Spenden finanziert. Durch eine Spende an den Trägerverein »Institut für Weltmission und Gemeindebau« e.V. können Sie die Arbeit unterstützen:

Spendenkonto
IWG. e.V., Kto.-Nr. 3 690 334, BLZ 520 604 10
EKK (Ev. Kreditgenossenschaft Kassel eG)
Verwendungszweck: Seminar

Studienzentren im Ausland:
Studienzentrum Ankara: ankara@bucer.org
Studienzentrum Innsbruck: innsbruck@bucer.de
Studienzentrum Prag: prag@bucer.de
Studienzentrum Zlin: zlin@bucer.de
Studienzentrum Zürich: zuerich@bucer.de

Studienzentrum Berlin
Martin Bucer Seminar
Breite Str. 39B
13187 Berlin
Fax: 0 30 - 4 22 35 73
E-Mail: berlin@bucer.de

Studienzentrum Bonn
Martin Bucer Seminar
Friedrichstr. 38
53111 Bonn
Fax 02 28 - 9 65 03 89
E-Mail: bonn@bucer.de

Studienzentrum Chemnitz
Martin Bucer Seminar
Mittelbacher Str. 6
09224 Chemnitz
Tel.: 03 71 - 2 83 58 56
E-Mail: chemnitz@bucer.de

Studienzentrum Hamburg
Martin Bucer Seminar
Doerriesweg 7
22525 Hamburg
Fax 0 40 - 5 47 05-2 99
E-Mail: hamburg@bucer.de

Studienzentrum Pforzheim
Martin Bucer Seminar
Im Wiesengrund 10
75181 Pforzheim
Tel.: 0 72 31 - 78 67 67
E-Mail: pforzheim@bucer.de

Website: www.bucer.de
E-Mail: info@bucer.de

MARTIN BUCER SEMINAR EPH 4:12